Comment pensent les bébés ?

Alison Gopnik,
Andrew Meltzoff
et Patricia Kuhl

Comment pensent les bébés ?

Traduction
de Sarah Gurcel

Ouvrage traduit avec le concours
du Centre national du Livre

POCHE
Éditions
Le Pommier

À tous nos enfants

Corrections : Valérie Gautheron

titre original : The Scientist in the Crib
Publié aux États-Unis en 1999 par William Morrow et Compagnie

ISBN : 978-2-7465-0340-3
239, rue Saint-Jacques, 75005 Paris
www.editions-lepommier.fr

Sommaire

Préface et remerciements

Il y a autant à apprendre des berceaux et des crèches que des boîtes de Petri et des télescopes. En un sens, il y a même plus : on y apprend ce que signifie qu'être humain.

Ce livre raconte comment, depuis une trentaine d'années, la recherche contemporaine a cherché à comprendre ce qui se passe dans la tête des bébés – et s'adresse donc à quiconque s'intéresse à la pensée et au cerveau. C'est le cœur d'une nouvelle discipline qu'on appelle « sciences cognitives » et qui fait le lien entre psychologie, philosophie, linguistique, informatique et neurosciences. Les avancées scientifiques ont souvent des origines modestes et imprévisibles : certaines découvertes les plus importantes en matière de sciences cognitives viennent ainsi des berceaux et des crèches. Mieux comprendre les enfants a bouleversé notre façon de nous comprendre nous-mêmes.

Mais ce n'est pas là le seul lien entre bébés et scientifiques. La recherche récente a montré que les bébés et les petits enfants savent et apprennent bien plus de choses sur le monde qui les entoure qu'on ne l'aurait jamais imaginé. Ils réfléchissent, ils tirent des conclusions, ils prévoient les événements futurs, ils cherchent des explications et ils font même des expériences. Bébés et scientifiques ont donc en commun d'être des rois de l'apprentissage. Cela signifie en outre que les autres adultes ont également des capacités d'apprentissage plus puissantes qu'on ne le supposait. Les adultes sont après tout d'anciens enfants et des scientifiques en puissance.

Nous espérons que ce livre montrera qu'il existe encore bien d'autres liens entre les enfants et les scientifiques. Les parents sont profondément, passionnément intéressés par les enfants – les leurs, du moins. Mais il se trouve qu'on traite cet intérêt différemment de celui qu'ils portent aux sciences. Les ouvrages scientifiques partent du principe que leurs lecteurs sont des adultes sérieux, cultivés, intelligents, raffinés, qui veulent en savoir davantage sur les choses qui les intéressent. Or les livres consacrés aux bébés et aux jeunes enfants sont presque tous des recueils de conseils, des « livres de recettes ». Comme si vous ne pouviez vous renseigner sur l'évolution que dans des manuels d'élevage canin, et non dans les essais de Stephen Jay Gould ; comme si, faute d'être Stephen Hawking, l'individu lambda ne pouvait connaître le cosmos que par des ouvrages du type « Comment trouver les constellations ». Ce type d'ouvrage peut être tout à fait utile, mais il ne devrait pas être la seule référence disponible pour les parents désireux d'apprendre sur un sujet qui leur tient tant à cœur : leurs enfants.

Nous espérons que ce livre contribuera à combler ce manque. L'étude scientifique de ce qui se passe dans la tête des bébés fascinera certainement ceux qui vivent au quotidien avec des tout-petits. L'image des enfants qui en ressort est à la fois étrangement familière et surprenante. Les parents qui liront ce livre auront à la fois le choc de reconnaître ce qu'ils ont vécu et celui de découvrir de nouvelles choses.

En fait, tout le monde devrait avoir envie de comprendre les enfants, puisque le futur de l'humanité repose sur eux. C'est aujourd'hui indéniable, encore faut-il une véritable connaissance scientifique pour adopter des politiques appropriées. Ce qu'on entend dans les discours politiques et ce qu'on lit dans les chroniques des journaux sont nécessairement des simplifications. Pour que les citoyens qui votent prennent les bonnes décisions, ils doivent comprendre ce que dit la science – et ce qu'elle ne dit pas.

En écrivant ce livre, nous avons bien sûr buté sur l'écueil sur lequel bute tout scientifique tentant d'expliquer ses recherches. La science est élégante et ordonnée. Mais elle est aussi brouillonne, bruyante, compliquée et toujours entremêlée de controverses et de débats. Nous nous sommes efforcés de présenter les expériences, les conclusions, les idées et les conjectures qui nous semblaient les plus intéressantes, mais il nous était impossible de rendre compte de tout, tant le sujet est divers et complexe. Nous avons essayé d'indiquer les cas où nous présentions notre propre point de vue, et ceux où il s'agissait d'idées généralement acceptées par l'ensemble de la communauté scientifique, ainsi que de souligner les questions qui demeurent ouvertes.

Comme toutes les sciences, la nouvelle science du développement repose sur les efforts cumulés de milliers de scientifiques. Il serait impossible de les citer tous ici – du reste, le lecteur aurait l'impression de se trouver à une soirée où l'on ne parle que de gens qu'il ne connaît pas. Nous avons tâché d'y remédier, au moins en partie, en vous proposant à la fin de ce volume une bibliographie conséquente et des notes précises et détaillées sur nos sources. Elles devraient permettre de donner les références scientifiques correspondant à ce que nous avançons, et vous mettre sur la piste des articles et ouvrages exposant le mieux et le plus clairement les idées centrales de notre propos.

Un des messages de ce livre est que si les enfants sont capables de faire tant de choses, c'est qu'ils sont aidés par ceux qui les aiment et s'occupent d'eux. C'est encore plus vrai des auteurs. Ce livre est redevable à une génération entière de scientifiques qui ont montré que les bébés étaient intelligents et que l'étude de ce qui se passait dans leur tête était importante et utile. Il est également redevable aux milliers de parents et d'enfants qui ont participé à ces recherches, avec générosité et enthousiasme.

Nous avons reçu des bourses de la Fondation nationale pour la science et des instituts nationaux de la santé. Nous avons également été généreusement soutenus par le département de Psychologie, l'Institut du développement humain et l'Institut des sciences cognitives de l'université de Californie, à Berkeley, ainsi que par le Département de Psychologie, le département de la Parole et de l'Audition, et le Centre du développement et des handicaps humains de l'université de Washington. Nous remercions aussi nos collègues et nos étudiants dans ces deux universités.

John Campbell et Danny Povinelli ont lu et commenté le manuscrit de ce livre, et nous tenons à leur exprimer ici toute notre reconnaissance. Génétiquement, on peut dire que nous sommes gâtés : nous avons profité de remarques et commentaires particulièrement judicieux d'Adam Gopnik, frère généreux et excellent écrivain, ainsi que de la sagesse paternelle et de la relecture bienveillante de Julian Meltzoff. Katinka Matson, notre agent, a aidé à concrétiser ce projet. Toni Sciarra, chez Morrow, a fait preuve d'un enthousiasme et d'une disponibilité sans faille et a, en tout point, été un éditeur exemplaire. Merci aussi à Keith Moore pour des années de collaboration, ainsi qu'à Craig Harris, Calle Fisher et Erica Stevens pour leur aide au moment des recherches et de la finalisation du manuscrit.

Les auteurs finissent toujours en remerciant leur famille, mais dans notre cas, cette reconnaissance revêt une importance particulière. Si l'étude de l'enfance nous est particulièrement chère c'est que nos propres enfances ont été des expériences lumineuses, peuplées de parents, de frères et de sœurs qui se sont occupés de nous et nous ont appris moult choses. Nous sommes profondément reconnaissants à Irwin et Myrna Gopnik, ainsi qu'à Adam, Morgan, Hilary, Blake et Melissa ; à Julian et Judith Meltzoff, ainsi qu'à Nancy ; et à Joe et Susan Kuhl, ainsi qu'à Delphine, Donna, Benno et Shirley.

Combiner science et enfants n'a pas seulement été le projet de ce livre, c'est l'aventure la plus importante et la plus gratifiante de nos vies. Mariés l'un à l'autre, Andy et Pat se remercient mutuellement, mais Alison tient à exprimer sa plus profonde gratitude à son mari, George Lewinski, pour son aide. Enfin, ce livre n'aurait tout simplement pas pu être écrit sans nos enfants, Katherine Meltzoff et Alexei, Nicholas et Andres Gopnik-Lewinski. Il leur est dédié, ainsi qu'à tous les enfants.

« Mais toi, en qui l'aspect extérieur contredit
La grandeur de ton âme ;
Toi, le meilleur des philosophes, toi qui gardes
Encor ton héritage, œil au milieu d'aveugles,
Qui, sourd et silencieux, lis l'éternel abîme,
Habité à jamais par l'esprit éternel,
Voyant béni ! puissant prophète !
Tu possèdes ces vérités
Que toute notre vie nous peinons à trouver […]
Petit enfant glorieux encor de la puissance
De cette liberté céleste de ton être […] »

William Wordsworth
Ode : pressentiments d'immortalité venant des souvenirs de la petite enfance

Chapitre I

D'antiques questions pour une toute jeune science

Montez l'escalier, poussez doucement la porte, et regardez dans le berceau. Que voyez-vous ? Sans doute l'image même de l'innocence et de la fragilité. Or, couché là sous vos yeux, se trouve en fait le plus grand cerveau qui ait jamais existé, la machine à apprendre la plus puissante de l'univers. La bouche et les doigts, si petits, sont des outils d'exploration qui sondent l'étrangeté du monde alentour avec plus de précision que n'importe quel *Mars Rover*. Les oreilles plissées s'emplissent d'un bourdonnement de bruits incompréhensibles et le transforment immanquablement en langage sensé. Les grands yeux semblent parfois plonger directement dans l'âme de celui qu'ils regardent – et c'est précisément ce qu'ils font : ils déchiffrent ses sentiments les plus profonds. La tête a encore bien du mal à se tenir droite mais elle abrite un cerveau qui établit chaque jour des millions de nouvelles connexions. Voilà, de façon simplifiée, ce que nous ont enseigné trente années de recherche scientifique.

C'est de cette recherche que traite ce livre. Comment fonctionnent ces créatures, si éminemment familières et pourtant si étranges, que nous appelons des enfants ? Bien entendu, les êtres humains se sont toujours interrogés au sujet de leurs enfants, se creusant et se cassant même la tête. Mais, en général, ces questionnements sont d'ordre pratique. Certains reflètent des préoccupations immédiates – par exemple, comment faire en sorte que mon enfant mange plus ou pleure moins. D'autres concernent le long terme : comment le transformer en adulte responsable. Ce sont des questions importantes, cruciales pour la survie de toute civilisation (sans parler de celle de tout parent), mais elles ne relèvent pas de notre propos. Ce livre ne vous dira pas comment rendre votre bébé plus facile, plus intelligent ou plus gentil, ou comment le faire mieux dormir ou rentrer à Polytechnique. Il existe suffisamment d'ouvrages qui s'y emploient, ou qui prétendent le faire, entre le rayon cuisine et le rayon bricolage de votre librairie. Les questions que nous nous posons sont à la fois plus difficiles et plus faciles que les questions pratiques. Nous cherchons à comprendre les enfants, pas à les améliorer.

Aussi abondantes soient-elles, les réponses aux questions pratiques ne peuvent satisfaire quiconque a vécu avec des bébés ou de jeunes enfants, ou les a seulement regardés. Pour notre part, nous avons décidé de devenir psychologues du développement et d'étudier les enfants parce que les martiens n'existent pas. À défaut d'une intelligence proprement extra-terrestre, nous nous sommes penchés sur ces autres créatures à petit corps et grosse tête (et qui, d'ailleurs, semblent parfois bien décidées à faire de nous leurs esclaves). Les bébés sont fascinants, mystérieux et tout simplement bizarres. Observez-les un moment.

Un bébé de trois mois aperçoit des rayures sur un sac plastique et ne le quitte plus des yeux, concentrant sur lui toute son attention tandis que son père va poser ledit sac à l'autre bout de la pièce. Un enfant de douze mois visite un zoo, et montre soudain l'éléphant du doigt en décrétant d'un ton sans appel : « Chien ! » Une « terreur » de deux ans se tourne vers le bouton marche-arrêt de l'ordinateur, qui lui a pourtant été expressément défendu, et lentement, délibérément, sans quitter sa mère des yeux, efface le travail de toute une journée. Tout en changeant leurs couches et en mouchant leur nez, et quelles que soient nos autres préoccupations, nous nous sommes tous à un moment demandé : « Qu'est-ce qui se passe dans cette petite tête ? Où est-ce qu'il a bien pu aller chercher tout ça ? »

Les psychologues du développement ont la chance de faire de ces questions l'objet de leurs recherches, et même parfois d'y répondre. Nous commençons justement à comprendre ce qui se passe dans cette petite tête, et où il a bien pu aller chercher tout ça.

L'étude des bébés est fascinante en soi. Mais la recherche en matière de développement contribue aussi à répondre à une autre question, plus générale, plus profonde et plus ancienne, qui ne concerne pas seulement les bébés mais l'humanité entière. Nous autres, êtres humains, ne sommes rien de plus que quelques kilos de protéines et d'eau, mais nous avons réussi à comprendre les origines de l'univers, la nature de la vie, et même deux ou trois choses sur nous-mêmes. Aucun autre animal, pas davantage le plus puissant ordinateur, n'en sait autant. Et pourtant, chacun d'entre nous commence par être l'une de ces petites créatures sans défense couchées dans un berceau. Seules nous parviennent alors de maigres bribes d'informations provenant du monde extérieur – quelques photons qui heurtent nos rétines, des ondes sonores qui font vibrer nos tympans – et cependant, nous finissons par savoir comment marche le monde. Comment est-ce possible ? Comment passons-nous de l'un à l'autre ?

La recherche contemporaine sur les bébés répond aussi à ces questions. Il se trouve que les aptitudes qui nous permettent d'apprendre comment fonctionne le monde, et comment nous-mêmes fonctionnons, trouvent leur source dans la petite enfance. Nous naissons avec la faculté d'élucider les secrets de l'univers et de nos propres cerveaux, et avec le besoin irrépressible de chercher et d'expérimenter jusqu'à ce que ce soit chose faite. La science n'est pas la chasse gardée d'une élite guindée ; ce n'est que le prolongement du genre d'apprentissage que chacun d'entre nous fait quand il est tout petit.

C'est dans la nature humaine que d'essayer de comprendre la nature humaine. Les scientifiques spécialisés dans le développement sont dans la même dynamique et utilisent les mêmes outils de connaissance que les bébés qu'ils étudient. Le chercheur qui regarde dans le berceau, en quête de réponses à des questions essentielles sur la façon dont le cerveau, le monde et le langage fonctionnent, y voit un autre petit chercheur qui regarde hors du berceau – et qui se trouve en train de faire à peu près la même chose. Pas étonnant qu'ils sourient tous les deux.

Les questions antiques

Comment parvenons-nous à savoir tant de choses alors que nos sens sont si limités ? Cette question – celle de la connaissance – est un problème philosophique parmi les plus anciens et les plus profonds. La branche de la philosophie que l'on appelle l'« épistémologie » lui est consacrée. Trois de ses aspects sont particulièrement importants et déroutants, tant pour les adultes que pour les enfants. Nous les appellerons la « question d'autrui », la « question du monde extérieur » et la « question du langage ». La nouvelle psychologie du développement contribue à répondre aux trois.

Prenez une occasion tout à fait ordinaire. Le dimanche soir, on se retrouve autour de la table du dîner. On sert une bonne soupe de poireaux et de pommes de terre (à finir, sans quoi, pas de dessert !), on se passe le sel et le poivre, on coupe du pain, on bouge les chaises autour de la grande table en bois. On rit, on se chamaille, on se taquine. Un des grands frères ne manque pas de raconter une bonne blague aux dépens du benjamin, lequel se vexe et demande des excuses. Rien de plus banal, de plus domestique, de plus rassurant et de plus familier. Sauf que ce n'est pas du tout ce que perçoivent nos sens.

Tout ce qui nous parvient du monde extérieur est un jeu de couleurs et de formes, de lumières et de sons. Prenez les gens qui sont autour de la table. On croit voir son mari, sa femme, des amis, un petit frère. Mais ce qu'on voit vraiment, ce sont des sacs de peau entourés de bouts de tissus, étalés sur des chaises. Il y a des petits points noirs qui s'agitent sans cesse en haut de ces sacs de peau, et sous les points noirs, un trou qui, par moments, fait du bruit. Les sacs bougent de façon imprévisible, et parfois l'un d'eux nous touche. Le trou change de forme, et il arrive qu'un liquide salé coule des deux points noirs.

Bien entendu, c'est là ce qu'un fou percevrait des autres : un cauchemar. La question dite d'autrui est celle du passage de ce point de vue insensé à notre façon ordinaire d'appréhender les gens. Comment se fait-il qu'on ne voie pas des sacs de peau mais un mari, une femme, des enfants – des gens avec des pensées et des sentiments, des opinions et des désirs semblables aux nôtres – y compris une susceptibilité blessée qui exige des excuses ?

Il en va de même pour les objets qui nous entourent. La chose marron aux contours définis qu'on appelle « table » change constamment de forme quand on en fait le tour. Les cuillères et la poivrière, apparemment solides et tridimensionnelles, ne sont en fait que des images plates sur nos yeux. La sensation de la cuillère dans notre main est très différente de la cuillère que nous voyons. La surface de la table n'est pas continue : il y a des trous blancs là où elle est cachée par les assiettes et les bols. La soupe change de forme encore plus radicalement quand elle passe de la soupière à la cuillère, puis à la bouche, jusqu'à ce qu'on la perde complètement de vue et qu'on en sente seulement la chaleur dans notre gorge. Nous croyons connaître un monde fait d'objets aux propriétés définies, séparés de nous, un monde de tables, de cuillères et de bonne soupe. Mais ce que nous percevons directement n'est qu'un flot de sensations chaotiques et en constant changement. Voilà la question dite du monde extérieur.

Et c'est encore pire quand on considère les sons qui sortent des trous dont sont percés les sacs de peau. Si vous vous asseyez dans un café à l'étranger, vous prendrez soudain conscience que les pensées, les blagues et les excuses qui flottent si naturellement autour de la table du dîner ne sont en fait qu'un torrent de bruits modulés avec soin, chacun presque imperceptiblement différent du précédent. Chaque mot n'est en réalité que le chuchotement éphémère d'une perturbation de l'air, qui dure quelques millièmes de seconde avant d'être remplacé par le suivant. Les ordinateurs les plus performants parviennent tout juste à décoder les paroles d'une personne seule parlant calmement. Alors que pour nous, les mots sont parfaitement transparents : nous recevons directement les idées des gens qui les prononcent. Nous entendons une phrase dite par un petit garçon furieux à la bouche pleine de soupe et nous la transformons aisément en pensée. Voilà la question dite du langage.

Et le petit frère de trois ans assis à table peut lui aussi faire tout cela. Il perçoit ses grands frères le taquinant, et non des sacs de peau en mouvement. Il voit des tables, des cuillères et de la bonne soupe, et non des formes et des couleurs confuses. Et il comprend instantanément le sens de la blague et les excuses, qui pourtant ne sont rien de plus que de fugaces vibrations. Comment y arrive-t-il ?

Bébé 00

La réponse moderne à cette question est que les bébés sont une sorte très particulière d'ordinateur. Ce sont des ordinateurs faits de neurones, au lieu de pièces de silicone, et programmés par l'évolution plutôt que par des messieurs à lunettes. Ils absorbent les données du monde extérieur, un chaos crépitant de sensations, et ils (et nous par la même occasion) les transforment en blagues, en excuses, en tables et en cuillères. Notre travail, en tant que psychologues du développement, est de trouver quel est le programme utilisé par les bébés, puis de déterminer comment ce programme est codé dans leur cerveau et comment il s'est développé. Si nous y parvenons, nous aurons résolu de manière scientifique la vieille question philosophique de la connaissance.

En considérant les cerveaux des bébés comme des ordinateurs faits de neurones et programmés par l'évolution, on voit les bébés différemment, mais on voit aussi les ordinateurs, les neurones et l'évolution sous un jour nouveau. Les bébés-ordinateurs sont forcément beaucoup plus puissants que le dernier-né de la Silicon Valley. La recherche contemporaine en matière de développement montre que l'ordinateur Bébé 00 a des fonctionnalités tout à fait extraordinaires.

Son programme initial renferme déjà beaucoup de connaissances sur le monde – qu'il s'agisse d'autrui, des objets ou du langage, comme vous le verrez dans les expériences que nous allons décrire. Mais, et c'est là le plus important, les bébés et les enfants possèdent surtout des mécanismes d'apprentissage extrêmement puissants, qui leur permettent de modifier, de reformuler et de restructurer spontanément leurs connaissances. Tout le monde sait que c'est précisément là la grande faiblesse des ordinateurs. S'ils sont formidables face à des problèmes précis, ils sont nettement moins performants quand il s'agit d'apprendre, et ils ne savent pratiquement pas s'adapter en apprenant. Enfin, il faut dire que les bébés disposent du meilleur système de soutien technique de l'univers : leur mère. Les adultes eux-mêmes sont programmés pour se comporter de façon à aider les bébés à apprendre. Ce soutien joue un rôle tellement crucial dans le développement des bébés qu'on peut le considérer comme faisant partie du système même. En fait, le système informatique du bébé humain est un réseau dont les liaisons sont le langage et l'amour, plutôt que des fibres optiques.

L'étude des bébés change aussi notre perception des processus mentaux. On a tendance à opposer la part de la « nature », qui est déterminée neurologiquement et conditionnée par l'évolution, et celle de la « culture », déterminée sociologiquement et conditionnée par l'éducation. En étudiant les bébés, on s'aperçoit combien cette opposition est vaine. Pas seulement parce qu'il est entendu que nature et culture interagissent et sont imbriquées. Mais dans un sens beaucoup plus profond. *Tout* ce qui se passe dans nos têtes est le produit de ce qui se passe dans notre cerveau : des mécanismes les plus automatiques, tels que la respiration, aux détails les plus culturellement élaborés des règles d'étiquette régissant un mariage en passant par l'angoisse existentielle. Ce qui signifie que le cerveau doit être fondamentalement souple, sensible et plastique, et se laisser profondément influencer par les événements du monde extérieur. Une poignée de gènes ne suffiraient pas à prédéterminer les milliards de connexions neuronales spécifiques qui constituent un cerveau adulte. Nous allons voir que plus on apprend de choses sur le cerveau, plus il paraît souple, sensible et plastique. Cela vient en partie du fait que l'étude de cerveaux vivants, plutôt que morts, est toute récente ; ce qui est vivant apparaît toujours plus actif que ce qui est mort.

Remontons encore d'un cran dans la chaîne de causalité : tout ce qui touche à notre cerveau est lié à l'histoire de notre évolution. Mais l'évolution peut choisir certaines stratégies cognitives et certaines aptitudes culturelles, comme elle choisit des réflexes et des instincts. Les être humains sont *naturellement* des êtres de culture. Notre aptitude à la culture fait partie de notre biologie, et notre appétit de connaissance est le plus important et le plus crucial de nos instincts. La recherche contemporaine sur le développement tend à montrer que la grande astuce de l'homme en matière d'évolution, son moyen principal d'adaptation, son arme majeure dans la lutte pour la survie, c'est précisément son éblouissante capacité à apprendre quand il est encore bébé, et à enseigner quand il est adulte.

Voici une version encore plus précise de ce tableau général de l'évolution. Prenez un large échantillon d'espèces animales ; il semble possible d'identifier certaines corrélations en matière d'évolution. Les animaux avec un cortex assez grand, une certaine adaptabilité et un appareil cognitif complexe (ce que nous appelons, par anthropomorphisme, des animaux « intelligents » – encore que les cafards auraient leur mot à dire) semblent partager d'autres caractéristiques : notamment une grande variété dans l'alimentation, les lieux d'habitat, les pratiques et partenaires sexuels, ainsi – et c'est là le point crucial de notre analyse - qu'une longue période d'immaturité. Sans s'attarder sur l'aspect polygame, il semble que les êtres humains partagent largement ces caractéristiques.

Cette longue période d'immaturité, l'enfance, est une énigme. Pourquoi laisser les petits sans défense pendant si longtemps, et pourquoi demander des adultes qu'ils investissent autant de temps et d'énergie à les protéger ? Le grand psychologue et pédagogue Jerome Bruner a proposé l'explication suivante : cette période d'immaturité protégée permettrait aux enfants d'apprendre à connaître leur environnement physique (nous autres humains pouvons survivre dans une plus grande variété d'environnements, y compris l'espace, que n'importe quelle autre créature). Qui plus est, elle permettrait aux enfants d'apprendre à connaître leur environnement social propre (là encore, nous nous organisons en plus de groupes sociaux différents que n'importe quelle autre créature). Les autres espèces survivent grâce à des instincts extrêmement développés et remarquablement adaptés à leur « niche » écologique. Nous survivons grâce à notre capacité à apprendre à nous adapter à presque toutes les niches écologiques, et grâce à notre aptitude à construire nos propres niches.

Si c'est là notre stratégie d'évolution, il est cohérent que nous ayons des bébés qui apprennent avec une intelligence stupéfiante, et des adultes totalement disposés à les aider dans cet apprentissage. C'est peut-être aussi pourquoi nos bébés sont sans défense, et nos adultes dévoués à leur survie. L'avantage de la disposition à apprendre, c'est qu'elle permet de découvrir des choses sur son environnement. L'inconvénient, c'est que jusqu'à ce qu'on ait découvert ces choses, on est totalement démuni. Nous aurions donc deux atouts en matière d'évolution : une formidable capacité à apprendre comment fonctionne le monde qui nous entoure, et une longue période protégée pendant laquelle exercer cette capacité.

Nous suggérions que notre aptitude apparemment mystérieuse à faire de la science n'était que le prolongement de notre capacité à apprendre. En fait, ce ne sont pas les enfants qui sont de petits scientifiques : ce sont les scientifiques qui sont de grands enfants.

Bien entendu, les théories en matière d'évolution sont forcément spéculatives. Ce dont nous sommes sûrs, si tant est qu'il y ait jamais rien de sûr en science, c'est que les bébés apprennent avec une intelligence stupéfiante et que les adultes sont totalement dévoués à les aider dans leur apprentissage. C'est ce que nous allons montrer dans les chapitres suivants.

L'autre méthode socratique

Le problème de la connaissance est, littéralement, une question antique. Ce qui est nouveau, c'est l'idée que l'étude des tout-petits peut aider à y répondre.

Puisqu'il y a toujours eu des enfants, comment se fait-il que les chercheurs aient mis si longtemps à s'y intéresser ?

Curieusement, l'idée que les enfants étaient importants a pourtant toujours existé. L'une des premières et des plus célèbres formulations du problème de la connaissance, et la première tentative de lui apporter une réponse, viennent du dialogue socratique intitulé *Ménon*. Réunis chez Ménon, Socrate et ses amis discutent, tout en buvant du vin, de savoir comment on peut comprendre quelque chose d'aussi abstrait que la vertu quand on en n'a pas d'expérience directe par les sens. La réponse de Socrate est que ce n'est pas par l'expérience perceptive que nous apprenons ce qu'est la vertu, ou tout autre concept abstrait. Ces notions sont en nous dès le départ. Pour Socrate, c'est un souvenir d'une vie antérieure, mais une version contemporaine de cette thèse serait que cette connaissance se trouve dans notre code génétique.

Les étudiants de première année en philosophie connaissent tous la thèse socratique, mais ils ont ignorent en général qu'il ne s'agit pas seulement d'un raisonnement logique abstrait. Cette thèse repose en fait sur une espèce d'expérience, une sorte d'étude scientifique empirique. La personne la plus importante du *Ménon* n'est ni Ménon, ni Socrate, ni aucun des aristocrates présents, mais un enfant anonyme, le petit esclave qui sert le vin. Le *Ménon* est à la fois le premier débat sur la question de la connaissance et la première expérience de psychologie du développement dont nous ayons trace.

Socrate passe de concepts abstraits comme la vertu à des concepts encore plus abstraits de géométrie. Il guide le jeune esclave, un enfant sans éducation, tout au long d'une démonstration géométrique. Le petit garçon approuve chaque étape du raisonnement et finit par démontrer le théorème. Socrate conclut que si l'enfant, qui n'a aucune expérience de la géométrie, est capable de cela, c'est qu'il doit déjà connaître les principes de la géométrie sans le savoir.

Cette conclusion, déjà assez sensationnelle aujourd'hui, l'était encore plus alors. À peu près à l'époque où Socrate écrit le *Ménon*, Euclide travaille à l'académie d'Athènes et il formule ses théorèmes et axiomes. La géométrie était la science la plus pointue et la plus excitante de l'époque socratique. C'est comme si l'on disait aujourd'hui qu'en fait, les enfants connaissent la démonstration du théorème de Fermat par Andrew Wiles.

La recherche contemporaine montre que l'idée de Socrate, parfaitement contraire à l'intuition, était pourtant juste : même de tout jeunes bébés en savent plus que l'on ne pense. Tel est le premier élément de réponse moderne au problème de la connaissance. Mais, comme nous allons le voir, ce n'est pas là toute la solution.

La grande chaîne du savoir

Pendant les deux mille cinq cents ans qui suivirent, les philosophes ont abondamment débattu et disserté sur la question de la connaissance, mais aucun ne s'est essayé à la méthode de Socrate : parler aux enfants pour découvrir ce qu'ils savent. (Un philosophe anglais nous a un jour expliqué que, bien sûr, il avait vu des enfants, mais qu'il ne leur avait jamais adressé la parole.)

Le « savoir des enfants » semblait même une contradiction dans les termes. L'opinion dominante a longtemps été que les enfants étaient essentiellement des adultes déficients. On les définissait par ce qu'ils ne connaissaient, ni ne savaient faire. Bien sûr, il y avait du vrai là-dedans ; tout le monde peut constater qu'il y a beaucoup de choses que les enfants ne connaissent pas ni ne savent faire, et notre rôle de parents consiste notamment à remédier à ces lacunes. Mais cette vision des enfants était aussi très trompeuse.

L'idée était celle d'une sorte de « grande chaîne du savoir », avec les bébés à une extrémité et les philosophes à une autre. Les enfants (ainsi que les peuples « primitifs » et les femmes) avaient en commun des caractéristiques opposées à celles qu'on associe à la raison, à la science et à la civilisation. Ils étaient intuitifs, et non rationnels, naturels, et non civilisés, agissaient sous l'effet de la passion au lieu de mettre en œuvre des projets réfléchis. Les apparences, la superstition et la magie exerçaient sur eux toute leur emprise. Plus les enfants étaient jeunes et plus ils étaient éloignés de la connaissance. Selon la fameuse métaphore du philosophe du XVIIe siècle John Locke, les nouveau-nés étaient même des *tabulae rasae*, des pages vierges.

Le point de vue opposé existait aussi, formulé le plus clairement par les poètes et les philosophes romantiques du début du XIXe siècle. Une de ses expressions les plus éloquentes est le très beau poème de Wordsworth *Intimations of Immortality from Recollections of Early Childhood* (« Ode : pressentiments d'immortalité venant des souvenirs de la petite enfance », cité en préface de ce livre. Selon les romantiques, les enfants (ainsi que les peuples « primitifs » et les femmes) avaient accès à une certaine forme de connaissance, justement du fait de leur ignorance. Ce savoir s'apparentait à la poésie, non à la science. Les romantiques pensaient que les enfants percevaient les choses avec une sorte d'évidence et d'intensité, précisément parce que leur perception était libre des conceptions adultes. Et bien sûr, là aussi il y avait du vrai. Impossible d'observer les enfants ou d'évoquer ses propres souvenirs d'enfance sans y découvrir des pouvoirs de perception et d'imagination extraordinaires.

Mais même le point de vue romantique partageait les présupposés fondamentaux de l'opinion dominante. Les romantiques étaient d'accord pour dire que les enfants étaient intuitifs, irrationnels, non civilisés, sous l'emprise de la passion, et à l'opposé d'une attitude dite « scientifique ». Seulement, ils jugeaient tout cela en bien, et non en mal ; ils y voyaient des qualités plutôt que des défauts, des sources de savoir plutôt que des obstacles.

Ces deux points de vue persistent encore, de même que les hypothèses qui les sous-tendent. On considère encore aujourd'hui qu'un fossé sépare l'approche scientifique, cultivée et rationnelle, de la manière intuitive, spontanée et affective d'appréhender le monde. Et les enfants (ainsi que les peuples « primitifs » et les femmes) sont toujours typiquement perçus comme intuitifs plutôt que scientifiques, guidés par la passion plutôt que par la raison. La question est toujours de savoir à quel camp appartenir.

La recherche contemporaine en matière de développement montre que ce consensus historique sur les enfants est tout simplement faux. Les enfants ne sont ni des pages vierges, ni des êtres aux appétits démesurés, ni même des voyants « extra-intuitifs ». Les bébés et les tout jeunes enfants pensent, observent et raisonnent. Ils considèrent les faits, tirent des conclusions, font des expériences, résolvent des problèmes et recherchent la vérité. Bien entendu, ils ne le font pas de façon délibérée, comme les scientifiques. Et les problèmes qu'ils essaient de résoudre portent sur les gens, les objets et les mots, plutôt que sur les étoiles et les atomes. Mais même de très jeunes bébés savent beaucoup de choses sur le monde, et cherchent activement à en savoir davantage.

Voilà qui remet totalement en cause la grande chaîne du savoir. Certes, les femmes et les peuples d'autres cultures ont fini par échapper aux implications négatives du qualificatif « infantile ». (De nos jours, on peut dire des femmes et des peuples d'une culture différente de la nôtre qu'ils sont intuitifs et spontanés, à condition de partir du postulat romantique.) Mais si les enfants eux-mêmes ne sont pas « infantiles », la chaîne se disloque. Les sauvages, bons ou non, n'existent pas, et il n'existe pas d'« enfants de la nature », même parmi les enfants. Il n'y a que des êtres humains, des enfants et des adultes, des hommes et des femmes, des chasseurs-cueilleurs et des scientifiques, qui essaient de comprendre le monde qui les entoure.

Le plus étonnant, c'est qu'aucune démonstration n'est jamais venue prouver la thèse communément admise sur les enfants. La science est censée dépasser les opinions courantes et remettre en cause ce que nous croyons ferme et assuré. Mais personne ne s'est préoccupé de vérifier ce que les enfants savaient vraiment, ou ce qu'ils ne savaient pas, quelles étaient les connaissances avec lesquelles ils naissaient et celles qu'ils acquéraient ensuite. Bertrand Russell rappelle l'anecdote suivante et la commente judicieusement : Aristote prétendait que les femmes avaient moins de dents que les hommes ; or le plus surprenant n'est pas qu'il se soit trompé, mais de penser qu'il lui aurait suffi de demander à sa femme d'ouvrir la bouche pour vérifier. Après tout, nous sommes entourés d'enfants : nul besoin de partir explorer des continents lointains ou de construire des laboratoires suréquipés pour les observer. Il suffit de leur demander d'ouvrir la bouche, et d'écouter. Ce que personne n'a fait pendant deux mille cinq cents ans.

Piaget et Vygotski

Ce n'est que dans les années 1920 que la méthode socratique trouva des héritiers, dans deux coins obscurs de la planète : la calme, un peu ennuyeuse, prospère et paisible Genève, et un Moscou ravagé par la guerre, la famine et la tyrannie. Jean Piaget était un naturaliste et un biologiste précoce et brillant.

Il avait publié son premier article, « Des moineaux albinos », à seulement dix ans, et avant d'atteindre vingt ans, en avait publié des dizaines d'autres, principalement sur les mollusques. Il avait également lu *La Critique de la raison pure* de Kant. Il n'avait pas trente ans lorsqu'il fut nommé à la tête de l'Institut Jean-Jacques-Rousseau, à l'université de Genève, où il demeura tout le reste de sa très longue vie.

Piaget voulait résoudre le problème philosophique classique de la connaissance. Mais au contraire de ses prédécesseurs, il cherchait une réponse qui soit liée à la biologie. Au début du XXe siècle, les progrès de la biologie commençaient à suggérer que la pensée était d'une manière ou d'une autre liée au cerveau. Le savoir humain devait donc nécessairement être un phénomène biologique. Piaget voulait trouver un lien entre Kant et les mollusques, entre l'épistémologie et la biologie. Il eut le génie de penser qu'étudier le développement des enfants serait un bon moyen d'y parvenir.

Dans les années 1930, Piaget commença à prendre des notes sur ses propres enfants, Jacqueline, Lucienne et Laurent. On avait tenu des journaux sur des enfants avant Piaget, et on en a tenu après, mais rien de comparable avec ceux qu'il rédigea. Ils décrivent avec une précision méticuleuse et une grande limpidité les schémas significatifs émergeant du comportement, incohérent en apparence, de tout jeunes bébés. On peut en suivre l'évolution au jour le jour, et même moment par moment, de sorte que chaque observation s'inscrit dans la progression d'une même histoire. En lisant les écrits de Piaget, on finit par connaître la petite enfance de Jacqueline, Lucienne et Laurent bien mieux qu'on ne connaît celle de ses propres enfants. (C'était tout à fait étrange de les rencontrer aux célébrations du centenaire de Piaget, en 1996 : des gens charmants de l'âge de nos parents.) Les descriptions des bébés s'insèrent dans un appareil théorique tantôt impénétrable, tantôt remarquablement lumineux. Quand on pense que tout ce travail fut accompli sans autre instrument qu'un grand sens de l'observation, du papier et un stylo – et en plus d'un travail universitaire accaparant –, il semble presque impossible qu'il puisse avoir été mené à bien par un seul homme. Et de fait, nous savons qu'il n'est pas le fruit des efforts d'un seul homme, ou plutôt d'un homme seul. Valentine Piaget, l'épouse de Piaget et la mère de ses enfants, elle-même psychologue, a largement contribué au travail d'observation. Quoi qu'il en soit, le résultat est très impressionnant, même pour deux génies.

Les Piaget, comme Socrate, avaient compris que les tout-petits en savaient beaucoup plus sur le monde alentour que ce dont on les avait jusqu'alors crédités. Mais c'est ailleurs que se situe leur apport propre à la conception moderne. Dans le *Ménon*, Socrate vérifie sans cesse que l'enfant comprend bien la géométrie, comme la comprendrait un adulte. L'enfant lui répond toujours : « Oui, ô Socrate. » Les enfants étudiés par Piaget, eux, ont répondu plus d'une fois : « Non, monsieur Piaget. » Il a montré que la perception que les bébés avaient du monde était aussi complexe et éminemment structurée que celle des adultes. Mais il a ajouté que, qualitativement, les deux perceptions étaient profondément différentes. Comme les adultes, les bébés ont des théories sur les autres gens, le monde et le langage, mais leurs idées sont différentes des nôtres et souvent très étranges. Par exemple, les bébés semblent penser que les objets cessent d'exister quand ils sont cachés à leur vue, et qu'il n'y a pas de séparation entre eux-mêmes et les autres.

Piaget en a conclu que les bébés ne naissaient pas avec des connaissances adultes, héritées d'une vie antérieure ou de leur ADN. Il pensait plutôt que les bébés disposaient de puissants mécanismes d'apprentissage leur permettant d'élaborer sans cesse de nouvelles images du monde – des images parfois bien différentes de celles des adultes. Or, quand on étudie le monde, notamment en tant que scientifique, on ne trouve pas la bonne réponse d'un coup et une fois pour toutes. On se rapproche très progressivement de la vérité en corrigeant pas à pas ses erreurs, en affinant ses idées et en rectifiant ses théories au fur et à mesure. C'est précisément ce que les Piaget ont identifié chez leurs bébés en les observant tout au long de leur petite enfance.

Mais Piaget pensait également que le phénomène de l'apprentissage était aussi ancré dans la biologie que ce qui est inné dans le code génétique. Il utilisait souvent la métaphore de la digestion : selon lui, l'intelligence des bébés assimilait l'information de la même façon que leur corps assimilait le lait. Pour Piaget, apprendre était quelque chose d'aussi naturel que manger. Cette idée est le deuxième fondement de la nouvelle science du développement cognitif.

Le troisième fondement de l'approche moderne est venu d'une source tout aussi improbable qu'un spécialiste suisse des crustacés et sa femme. Lev Vygotski faisait partie du grand tourbillon intellectuel de la Russie des années 1920. Il était critique littéraire, médecin, et tuberculeux. Comme Piaget, il voulait concilier psychologie et biologie. Mais son intérêt pour le langage et la pensée venait aussi des grands questionnements politiques de l'époque. Marxiste convaincu, il voulait savoir comment les sociétés façonnent le mode de pensée des individus qui les composent.

Or, dans la Russie des années 1930, la spéculation politique était bien plus dangereuse que la tuberculose. Vygotski pensait que le niveau d'alphabétisation avait une incidence profonde sur les phénomènes cognitifs et perceptifs. Il envoya Alexandre Luria, son élève et un futur grand neurologue, à la pointe orientale de la Russie vérifier si les Tartares, population analphabète, étaient sujets à certains troubles de la perception ou victimes d'illusions. Luria, impatient de communiquer les résultats de ses expériences, et ne pouvant attendre la fin du long voyage en Transsibérien, envoya à Vygotski le télégraphe suivant : « Les Tartares n'ont aucune illusion. » Il fut immédiatement arrêté : il n'y avait qu'une seule chose au sujet de laquelle les Tartares pouvaient n'avoir aucune illusion… Luria décida alors d'abandonner la psychologie du développement et partit sur le front comme chirurgien du cerveau – c'était moins risqué.

Vygotski lui-même ne doit sans doute d'avoir échappé aux purges staliniennes qu'à sa mort prématurée, à l'âge de trente-huit ans. Comme Piaget, il avait obtenu la direction d'un laboratoire avant d'avoir trente ans, mais lui-même et ses étudiants savaient déjà qu'il était condamné. Pendant un peu moins de dix ans, il travailla frénétiquement, enchaînant sans relâche des expériences qu'il n'avait pas toujours le temps de décrire et produisant manuscrit sur manuscrit – les dictant quand il devint trop faible pour tenir un stylo. Un an après sa mort, Staline édicta un décret officiel interdisant la psychologie du développement (un avant-goût du décret plus connu qui interdit la biologie évolutive). Ce décret était toujours en vigueur dans les années 1970. La plupart des étudiants de Vygotski furent emprisonnés pour avoir contribuer à une « recherche bourgeoise ».

Vygotski avait compris que les adultes jouent un rôle crucial dans ce que savent les enfants. Pour la plupart d'entre nous, qui sommes plongés jusqu'au cou dans leur éducation, cela semble évident. Notre présence est manifestement le facteur le plus déterminant dans la vie de nos enfants, pour le meilleur comme pour le pire. Nous sommes bien sûr soucieux de ce que nous faisons ou ne faisons pas, et de la façon dont cela les influence. Mais, par elle-même, cette relation nous en donne une perception limitée et inexacte, tout comme le grand amour romantique (que beaucoup d'entre nous considèrent comme la meilleure analogie avec une relation parents-enfants) rend aveugle à la vraie personnalité de l'être aimé et à la nature même de l'amour. Il est frappant, et même presque inquiétant, que cet ego parental adorateur, habituellement colossal, soit absent des notes de Piaget. C'est du reste ce qui donne toute sa force à son travail : en s'effaçant du tableau, il a obtenu des processus cognitifs à l'œuvre chez l'enfant une image beaucoup plus claire que ses prédécesseurs. Mais il est évident que les adultes, et les parents en particulier, sont un élément incontournable de la vie des enfants, et en minimisant ce fait, Piaget est passé à côté de quelque chose d'important.

Pour Vygotski, les adultes, et particulièrement les parents, sont des espèces d'outils utilisés par les enfants pour résoudre le problème de la connaissance – ce qui jure avec notre (sans doute inévitable) mégalomanie parentale. Vygotski avait par exemple constaté que les adultes adaptent inconsciemment leur comportement afin de donner aux enfants l'information dont ils ont précisément besoin pour résoudre les problèmes auxquels ils sont confrontés. Les enfants utilisent les adultes pour découvrir les particularités de leur culture et de leur environnement social.

Mais Vygotski pensait aussi que cette influence des adultes était fondamentalement biologique, et faisait partie de la nature humaine. Il a par ailleurs souligné l'importance du langage : le langage est une caractéristique naturelle, biologique, et unique des êtres humains, mais c'est aussi le moyen par lequel se transmettent les inventions culturelles. Si Piaget avait compris que la capacité à apprendre est innée, Vygotski, lui, a compris que la culture est naturelle.

Bien que leurs approches théoriques et leurs personnalités fussent très différentes, le Russe tourmenté et le Suisse débonnaire partageaient deux points communs. D'abord, ils ont tous deux développé une méthode ayant pour point de départ l'observation rapprochée et précise de bébés et de jeunes enfants en milieu naturel, souvent sur une très longue durée. Leurs conclusions étaient directement liées à ces observations, et c'est notamment parce que leurs théories s'appuyaient sur un solide travail empirique qu'elles ont finalement prévalu. Ensuite, dans les deux cas, leur travail a été à peu près complètement ignoré pendant les trente années qui ont suivi.

Les théories qui dominaient alors la psychologie, en particulier aux États-Unis, étaient celles de Freud et de psychologues béhavioristes comme B. F. Skinner. Dans les deux cas, on parlait beaucoup des jeunes enfants. Mais comme dans l'anecdote d'Aristote citée par Russell, personne, d'un côté comme de l'autre, ne mena des expériences auprès d'enfants ou de bébés selon un programme construit. Freud se reposait essentiellement sur des déductions faites à partir du comportement d'adultes névrotiques, et Skinner sur celles faites à partir du comportement de rats qui l'étaient à peine moins. Et comme les philosophes, Freud et Skinner se sont complètement fourvoyés dans leur appréhension du développement cognitif. Pour Freud, les enfants étaient l'incarnation de la passion, des créatures tellement soumises à leurs appétits et à leurs désirs qu'elles ne percevaient le monde qu'à travers le prisme déformant de leurs fantasmes. Skinner, quant à lui, les voyait comme la quintessence de la page blanche, attendant passivement d'être noircis par des programmes de remplissage.

La nouvelle approche : le bébé comme ordinateur

La science du développement a dû attendre la fin des années 1960 pour connaître sa deuxième et (on l'espère) définitive renaissance. Les changements de cap dans les grandes orientations scientifiques sont toujours un peu mystérieux, mais plusieurs facteurs indépendants expliquent peut-être le regain d'intérêt que connurent soudain Piaget et Vygotski. Certains sont d'ordre sociologique. Pendant des siècles, les enfants avaient relevé du domaine des femmes, et avaient par là même été jugés indignes de tout intérêt scientifique sérieux. Tant que les hommes dominèrent le monde universitaire, la psychologie du développement fut fatalement marginalisée. À Berkeley par exemple, plusieurs chercheuses de renom en psychologie du développement ont travaillé au sein d'instituts de recherche, mais aucune ne s'est vu offrir de poste à l'université même. (En fait, jusqu'en 1973, il n'y avait aucune femme dans le département de Psychologie de Berkeley.) Et l'essentiel des recherches se faisaient dans le contexte de problèmes concrets en matière d'éducation et d'enseignement. Dans les années 1960, à Cornell, un de nos collègues a découvert qu'il lui fallait passer un diplôme d'arts ménagers s'il voulait étudier la psychologie du développement. L'accession de femmes à des postes universitaires a donc aidé, très lentement, à ce que l'on prenne au sérieux l'étude des bébés et des jeunes enfants.

Un autre facteur important fut d'ordre technologique. La caméra vidéo fut pour la psychologie du développement ce que le télescope avait été pour l'astronomie. Les tout-petits ne communiquent pas de la même façon que les adultes. Les outils de base de la psychologie pour adultes – les questionnaires, les boutons à presser pour mesurer le temps de réaction, et le reste – ne servent à rien. Et il ne sert à rien non plus d'espérer les rendre coopératifs en agitant devant eux la perspective de bonnes notes, d'argent ou de croquettes de nourriture (appâts traditionnels des étudiants et des rats). Les enfants de deux ans font d'ailleurs systématiquement le contraire de ce que vous voulez qu'ils fassent (dans notre laboratoire, on entend toujours s'élever un profond soupir parmi nos assistants lorsqu'on leur annonce qu'on passe aux tests avec des enfants de vingt-quatre mois).

Notre outil de base est l'étude systématique du comportement non verbal des bébés. Nous observons les expressions de leur visage, leurs actions, et même les mouvements de leurs yeux. Malheureusement, quiconque a observé un bébé sait que son comportement s'apparente la plupart du temps à une suite ininterrompue de mouvements sans queue ni tête. Parfois il vous semble apercevoir quelque chose de significatif, mais la seconde suivante, vous n'êtes plus sûr de rien. C'est en partie ce qui rend les notes de Piaget si remarquables. Mais ce qui fait avancer la science, ce ne sont pas tant les génies exceptionnels que les méthodes qui nous permettent à nous autres, qui appartenons au commun des mortels, de faire la même chose qu'eux. En filmant les bébés, on peut mesurer objectivement ce qu'ils font et regarder le film aussi lentement que nécessaire, et autant de fois que nécessaire. On oublie parfois combien cette invention est récente. Jusqu'à la fin des années 1980, il fallait traîner des caméras à bobines de vingt kilos jusque chez les enfants (comme nous le rappelons à loisir à nos étudiants quand ils commencent à se plaindre).

Une autre technologie, le numérique, a apporté à la psychologie du développement une nouvelle justification théorique. Ni Piaget ni Vygotski ne disposaient véritablement d'outils théoriques pour réussir à articuler pensée et cerveau. En science, il s'agit souvent de trouver les bonnes analogies, et l'ordinateur nous en a fourni une nouvelle. Après tout, les ordinateurs peuvent faire beaucoup de choses relevant d'une activité mentale, voire intelligente (comme résoudre des équations ou jouer aux échecs). Et pourtant, ils sont indéniablement des objets physiques, matériels, tout comme le cerveau. La grande découverte conceptuelle de ces trente dernières années en psychologie, c'est que le cerveau est une sorte d'ordinateur. C'est le fondement du nouveau domaine des sciences cognitives. Bien sûr, nous ne savons pas au juste quelle sorte d'ordinateur est le cerveau, et il est sans doute très différent de tous les ordinateurs que nous connaissons aujourd'hui.

La nouvelle technologie vidéo et les nouveaux outils théoriques des sciences cognitives ont contribué à transformer les idées pionnières de Piaget et Vygotski en une entreprise de recherche scientifique de plein droit. Le caméscope et la métaphore de l'ordinateur permettent, l'un de regarder les bébés d'un œil neuf, l'autre de les considérer sous un angle nouveau. Surtout, on a commencé à penser que regarder et chercher à comprendre les enfants en valait la peine.

La récompense de cette évolution est un ensemble de découvertes scientifiques passionnantes. On a plus appris sur ce que savent les bébés et les jeunes enfants durant les trente dernières années que pendant les deux mille cinq cents ans qui ont précédé. On peut désormais expliquer des phénomènes bien connus, par exemple le fait que les enfants de deux ans sont insupportables, et on a découvert de nouveaux phénomènes que personne n'aurait pu prévoir, comme le fait que les nouveau-nés savent à quoi ressemble leur langue, qu'un bébé de six mois peut déjà faire la différence entre le suédois et l'anglais, ou qu'un enfant de deux ans sait qu'aussi incroyable que cela puisse paraître, il y a des gens qui préfèrent les brocolis aux chips. Et chaque fois que nous apprenons quelque chose de nouveau sur les bébés, nous apprenons quelque chose de nouveau sur nous-mêmes. Après tout, nous ne sommes que des bébés avec un peu d'expérience.

Chapitre II

Ce que les enfants apprennent sur les gens

Toutes les questions liées au problème de la connaissance sont fascinantes, mais seule la question d'autrui nous met en permanence sur les charbons ardents. Nous passons la plus grande partie de notre temps d'éveil à essayer de déchiffrer ce qui se passe dans la tête des autres. Pourquoi a-t-il fait cela ? Est-ce qu'elle dit la vérité ? Est-ce que ça lui est réellement égal que je travaille tard, ou est-ce qu'elle dit que ça lui est égal pour le principe mais qu'en fait elle m'en veut ? Est-ce qu'il ne se rend vraiment pas compte que je n'aime pas du tout qu'il travaille tard même si je dis que ça m'est égal ? Si un télépathe écoutait ce qui se passe dans les grosses têtes du campus de n'importe quelle grande université, il en apprendrait bien davantage sur les manœuvres sexuelles ou de politique interne du laboratoire que sur la physique ou la chimie (ou, il faut bien l'admettre, la psychologie du développement).

Bien sûr, il y a à cela de bonnes raisons liées à l'évolution. L'espèce humaine est intensément sociale, chaque individu dépendant profondément des autres pour sa survie. C'est aussi une espèce compliquée, avec une palette d'actions extrêmement large. Il nous a fallu devenir capables d'anticiper ce qu'allaient faire les autres hommes bien plus que ce qu'allaient faire les mammouths laineux, les tigres aux longues dents, les silex ou le feu. Et l'un des meilleurs moyens d'y parvenir, c'est de savoir ce qui se passe dans leur tête.

La recherche contemporaine en psychologie du développement nous apprend que, dès le premier moment où nous voyons d'autres gens, nous reconnaissons en eux des personnes. Être une personne suppose un esprit aussi bien qu'un corps, un « intérieur » aussi bien qu'un « extérieur ». Voir quelqu'un comme une personne, c'est voir un visage, et non un masque, un « tu » et non un « ça ». Nous naissons avec l'idée que les autres sont en grande partie comme nous, et que nous sommes en grande partie comme eux.

Mais les recherches montrent que cette supposition innée n'est que le début, et non l'aboutissement, de notre tentative pour comprendre ce qui se passe dans la tête des gens. Identifier l'autre comme une personne ne nous suffit pas, nous voulons savoir à quel type de personne nous avons affaire. Est-ce qu'il aime *vraiment* les brocolis ? Est-ce qu'elle va piquer une crise si j'effleure son vase ? Cet enfant sur le toboggan qui a dit que les balles de golf explosaient si on les perçait, est-ce qu'il mentait, est-ce qu'on lui a raconté n'importe quoi, ou bien est-ce qu'il est malade ? Voilà le genre de questions auxquelles sont confrontés les enfants, et auxquelles ils répondent en grandissant.

Comprendre les gens qui nous entourent fait partie du processus pour devenir nous-mêmes un certain type de personne. En apprenant ce qu'il y a dans la tête des autres, les enfants apprennent aussi ce qu'il y a dans la leur. Ils apprennent à penser comme un Grec de l'Antiquité, ou comme un Hollandais du XVIIe siècle, ou encore comme un Californien du début du XXIe. (S'ennuyant un jour de pluie, un de nos enfants, alors tout juste âgé de trois ans, suggéra qu'on aille se chercher un cappuccino et qu'on fasse les librairie du coin…) Chaque communauté a sa propre façon de penser et de fonctionner, de même qu'elle a sa propre façon de s'habiller et de manger, et les enfants apprennent ces manières des adultes qui les entourent.

Dans le premier chapitre, nous avons évoqué les trois éléments qui forment la réponse de la nature au problème de la connaissance : un savoir inné, une énorme capacité à apprendre, et l'enseignement inconscient des adultes. Ces trois éléments contribuent à répondre à la « question d'autrui ».

Ce que savent les nouveau-nés

Vous êtes allongée dans la chambre de travail de l'hôpital et vous êtes à bout de forces. Accoucher est un étrange mélange de détermination et d'obéissance aveugle à quelque chose de compulsif. C'est bien vous qui poussez, et vous poussez avec une concentration et une intensité incomparables, mais d'un autre côté, vous ne décidez pas de pousser, vous n'essayez pas, voire vous ne voulez pas pousser. Vous êtes simplement emportée par l'action. C'est un peu comme de courir le marathon tout en ressentant le plus incroyable, le plus fatigant et le plus irrésistible orgasme de votre vie.

Et puis tout à coup, au milieu de toute cette excitation, de l'action, de l'agitation et de la fatigue, il y a un petit corps tout chaud posé sur votre poitrine, et un visage tranquille, calme, aux yeux écarquillés, qui se tourne vers vous. Peut-être qu'il ne s'agit alors que des endorphines qui circulent dans votre système maintenant que la douleur est passée, toujours est-il qu'au lieu de vous effondrer de fatigue, comme on pourrait s'y attendre, vous vous sentez sur le qui-vive. Vous êtes ultraréveillée et tout est beaucoup plus clair et précis que d'habitude. Et la nuit suivante, une fois que les infirmières vous ont laissée et que le papa est parti prévenir la famille et dormir un peu, vous êtes couchée avec votre bébé dans les bras et vous respirez l'odeur étrange, à la fois douce et animale, du nouveau-né, et vous regardez, vous regardez pendant des heures d'affilée le petit visage, encore un peu froissé. Et le bébé, peut-être lui aussi sous l'effet des endorphines, plus réveillé qu'il ne va l'être pendant les jours à venir, vous regarde aussi. À ce moment précis – avant que les nuits à se lever pour les biberons, les couches, les poussettes et les combinaisons de ski ne viennent troubler le tableau –, il y a dans cet échange de regards comme une parfaite compréhension mutuelle, une paix complète, le bonheur absolu. (Telle est en tout cas la version idyllique de la chose.)

Que reste-t-il de cette image d'Épinal au vu de la réalité scientifique ? La recherche récente donne étonnamment raison à l'intuition des jeunes mères. Pendant des années, les « experts », qui en fait n'avaient jamais mené d'étude systématique sur les nouveau-nés, ont pris un plaisir pervers à dire aux parents que leurs bébés naissaient avec des capacités mentales à peine plus sophistiquées que celles des limaces. Selon eux, les bébés ne voyaient pas vraiment, ils souriaient « dans le vide » et l'idée qu'ils puissent reconnaître les gens n'était qu'une douce illusion maternelle. Un chroniqueur de notre quotidien préféré, parlant du nouveau petit frère de son fils, s'apitoyait sur la conviction du petit garçon que le bébé le reconnaissait, alors que, bien sûr, tout le monde sait que les bébés ne font pas la différence entre les gens et les chiens. C'est comme si la sagesse populaire à l'égard des bébés était à double fond : presque tous ceux qui interagissent avec eux se disent immédiatement que les bébés pensent, eux aussi ; et pourtant souvent, cette conviction se teinte presque aussitôt d'un cynisme nourri de lointaines croyances médicales. On entend des parents dire des choses comme : « Je jurerais qu'elle me reconnaît, mais je sais bien qu'elle ne peut pas. »

Mais pourquoi nous croire nous, plutôt que ces experts à courte vue qui pensent que les bébés ne voient pas ? Comment pouvons-nous dire que nous savons vraiment ce que pensent les bébés ? Avec l'aide du caméscope, les chercheurs ont développé des techniques expérimentales ingénieuses pour demander aux bébés ce qu'ils savent. Tout un panel d'expériences ont été mises au point pour répondre à deux questions simples : face à deux choses, les bébés pensent-ils qu'elles sont identiques ou différentes ? Et s'ils pensent qu'elles sont différentes, y en a-t-il une qu'ils préfèrent ? Par exemple, on va montrer aux bébés la photo d'un visage humain et celle d'un objet compliqué, comme un échiquier. Puis un observateur, qui ne sait pas ce que regardent les bébés, va noter le mouvement de leurs yeux. En analysant ce mouvement, on pourra déterminer quelle image ils auront regardée le plus longtemps. On peut pousser cette idée un peu plus loin en donnant à des bébés diverses tétines reliées à des cassettes vidéo ou audio et en déterminant quelle cassette ils sont le plus disposés à faire fonctionner. On peut alors constater qu'ils feront marcher plus longtemps une cassette de la voix de leur mère que la cassette d'une voix étrangère.

Enfin, on peut tirer profit du fait que, tout comme nous, les bébés finissent par s'ennuyer. Si vous leur montrez la même chose encore et encore, ils arrêtent d'écouter ou de regarder. Mettez alors une autre cassette : ils se redressent et font attention. Les chercheurs en psychologie du développement appellent cet ennui l'« habituation ». Si, par exemple, on montre à des bébés une série de visages gais, ils vont progressivement cesser de s'y intéresser : ils s'y habituent. Si l'on montre ensuite un autre visage gai, ils le regardent à peine. Mais si l'on montre un visage triste, ils recommencent à regarder attentivement. Cela signifie que les bébés savent que les visages gais sont tous identiques et qu'un visage triste est différent.

Ce type de technique permet de montrer que, dès la naissance, les bébés font la différence entre les voix et les visages humains et le reste, et qu'ils préfèrent les premiers. Après quelques jours, ils reconnaissent les visages familiers, ainsi que les voix et même les odeurs familières, et là encore les préfèrent à ceux et celles qu'ils ne connaissent pas (il semblerait même qu'ils reconnaissent dès la naissance la voix de leur mère, grâce aux sons étouffés, mais néanmoins audibles, qu'ils entendent dans son ventre).

Avant neuf mois, bien avant de savoir parler, marcher et même ramper, ils font déjà la différence entre des expressions de joie, de tristesse et de colère, et arrivent même à associer un visage heureux, son sourire et ses yeux plissés, au ton léger d'une voix joyeuse. Si vous leur montrez deux films côte à côte, l'un montrant un visage joyeux et l'autre un visage triste, et que vous passez une bande sonore qui alterne une voix joyeuse et une voix triste, les bébés regarderont plus longuement le visage dont l'expression correspond à l'émotion qu'ils entendent.

Ils savent aussi comment bougent les gens. Une expérience consiste à attacher de petites lumières aux genoux, aux coudes et aux épaules de quelqu'un et à filmer cette personne tandis qu'elle se déplace dans le noir. Le film ne montre que les lumières qui bougent. Un adulte y reconnaît immédiatement un mouvement humain, et éventuellement les émotions qui s'y rattachent ; c'est une sorte de dessin animé basique. Il se trouve que les bébés font eux aussi la différence entre ce mouvement des lumières, pourtant abstrait, et d'autres qui ne proviennent pas d'un mouvement humain, et qu'ils préfèrent le premier.

Les limitations mêmes de la vision des bébés impliquent qu'ils font particulièrement attention aux êtres humains. L'idée que les nouveau-nés sont aveugles est un mythe, mais il est vrai qu'ils sont très myopes, et contrairement aux adultes, ils ont du mal à adapter leur vision pour voir à la fois de près et de loin. Cela veut dire qu'ils voient très nettement les objets qui se trouvent à une trentaine de centimètres d'eux, mais que ceux qui se trouvent plus près ou plus loin sont flous. Trente centimètres, c'est à peu près la distance qui sépare le visage d'un nourrisson de celui de la personne qui le tient. On dirait que les bébés sont conçus pour voir les gens qui les aiment avec plus de netteté que tout le reste.

Le monde du nouveau-né ressemble un peu à une pièce de musée consacrée aux portraits de Rembrandt. Des visages bien éclairés, où le mouvement, la vie, les expressions et les émotions sont représentés dans toutes leurs nuances, surgissent de l'obscurité, dans un saisissant clair-obscur psychologique.

Mais tout cela n'est bien sûr qu'apparences. Les bébés ont-ils une conception plus profonde de ce que signifie être humain ? On a des raisons de penser que oui. Il y a vingt ans, l'un des auteurs de ce livre, Andy, a fait une découverte étonnante. Les bébés d'un mois imitent les expressions faciales. Si vous tirez la langue à un bébé, il va tirer la sienne en retour ; ouvrez la bouche, et le bébé ouvre la sienne. Comment pouvons-nous être sûrs qu'il s'agit bien d'imitation, et pas simplement de ce que nous projetons sur le visage continuellement en mouvement du bébé ? Andy a fait l'expérience suivante, qui consiste à montrer à des bébés quelqu'un qui ne fait que tirer la langue, ou qu'ouvrir la bouche, et à filmer les visages des bébés ; puis il a montré ce film à quelqu'un qui n'avait aucune idée du geste que les bébés avaient vu, et cette personne devait dire si chaque bébé tirait la langue ou ouvrait la bouche. Il a ainsi pu établir un lien systématique entre ce que faisait le bébé, tel que noté par l'observateur neutre et objectif, et ce que le bébé avait vu.

Andy a commencé cette expérience avec des bébés de trois semaines. Mais pour démontrer qu'il s'agissait là d'une aptitude innée, il lui fallait montrer que des nouveau-nés étaient capables d'imiter. Il a donc aménagé à l'hôpital un laboratoire à côté de la chambre de travail et s'est mis d'accord avec les futurs parents pour que ceux-ci l'appellent quand leur bébé serait sur le point de naître. Pendant un an, il s'est levé en plein milieu de la nuit et s'est éclipsé des réunions de service pour se ruer à l'hôpital avec presque autant de précipitation que les futurs parents. Mais, grâce à cela, il a pu faire l'expérience avec des bébés de moins d'un jour ; le plus jeune bébé ainsi testé n'avait que quarante-huit minutes. Résultat : les nouveau-nés imitent eux aussi.

À première vue, on peut trouver cette aptitude à l'imitation curieuse, mignonne, mais pas très significative. En y réfléchissant, elle est pourtant extraordinaire. Il n'y a pas de miroir dans le ventre de la mère : les nouveau-nés n'ont jamais vu leur propre visage. Comment peuvent-ils donc savoir si leur langue est à l'intérieur ou à l'extérieur de leur bouche ? Il existe en fait une autre façon de connaître son propre visage. En lisant ceci, vous avez sans doute une idée assez juste de l'expression du vôtre (et nous espérons que c'est une expression d'intense concentration, que vient parfois éclairer un sourire). Essayez de tirer la langue (du moins si vous n'êtes pas dans un lieu public). Vous saurez que vous avez réussi par kinesthésie, c'est-à-dire grâce à votre aptitude à ressentir de l'intérieur les mouvements des différentes parties de votre corps.

Si les nouveau-nés sont capables d'imitation, c'est que, d'une façon ou d'une autre, ils comprennent qu'il existe une similitude entre cette sensation interne et le visage qu'ils voient à l'extérieur, cette forme ronde avec une chose rose qui remue en bas. Non seulement les nouveau-nés distinguent et préfèrent les visages, mais ils semblent en outre percevoir que ces visages sont à l'image du leur. Ils reconnaissent que les autres sont « comme moi ». Il n'y a rien de plus personnel que cette aptitude à ressentir de l'intérieur son propre corps, ses expressions et ses mouvements, ce qui gratouille et ce qui chatouille. Et pourtant, dès la naissance, il semble que nous fassions le lien entre cette sensation interne et intime et les mouvements des personnes qui nous entourent – mouvements que nous pouvons voir, mais pas ressentir. C'est la manière ingénieuse qu'a la nature de nous aider à résoudre le problème dit d'autrui. Nous savons que nous sommes comme les autres, et que les autres sont comme nous.

Ce n'est pas la seule raison de penser que les bébés sont particulièrement en phase avec les autres êtres humains. Il y a aussi le fait qu'ils « flirtent ». Un des grands plaisirs de la vie est de tenir un bébé de trois mois dans ses bras et de lui raconter n'importe quoi.

Vous vous entendez dire, de votre voix habituelle de personne saine, adulte et responsable : « Et alors ? Et alors ? Qui c'est qui est un petit canard en sucre ? Qui c'est ? C'est *toi*, mais oui, c'est *toi*, mais oui ! » Vous haussez les sourcils et vous faites des grimaces ridicules. Mais le plus frappant, c'est que le bébé répond à vos absurdités. Il répond à vos gazouillis par des gazouillis, à votre sourire par un sourire et il s'agite en rythme selon l'intonation de votre voix. C'est comme si vous étiez tous les deux au milieu d'une danse élaborée, d'une sorte de dialogue muet, d'une benête chanson d'amour, d'une conversation sur l'oreiller. C'est le paradis.

C'est surtout une nouvelle preuve que les bébés coordonnent spontanément leurs expressions, leurs gestes et leurs voix à ceux des autres gens. Flirter est en grande partie une question de rythme. Si vous regardez autour de vous lors d'une soirée, vous identifiez facilement ceux qui sont en train de flirter, même sans entendre ce qu'ils se disent. Ce que vous voyez, c'est la façon dont deux personnes harmonisent leurs gestes pour être en phase l'une avec l'autre, et non avec le reste des invités. Elle se passe la main dans les cheveux, il met la sienne dans sa poche ; elle se penche en avant et parle avec animation, il recule légèrement le buste en position d'écoute attentive. C'est la même chose avec les bébés. Quand vous parlez, le bébé est immobile ; quand vous arrêtez, c'est au tour du bébé de se mettre à gazouiller et à remuer. Tout comme l'imitation, la façon qu'ont les bébés de flirter tend à montrer, outre qu'ils reconnaissent les êtres humains, qu'ils ont une manière privilégiée d'être en contact avec eux. Le flirt des bébés, comme celui des adultes, dépasse le langage et établit un lien plus direct entre les gens.

L'éternelle relation triangulaire

Ainsi, le tout jeune bébé comprend déjà qu'il y a quelque chose de particulier chez les autres gens et qu'il est lié à eux d'une façon spéciale. Mais on ne peut s'arrêter à une forme de « communion mystique », ni, malheureusement, à des conversations d'oreiller. Même nos étudiants, qui utilisent parfois un vocabulaire infantile dans leurs cartes de Saint-Valentin, ont intérêt à changer de registre quand ils rédigent leurs copies d'examen. Il reste beaucoup à apprendre sur les gens.

Il faut notamment savoir que les « choses » tiennent une grande place dans leurs pensées. Ils les regardent, ils les veulent, ils les prennent en compte, et ils en connaissent certaines propriétés. Quand les bébés atteignent environ un an survient un changement frappant dans leur façon d'interagir avec les gens. Soudain, vous n'êtes plus seul avec le bébé dans votre petit dialogue amoureux, des intrus font irruption : ours en peluche, ballons, clefs, hochets, cordons de lampe, cuillères, chiots, téléphones, vases en porcelaine, rouge à lèvres, avions lointains – toute une panoplie d'objets fascinants et irrésistibles. À mesure que les bébés deviennent capables de se tenir assis, d'attraper et de ramper, ces choses, qui jusqu'alors étaient regardées avec fascination mais de loin et de manière floue, deviennent des objets de désir et des dangers potentiels. Heureusement, les gens ne disparaissent pas totalement des pensées du bébé (même si c'est parfois l'impression qu'ont les parents). Ils deviennent plutôt une composante essentielle d'une sorte de triangle cognitif.

À un an environ, les bébés commencent à montrer du doigt les objets et à regarder ce qu'on leur désigne. Là encore, le fait de montrer du doigt est un geste si familier qu'on le tient pour acquis. Mais, comme l'imitation, il implique pourtant une profonde connaissance de soi et des autres. Montrer quelque chose du doigt, surtout quand c'est fait avec insistance, en se retournant vers le visage de l'autre jusqu'à ce que lui aussi regarde l'objet en question, implique de penser, pas nécessairement de façon consciente, que l'autre personne devrait regarder la même chose que soi. On peut enregistrer et localiser systématiquement l'endroit où regardent les bébés quand un adulte leur désigne quelque chose. À un an, ils regardent assez précisément l'endroit désigné par l'adulte.

D'autres expériences montrent aussi qu'à cet âge, les bébés ont une compréhension radicalement nouvelle des gens. Que se passe-t-il lorsqu'on montre à un bébé quelque chose de nouveau, d'étrange, de merveilleux et peut-être d'un peu dangereux – par exemple un petit robot qui marche ? Le bébé regarde sa mère d'un air interrogatif et essaie de déchiffrer sa réaction. Qu'est-ce qu'elle en pense ? Est-ce qu'elle sourit de façon rassurante ou est-ce qu'elle a l'air affolée ? Les bébés de douze mois modifient leur propre réaction selon l'attitude de leur mère. Si elle sourit, ils vont aller jusqu'à l'objet pour voir de plus près ; si elle s'affole, ils ne vont pas bouger.

L'expérience suivante permet de montrer ce phénomène de façon systématique. Un adulte dispose de deux boîtes à l'intérieur desquelles il peut regarder : il prend une mine réjouie en regardant ce qu'il y a dans l'une, et un air de dégoût total en regardant dans l'autre. Puis il pousse les deux boîtes vers le bébé, qui n'a jamais vu ce qu'il y avait à l'intérieur. Pourtant, il sait quelque chose du contenu rien qu'en ayant regardé le visage de l'adulte : il va plonger la main avec enthousiasme dans la boîte qui rendait l'adulte joyeux, mais ne touchera pas à celle qui le dégoûtait. Le bébé ne se contente pas de comprendre que l'autre personne est joyeuse ou dégoûtée, il comprend aussi que certaines choses la rendent joyeuse tandis que d'autres la dégoûtent.

De la même manière, les bébés de douze mois comprennent comment utiliser certains objets en regardant ce qu'en font les autres. Andy a utilisé l'imitation pour tester ce phénomène. Il a montré à des bébés une façon inattendue d'utiliser un nouvel objet – par exemple, il touchait une boîte de son front et elle s'allumait. Les bébés regardaient, fascinés, mais eux-mêmes n'avaient pas le droit de toucher la boîte. Une semaine plus tard, les bébés sont revenus au laboratoire et cette fois, Andy leur a donné la boîte, mais sans faire lui-même quoi que ce soit avec. Immédiatement, les bébés ont posé leur front sur le haut de la boîte. Une idée très répandue est que les bébés n'ont pas de mémoire. Pourtant, tout au long de la semaine, ils avaient progressivement assimilé l'information sur le mode d'emploi de ce nouvel objet. Qui plus est, ils semblaient partir du principe que si les autres font quelque chose de particulier avec un objet, ils doivent faire pareil. (Il n'y a qu'à voir la façon dont les bébés jouent avec un téléphone en plastique ; même si le jouet ne fait rien, ils vont imiter l'attitude des adultes avec un vrai téléphone : ils pressent les boutons, portent le téléphone à leur oreille et gazouillent.)

Il semble donc qu'à environ douze mois, les bébés découvrent que leur rapport émotionnel initial aux autres se ramifie en un réseau d'attitudes envers le monde. Nous voyons les mêmes objets, nous faisons les mêmes choses avec ces objets, et même nos sentiments envers ces objets sont identiques. Voilà qui ajoute une nouvelle dimension à la façon dont les bébés appréhendent autrui. Mais c'est aussi une nouvelle dimension à la façon dont les bébés appréhendent le monde.

Les bébés utilisent les autres pour décrypter le monde. D'une façon très simple, ces bébés de douze mois participent déjà à une culture. Ils profitent des découvertes des générations antérieures : ils n'ont pas à découvrir par eux-mêmes qu'il y a quelque chose d'intéressant par ici, ou quelque chose de dégoûtant par là, ou encore que cette boîte s'allume quand on la touche du front. Il n'est même pas nécessaire d'utiliser le langage pour leur apprendre tout cela. Des bébés qui ne parlent pas encore sont déjà naturellement des êtres de culture.

Ayant compris cela, les bébés peuvent laisser les autres faire certaines choses à leur place. Ainsi un bébé de douze mois va-t-il montrer du doigt un jouet qu'il ne peut atteindre et s'attendre à ce que l'adulte l'attrape pour lui. Les bébés communiquent bien avant de savoir parler.

Cette histoire de relation à trois finit bien. L'intérêt tout neuf que les bébés portent aux choses renforce leurs points communs avec les autres gens et leur permet de mieux communiquer avec eux. Après tout, communiquer est bien plus excitant que communier. Même chez les adultes, les conversations sur l'oreiller cèdent finalement la place au plaisir de découvrir qu'on partage une passion pour la nourriture thaïlandaise ou une aversion pour les films d'arts martiaux. Dans les plus belles histoires d'amour, on contemple le monde ensemble, on ne se contente pas de se contempler mutuellement. Après environ douze mois, la même chose se produit dans l'histoire d'amour entre parents et enfants.

Guerre et paix

Ainsi bébés et parents manœuvrent-ils ensemble avec succès pour éviter l'écueil que constitue l'irruption des objets extérieurs dans leur relation. Mais un serpent autrement plus dangereux se cache dans le paradis du nourrisson. (L'ennemi intérieur est toujours plus dévastateur que le péril étranger.) Alors que les bébés viennent d'apprendre que les autres gens ont en général la même attitude qu'eux envers les objets, ils sont sur le point de découvrir quelque chose d'autre, quelque chose de plus déstabilisant : parfois, les autres gens n'ont *pas* la même attitude qu'eux. Que se passe-t-il quand un bébé essaie d'attraper le cordon de la lampe, un vase en porcelaine ou un tube de rouge à lèvres ? Ou quand son père essaie de lui faire avaler une immonde purée de navets au lieu de la délicieuse compote de pommes qu'il attend ? Il n'y a alors plus ni point commun ni communication.

À un bébé de douze mois, cela doit sembler complètement paradoxal, peut-être même pervers. Plus il montre l'intensité de son désir pour le cordon de lampe, plus sa mère l'empêche d'y toucher. Plus il refuse la purée de navets, plus son père s'obstine à la lui faire avaler. Le bébé et l'adulte réagissent au même objet, mais leurs attitudes envers cet objet se révèlent différentes, pour ne pas dire diamétralement opposées.

À l'âge de dix-huit mois, les bébés commencent à comprendre la nature de ces différences entre les gens, et cela les fascine. Là encore, on peut le montrer de façon systématique. Alison et l'une de ses étudiantes, Betty Repacholi, ont présenté à des bébés deux bols : l'un rempli de délicieuses chips, l'autre de brocolis crus. Même si nous étions à Berkeley, tous les bébés ont choisi les chips. Ensuite, Betty a goûté le contenu de chacun des bols. Elle a fait « miam-miam » d'un air ravi en goûtant l'un, et « beurk » d'un air dégoûté en goûtant l'autre. Puis elle a placé les deux bols devant les bébés et tendu la main en disant : « Tu peux m'en donner ? »

Quand elle avait indiqué qu'elle adorait les chips et détestait les brocolis, les bébés, bien sûr, lui donnaient des chips. Mais *quid* du contraire ? Les bébés se trouvaient alors dans une de ces situations où l'attitude de l'autre envers un objet diffère de la leur, où l'autre veut une chose et eux une autre. À quatorze mois, encore convaincus que tout le monde veut la même chose, les bébés tendent des chips. Mais à dix-huit mois, plus avisés (et aussi, nous allons le voir, plus tristes), les bébés donnent des brocolis, même si eux-mêmes n'y toucheraient pour rien au monde. Ces petits enfants, à peine capables de parler, ont déjà appris quelque chose de crucial sur les gens. Ils ont appris que les gens ont des désirs, et que ces désirs diffèrent et même s'opposent.

On peut en faire la démonstration par des expériences rigoureuses, mais c'est parfaitement évident dans la vie de tous les jours. Tous les parents connaissent, et redoutent, les fameuses « petites terreurs » de deux ans, ces monstres aux yeux d'acier adeptes du mélodrame que sont devenus les adorables (même si parfois turbulents) coquins de douze mois. Ce qui rend les enfants de deux ans si redoutables, ce n'est pas qu'ils font ce que vous ne voulez pas qu'ils fassent (à un an, ils le font aussi très bien), c'est qu'ils le font *parce que* vous ne voulez pas qu'ils le fassent. À un an, ils sont irrésistiblement attirés par le charme des objets interdits – c'est le cordon de la lampe qui est coupable – ; à deux ans, ils sont tout simplement pervers. Ils ne regardent même pas le cordon de la lampe : ils tendent la main pour l'attraper en vous regardant calmement, sérieusement, délibérément.

Des variantes infernales existent. Selon sa mère, la plus perverse des trois auteurs de ce livre ajoutait l'insulte suivante : en même temps, elle tendait la main pour se faire taper. L'un de nos plus charmants enfants, au contraire, arborait un sourire radieux tout en se dirigeant vers l'objet interdit. La moindre ombre de sourire en retour était fatale. Un autre avait pour technique de se rapprocher doucement de l'objet interdit, par avancées rigoureusement identiques, jusqu'à en être tout proche, tout cela sans quitter son père des yeux.

Mais ce comportement pervers est en fait parfaitement rationnel. De même que les expériences sur les nouveau-nés justifient l'intuition des parents d'avoir un rapport privilégié à leur bébé, les expériences sur les tout jeunes enfants justifient l'intuition selon laquelle ce rapport se brise parfois quand ils grandissent. À deux ans, les enfants viennent de comprendre que les gens ont des désirs différents. (Notre expérience sur les brocolis montre que ce n'est que vers dix-huit mois qu'ils parviennent à cette conclusion.) Ils s'attellent donc à l'exploration systématique de cette idée, comme s'il s'agissait d'un programme de recherche. Ils tâchent de prendre la mesure du conflit entre leurs désirs et ceux des autres. S'ils vous regardent d'un air aussi sérieux, c'est parce que ce qui les intéresse vraiment, c'est vous et votre réaction, pas le cordon de la lampe. Pour le psychologue en herbe qu'est le bébé, ses parents sont des rats de laboratoire.

Soyez rassurés : le but de ces petits n'est pas de nous rendre fous, mais simplement de comprendre comment nous fonctionnons. Les larmes de la petite terreur qui vient de se faire disputer sont sincères. La crise des deux ans reflète une contradiction réelle entre le besoin qu'ont les enfants de comprendre les autres et leur besoin de vivre en paix avec eux. Cette phase douloureuse montre combien le désir d'apprendre est puissant et profond chez ces jeunes enfants. Il en est des enfants de deux ans comme des scientifiques, pour qui chercher la vérité est plus qu'un métier, c'est une passion. Et comme dans le cas des scientifiques, cette passion peut les amener à sacrifier leur bonheur domestique.

Mais la façon qu'ont les enfants de cet âge de découvrir comment fonctionnent les gens peut prendre un aspect plus positif. Un jour, Alison est rentrée du laboratoire dans cet état de désespoir bien connu des parents qui travaillent. Elle venait de comprendre qu'elle était une chercheuse déplorable (un de ses articles avait été refusé par une revue scientifique), une prof ratée (un étudiant avait contesté sa note d'examen), et en rentrant chez elle, elle s'était aussi révélée une mère indigne (le poulet du dîner était encore congelé). Comme toute femme active et dynamique qui se respecte placée dans la même situation, elle s'est effondrée en larmes sur le canapé. Son fils, qui n'avait pas tout à fait deux ans, a pris l'air inquiet, puis, après un moment de réflexion, s'est précipité dans la salle de bains. Il en est revenu avec une grosse boîte de pansements, qu'il a commencé à lui coller au hasard, un peu partout. Comme beaucoup de thérapeutes, il avait fait un mauvais diagnostic, mais son traitement s'est révélé très efficace : elle a arrêté de pleurer.

Il ne s'agit pas là seulement d'une jolie histoire mettant en scène un enfant particulièrement attachant (bien que ce soit la façon dont Alison ait tendance à la raconter). Des études systématiques montrent que c'est vers deux ans que les enfants commencent à faire preuve d'une véritable empathie envers les autres. Plus jeunes, ils sont déjà sensibles à la douleur d'autrui (on sait la façon dont un bébé va se mettre à hurler quand ses parents commencent à se disputer), mais c'est seulement vers deux ans qu'ils s'efforcent de consoler. Le monstre de deux ans est aussi un ange de bonté.

Cette sorte d'empathie suppose une compréhension de l'autre aussi sophistiquée que celle dont fait preuve l'enfant de vingt-quatre mois quand il se comporte en terreur. L'empathie nécessite de comprendre ce que ressent autrui et comment lui apporter du réconfort, même si on ne ressent pas la même chose soi-même. Il faut pouvoir comprendre que l'autre personne a besoin de pansements, même si l'on n'en a pas soi-même besoin – de la même manière qu'on sait que l'autre veut des brocolis, même si on n'en veut pas soi-même, ou qu'il ne veut pas qu'on s'approche du cordon de la lampe, pourtant si désirable. La véritable empathie n'implique pas seulement de savoir que les autres peuvent ressentir les mêmes choses que soi ; elle signifie qu'on peut savoir que leur expérience est au contraire différente, mais être malgré tout concerné et touché par ce qu'ils vivent. Les bébés ne naissent pas avec cette conception morale du problème, mais à deux ans, ils ont déjà commencé à comprendre de quoi il s'agit.

Changer de point de vue

Au moment même où les enfants apprennent combien leurs désirs et ceux des autres peuvent diverger, ils apprennent également qu'ils ne voient pas forcément ce que les autres voient. Quand, à un an, ils montrent du doigt ou suivent du regard la direction indiquée par le doigt d'un adulte, ils viennent de découvrir qu'ils peuvent voir la même chose qu'autrui. Mais, comme avec les désirs, le corollaire de cette découverte est qu'il peut aussi y avoir des différences. Si vous êtes dans une autre pièce ou à l'autre bout de la ligne téléphonique, il ne sert à rien que je vous montre ma dernière création artistique. Ce que les bébés ne semblent d'abord pas comprendre.

On peut tester cela avec des jeux de cache-cache. Je cache quelque chose que tu dois trouver, tu caches quelque chose que je dois trouver. Les bébés raffolent de ces jeux, même si, en général, ils n'y sont pas très forts : la stratégie préférée d'un bébé de deux ans peut être de se cacher la tête sous la table, faisant du même coup dépasser largement ses fesses.

Pour montrer cela de façon systématique, une expérience consiste à donner aux enfants un long tube avec une image à un bout, construit de sorte qu'une seule personne à la fois puisse voir l'image. Si, par exemple, on leur demande de montrer l'image à leur père, les tout jeunes enfants vont faire faire au tube des aller-retour entre leur père et eux, comme s'ils ne pouvaient imaginer que ce dernier puisse voir quelque chose quand eux ne le voient pas.

Alison et Andy ont conçu une expérience permettant de tester cette hypothèse plus avant. Ils commencent par établir un jeu d'imitation : tu me donnes le jouet, je te le donne en retour, tu colles un autocollant sur ma main, et je le colle sur la tienne. Les enfants le font très bien et ils adorent ça. Puis

Alison et Andy posent un écran sur la table entre l'expérimentateur et l'enfant. L'expérimentateur cache un jouet hors de la vue de l'enfant en le plaçant de son côté de l'écran. Puis il donne le jouet à l'enfant en lui demandant de le cacher de façon que lui, expérimentateur, ne le voie pas. Pour bien faire, l'enfant devrait mettre le jouet de son côté de l'écran, de sorte que lui puisse le voir, mais pas l'adulte. Mais souvent, les enfants de vingt-quatre à trente mois placent le jouet du côté de l'expérimentateur, de sorte que eux ne peuvent le voir, tandis qu'il est parfaitement visible pour l'adulte. Ils s'impliquent totalement dans l'expérience : certains vont de l'autre côté de la table pour voir comment est l'écran de ce côté-là, d'autres inventent des façons ingénieuses de contourner le problème, par exemple en cachant l'objet dans leur dos de sorte que personne ne puisse le voir. Comme dans le cas de l'image au bout du tube, les enfants ne semblent pouvoir accepter l'idée qu'eux puissent voir le jouet alors que quelqu'un d'autre ne le puisse pas.

Ils y arrivent cependant avant trois ans. À tout juste trente-six mois, ils cachent systématiquement l'objet du bon côté de l'écran, le leur. Ils savent que l'autre personne ne peut voir l'objet même si eux le peuvent. Ils peuvent prévoir précisément à quel moment vous verrez l'objet et à quel moment eux-mêmes ne le verront plus ; ils vous disent qu'eux voient l'objet mais que vous ne le voyez pas. À trois ans, ils peuvent même décrire l'objet selon différents angles de vue. Si on met un canard jaune derrière une feuille de plastique bleue, on le voit vert. Montrons cette astuce à des enfants de trois ans en leur faisant bien voir qu'en réalité, le canard est jaune ; ils diront que les gens d'un côté de la feuille le verront vert mais que les gens de l'autre côté le verront jaune. Contrairement aux idées reçues, ces très jeunes enfants commencent déjà à dépasser une compréhension égocentrique d'autrui.

S'il est peut-être surprenant que les enfants de deux ans se trompent sur des choses aussi évidentes, il est bien plus étonnant de voir qu'à seulement trois ans, ils ont compris quelque chose d'aussi important que la divergence de points de vue (au sens littéral) entre les gens. Bien sûr, il leur reste encore beaucoup à apprendre – aux adultes aussi d'ailleurs, à en juger par la pléthore de livres sur le fossé entre hommes et femmes. Toujours est-il que les bébés font leurs premiers pas vers cette compréhension peu après avoir appris à marcher.

Le grenier à conversations

En surfant sur Internet, vous pouvez vous retrouver à naviguer dans une énorme base de données appelée Childes [Child Language Data Exchange System, ou système d'échange de données sur le langage de l'enfant] qui regroupe des millions d'exemples de conversations spontanées de jeunes enfants enregistrées par des linguistes depuis plus de trente ans. C'est un peu comme trouver une trappe au plafond, et arriver dans un grenier rempli de vieux manteaux, de jouets cassés et de photos jaunies. Dans les archives de Childes comme dans ce grenier, on est saisi par le caractère poignant de ces fragiles échos du passé. John, Sarah, Ben et Nina, des enfants qui depuis ont grandi, ont eu des enfants à leur tour, sont peut-être même morts, auront ici toujours deux ans et s'interrogeront toujours sur la vraie nature de Dracula ou sur la possibilité de se fabriquer des lunettes avec des coquetiers, tout en expliquant patiemment des tas de choses à leurs parents.

En plus de permettre un voyage dans ces paysages de l'enfance perdue, Childes donne un aperçu systématique de ce que disent les tout jeunes enfants, et de la façon dont ce qu'ils disent change en grandissant. Parmi les premières choses dont parlent les enfants se trouvent leurs désirs, leurs perceptions et leurs émotions. Leurs premiers mots sont « veux » et le « non » des deux ans, « garde » (pour regarde) et « parti », « content » et « pas content ». Vers trois ans, comme on pouvait s'y attendre au vu des expériences précédentes, les enfants parlent aussi spontanément, et même pensivement, des différences de désirs, de perceptions et d'émotions. L'un de nos propres enfants avait un jour découvert qu'à son grand dam, le dessert tant attendu du dimanche soir (de l'ananas à l'eau-de-vie) n'était pas pour les enfants de deux ans. Pendant les semaines qui ont suivi, il disait à tout bout de champ : « Tu sais quoi, maman ? L'ananas, c'est miam-miam pour toi, mais c'est beurk pour moi. »

On trouve sur Childes un échange similaire sur l'exotisme notoire de la cuisine française, enregistré en Nouvelle-Angleterre entre un enfant de trois ans et sa mère. L'enfant : « Ça se mange, les escargots ? » Sa mère : « Oui, il y a des gens qui les mangent. »

L'enfant : « Pourquoi ? » Sa mère : « Parce qu'ils aiment ça. » L'enfant : « Maman, tu veux manger des escargots ? ». Sa mère : « Non, je ne crois pas que j'aimerais ça. » L'enfant : « Moi, je n'aime pas manger des escargots [un long temps]… il y a des gens qui mangent les escargots. »

Un autre de nos enfants s'apprêtait à voir un épisode de *La Guerre des Étoiles* au cinéma pour ses quatre ans. Tandis que la salle s'éteignait et qu'une armée inquiétante envahissait l'écran, il a formulé en toute logique le raisonnement suivant : « Quand on a quatre ans, on n'a pas peur. Aujourd'hui, j'ai quatre ans. Je n'ai pas peur. »

Un des enfants de Childes, Nina, pose des coquetiers sur ses yeux, puis sur les yeux de son père, les enlève, puis les remet, tout en disant : « Voit, voit pas », commentant ainsi la différence entre ce qu'elle voit et ce que voit son père.

Dès qu'ils savent parler, les enfants parlent de ce qui se passe dans leur tête et dans celle des autres. Au début, ils se concentrent sur ce qu'ils veulent, ce qu'ils voient, ce qu'ils ressentent, et ce que veulent, voient et ressentent les autres, davantage que sur ce qu'ils savent ou pensent. Cela vient plus tard. Ils commencent alors par dire des choses comme : « Les gens croyaient que Dracula était méchant mais en fait il était gentil », ou bien : « C'est un bus mais moi, j'ai cru que c'était un taxi. »

Les mystifications de la pensée

Nous avons déjà dit qu'il est remarquable que des enfants d'à peine trois ans comprennent si bien ces phénomènes mentaux que sont le désir, la perception et l'émotion. Or il se trouve que ces trois phénomènes ont en commun une qualité que les philosophes appellent la « transparence ». Il semble que les enfants appréhendent les désirs, les perceptions et les émotions presque comme nous pensons aux aimants ou aux balles de pistolet. Si vous voulez quelque chose, vous êtes attiré par cette chose, comme des trombones sont attirés par un aimant. Si l'on vous désigne un objet du doigt, vous allez le voir, de la même façon que, si vous vous trouvez sur la trajectoire d'un projectile, celui-ci va vous atteindre. Voilà ce que les philosophes appellent la transparence.

Il n'en va pas de même d'autres phénomènes mentaux, comme les opinions et les pensées. Vouloir une glace ou une voiture téléguidée et penser à ces deux objets sont deux choses bien différentes. Car on pense à la glace ou à la voiture, et on a sur eux une opinion : on pense que la glace contient des noix ou que la voiture a besoin de piles. Les philosophes disent qu'une opinion ou une pensée est « opaque » ou « représentationnelle ». L'exemple philosophique classique, qui date du temps où les romans étaient publiés de façon anonyme, était qu'on pouvait avoir une opinion différente de « sir Walter Scott » et de « l'auteur d'*Ivanhoé* », bien qu'en fait « sir Walter Scott » et « l'auteur d'*Ivanhoé* » fussent la même personne. Quand on dit que quelqu'un pense quelque chose ou pense à quelque chose, on veut dire que cette personne a une sorte de représentation interne ou d'image mentale qui se réfère à la chose en question.

Une conséquence capitale est que nos pensées peuvent être fausses. On peut penser qu'une glace contient des noix alors qu'en fait, elle est seulement à la vanille, ou que la voiture a besoin de piles alors qu'elle se remonte, ou encore que sir Walter Scott n'est *pas* l'auteur d'*Ivanhoé.* On peut donc croire des choses sur le monde qui ne sont pas vraies. Il n'en va pas tout à fait de même des désirs et des perceptions.

Comment savoir si les enfants comprennent les pensées et les opinions de cette manière opaque, « représentationnelle » ? Proposons-leur un scénario simple dans lequel quelqu'un croit quelque chose de faux. On leur montre par exemple une boîte de bonbons familière – n'importe qui en la voyant penserait qu'elle contient des bonbons. En fait, c'est un piège : on constate quand on l'ouvre qu'elle est remplie de crayons. On pose alors aux enfants des questions sur cette suite d'événements : « Tu pensais qu'il y avait quoi à l'intérieur ? Ton copain Nicky va penser qu'il y a quoi, dedans, s'il voit la boîte fermée ? Si quelqu'un veut un bonbon, est-ce qu'il va être surpris, ou déçu, en ouvrant la boîte ? Si quelqu'un veut un crayon, est-ce qu'il va avoir l'idée d'ouvrir la boîte ? Est-ce qu'on dirait qu'il y a des bonbons ou des crayons dans cette boîte ? », etc.

Toutes ces questions portent en fait sur le même point. La boîte-piège conduit à se forger une opinion erronée ; elle a l'apparence de quelque chose, mais en fait, elle est autre chose ; elle nous fait nous représenter le monde d'une certaine façon alors qu'en fait, il est complètement différent. La réponse à ces questions semble évidente à un adulte. Mais la plupart des enfants de trente-six mois se trompent. Ils affirment que tout le monde saura qu'il y a des crayons dans la boîte, et même qu'ils ont toujours pensé qu'il y avait des crayons dans la boîte. C'est comme si les enfants pensaient que, puisqu'il y a un seul monde, une seule réalité, tout le monde va comprendre cette réalité de la même façon. Les gens ne peuvent avoir des opinions différentes au sujet de la même chose, et eux-mêmes ne peuvent changer d'avis sur rien.

Il arrive bien entendu que les adultes partagent cette illusion. Mais, chez chacun d'entre nous, le dogmatisme le plus borné est tempéré par le fait que nous savons qu'il peut arriver que les opinions des uns et des autres divergent et que nous n'ayons pas raison. Chez les enfants, la doctrine d'infaillibilité n'est jamais remise en cause.

Il est particulièrement étonnant que les enfants ne semblent pas s'apercevoir que leurs propres opinions évoluent. Alison en a fait l'expérience : la première petite fille à qui elle a montré la boîte s'est écriée : « Des bonbons ! », puis, une fois la boîte ouverte : « Oh ! c'est des crayons ! » Pourtant, à peine une minute plus tard, elle niait fermement, et apparemment avec sincérité, avoir jamais pensé qu'il y eût eu des bonbons dans la boîte.

Alison a fait d'autres expériences qui tendent à montrer la même chose. Les enfants de trois ans semblent par exemple incapables de se rappeler comment ils ont appris quelque chose, même quand ils viennent juste de l'apprendre. L'une des expériences consistait à cacher une tasse sous un « tunnel », c'est-à-dire une arche en métal recouverte de tissus et ouverte à chaque extrémité. Les enfants avaient trois manières possibles de découvrir qu'il y avait une tasse sous le tunnel : soit ils soulevaient le tunnel et voyaient la tasse, soit ils passaient leur main dans l'une des ouvertures et la sentaient, soit encore on leur disait : « Il y a une tasse à l'intérieur. » Quand on leur demandait alors ce qu'il y avait sous le tunnel, la réponse était immanquablement la bonne. Mais la question suivante était plus difficile. On leur demandait : « Comment sais-tu qu'il y a une tasse dans le tunnel ? Tu l'as sentie, tu l'as vue, on te l'a dit ? » Les enfants ne savaient plus clairement, et répondaient par exemple qu'ils avaient vu la tasse, alors qu'on leur avait seulement dit qu'elle était là. (Ces expériences ont des implications évidentes en matière de témoignages d'enfants. Ces derniers n'ont pas plus tendance à mentir que les adultes, et ils ne confondent pas l'imaginaire et le réel, mais ils peuvent tout à fait confondre ce qu'ils ont vu et ce qu'un avocat ou un éducateur leur a dit en toute bienveillance.)

Et pourtant, leur mémoire des événements du quotidien est excellente, aussi bonne et parfois même meilleure que celle des adultes. Rappelez-vous que dans l'expérience d'Andy sur l'imitation, des bébés de douze mois se souvenaient d'une semaine sur l'autre qu'il avait touché les boîtes de son front. Andy a par ailleurs démontré que des bébés d'un an et demi se rappelaient cet événement inédit pendant une période bien plus longue, allant jusqu'à quatre mois. Il est toujours stupéfiant de voir de quelle mémoire font preuve les enfants quand ils jouent aux cartes, par exemple. En outre, nos expériences ont systématiquement montré que les enfants se souvenaient d'événements passés, même s'ils avaient oublié leurs opinions passées.

Alors ? Ici, les enfants remettent en cause l'une des doctrines philosophiques les plus anciennes et les plus établies, celle qu'on appelle parfois « certitudes de la première personne ». Pour la plupart d'entre nous, la question dite d'autrui concerne justement les autres. Tandis que nous ne pouvons que supposer ce que pensent les autres, nous sommes en tout cas sûrs de ce que nous pensons, nous. Descartes a même déclaré que c'était là la seule chose dont nous puissions être certains : « Je pense donc je suis. » Et pourtant, les enfants font les mêmes erreurs, qu'ils parlent de leurs propres processus mentaux ou qu'ils anticipent ceux des autres. C'est comme s'ils ne comprenaient pas mieux ce qui se passe dans leur propre tête que ce qui se passe dans celle d'autrui. On peut avoir l'impression qu'on apprend comment fonctionnent les autres en les comparant à nous-mêmes. Mais les recherches semblent aussi montrer que nous apprenons beaucoup sur notre propre fonctionnement en observant les autres.

L'opéra des trois ans : amour et trahison

Notre description du chercheur miniature qu'est l'enfant peut vous avoir donné l'image d'un observateur détaché et distant. Mais la découverte des autres façonne en profondeur les sentiments qu'on a pour eux et la façon de vivre avec eux. La découverte de soi-même, quant à elle, influence profondément les sentiments et la façon de vivre tout court. Nous avons vu combien les découvertes des bébés de dix-huit mois changent leur vie quotidienne, les transformant en enfants de deux ans insupportables mais aussi capables d'empathie. La compréhension de plus en plus sophistiquée que les enfants de trois, puis de quatre ans, ont de ce qui se passe dans leur tête et dans celle des autres influence également profondément leur vie de tous les jours.

Il ne fait pas de doute que les jeunes enfants ont une vie émotionnelle intense. Mais les théories dominantes ont toujours considéré ces émotions comme le moteur des actions des enfants, sans tenir compte ni de leur capacité à raisonner ni de leur savoir. Nous l'avons déjà dit, selon la tradition freudienne, les pensées et les opinions des enfants n'étaient que le produit de leurs pulsions primitives. Une autre tradition, plus orientée vers la biologie, s'inspirait des recherches menées chez les animaux sur la formation du lien entre la mère et ses petits. Certains oisillons, par exemple, suivent la première grande chose en mouvement qu'ils voient à leur naissance, quelle qu'elle soit (Konrad Lorenz, le psychologue comparatiste autrichien qui a étudié ce phénomène, était toujours suivi d'un troupeau de bébés oies).

Selon certaines théories, le phénomène de l'« attachement » humain est également de l'ordre du réflexe ou de l'instinct. Une histoire, peut-être apocryphe, raconte qu'une maternité avait affiché :

« Merci de ne pas séparer les bébés de leur mère avant qu'ils se soient attachés. » Une autre histoire – pas du tout apocryphe celle-là – concerne Alison : alors qu'elle venait d'accoucher d'un de ses enfants, une infirmière est venue lui dire qu'elle allait emmener son bébé à la nursery. Alison a poliment refusé d'être séparée de lui (pour être exact, elle a dit qu'il faudrait utiliser un levier pour y arriver), ce à quoi l'infirmière a répondu : « Ne vous en faites pas, on va d'abord vous laisser vous attacher. » L'attachement comme superglue : mettre l'enfant et la mère en contact et serrer plusieurs minutes jusqu'à ce qu'ils soient bien collés.

Les recherches les plus récentes remettent tout cela en cause. Les désirs ne dictent pas les pensées, et l'attachement n'est pas un événement irrévocable qui doit avoir lieu à un moment précis. Le savoir guide l'émotion bien plus que l'émotion ne déforme le savoir. Les relations parents-enfants, comme les autres relations humaines, se développent et évoluent à mesure que les deux parties apprennent à se connaître et à se comprendre.

On considère aujourd'hui que les bébés et les jeunes enfants développent des « modèles internes opérants », qui sont des représentations systématiques des rapports entre les gens – autrement dit des théories de l'amour. Évidemment, ces modèles sont très fortement influencés par ce que les enfants observent de leur entourage. Et, tout comme les théories scientifiques, ils influencent à leur tour la façon dont les enfants interprètent ce qu'ils observent. Constater que ceux sur qui on compte pour recevoir amour et chaleur se détournent quand on a besoin d'aide va sans doute conditionner nos attentes quant au comportement des autres et notre manière d'interpréter leurs actions. Mais loin d'être rigides, ces modèles internes opérants sont souples. À mesure que les enfants obtiennent de nouvelles informations sur les gens, et en particulier sur leurs rapports affectifs, ils modifient leurs conceptions. Même les enfants victimes de violence pourront, à long terme, échapper aux séquelles s'il y a dans leur entourage quelqu'un qui s'occupe d'eux. Une expérience positive, même relativement courte, avec un ami, une tante ou un enseignant peut donner à l'enfant une autre image de la façon dont l'amour est susceptible de fonctionner.

Il y a bien d'autres choses que les enfants apprennent sur les autres et qui peuvent influencer en profondeur leur vie affective et sociale. Freud ne s'est pas trompé sur la dimension incroyablement érotique des enfants de trois ans. (Les psychologues du développement que nous sommes n'en reviennent toujours pas.) À trois ans, les enfants ont envers leurs parents une attitude d'amants. Et même d'amants tout droit sortis d'un opéra italien, avec des embrassades fougueuses et sensuelles et des accès de désespoir et de jalousie tout aussi passionnés.

Mais ces grands airs révèlent peut-être de véritables découvertes. Les interactions de la petite enfance s'accompagnent d'une sorte de concorde entre les bébés et les gens qui les entourent, d'un sentiment d'intimité fusionnelle. À mesure que les bébés grandissent et deviennent de petits enfants, ils s'aperçoivent que les autres gens sont des entités psychologiques distinctes d'eux – des êtres avec d'autres désirs, d'autres émotions, d'autres pensées et opinions. Et c'est précisément de cette prise de conscience de l'altérité d'autrui que naît l'émotion érotique. Comprendre que les gens que nous aimons sont différents de nous, qu'ils ont d'autres désirs, d'autres pensées et même d'autres amours, implique qu'on ne peut plus comme auparavant considérer comme acquis qu'ils nous aiment. Les enfants de trois ans amoureux de leurs parents sont plus proches d'un Swann amoureux de sa mystérieuse Odette que d'un Œdipe amoureux de Jocaste. Ils ne sont pas les simples jouets d'un fatal secret primitif, mais sont au contraire hantés par une découverte tout aussi fatale : l'amour consiste en partie à vouloir des choses (une attention complète, un dévouement total, une loyauté sans faille) qu'on sait ne pas pouvoir obtenir.

Le rapport des enfants aux autres est également influencé par leurs découvertes en matière d'opinions et de croyances. Pour tromper les gens, ou pour comprendre qu'ils vous trompent, il faut être capable de percevoir la différence entre ce que vous croyez et ce qu'ils croient. Cela suppose de comprendre ce que « croire » signifie, et comment on peut faire croire à quelqu'un quelque chose qui n'est pas vrai. Les enfants de deux à trois ans mentent tellement mal qu'on peut à peine les traiter de menteurs. Un enfant de trois ans peut très bien, de l'autre côté de la route, vous crier qu'il ne l'a pas traversée tout seul. S'ils mentent aussi mal, c'est qu'ils ne comprennent pas ce qu'il faut faire pour donner à quelqu'un une idée fausse. On peut montrer de façon systématique que les « vrais » mensonges apparaissent seulement vers quatre ans, au moment où les enfants commencent à comprendre la notion d'erreur d'appréciation, comme avec la boîte de bonbons remplie de crayons. C'est aussi à peu près à cet âge que les enfants découvrent qu'eux-mêmes peuvent se tromper.

Si la capacité à mentir n'est probablement pas une compétence des plus désirables, certaines tromperies sont pourtant nécessaires à la vie civilisée. Avant quatre ou cinq ans, les enfants ne semblent pas comprendre ces mensonges pieux qu'on appelle « politesse ». Qu'on puisse faire semblant d'être ravi devant un cadeau d'anniversaire qu'on n'aime pas ou, dans un élan de stoïcisme, masquer la douleur que provoque un genou écorché leur est parfaitement étranger. Ressentir une émotion et en exprimer une autre est pour eux une contradiction. C'est peut-être pourquoi les jeunes enfants ont tant de mal à dissimuler leurs émotions au quotidien, et pourquoi la vie d'un enfant de trois ans ressemble parfois à une représentation de la *Tosca* qui durerait douze heures.

Savoir qu'on ne savait pas : éducation et mémoire

Comprendre les mécanismes qui font qu'on croit quelque chose permet d'apprendre différemment. On a vu que les jeunes enfants semblent incapables de reconnaître que leur conception du monde alentour a pu changer ou est susceptible d'évoluer. Or cette reconnaissance – savoir qu'on ne sait pas – est une condition nécessaire à l'instruction systématique que les enfants reçoivent à l'école. Dans notre culture, la « vraie » école commence vers six ans. Et même dans les cultures sans école « officielle », il a toujours été implicitement admis qu'on n'apprend pas les choses de la même manière à un enfant de trois ans et à un enfant de six. Quelles que soient les cultures et les époques, c'est seulement à partir d'un certain âge que les enfants sont jugés aptes à recevoir une instruction formelle, qu'il s'agisse de catéchisme, de broderie ou des règles de la chevalerie. Pour profiter pleinement de ce type d'enseignement, il faut être capable de faire davantage que simplement apprendre et savoir – nous avons bien vu que bébés et jeunes enfants sont experts en la matière. Il faut savoir des choses sur le savoir lui-même et apprendre comment marche l'apprentissage, savoir ce qu'il y a à apprendre et apprendre à acquérir ce savoir.

En matière de mémoire, le fait qu'un enfant de trois ans ait tant de mal à se souvenir de ses convictions passées est révélateur. L'amnésie infantile est l'une des grandes énigmes de la psychologie : les adultes n'ont pratiquement aucun souvenir antérieur à leurs trois ans. C'est particulièrement déroutant quand on sait, comme nous l'avons vu, que les enfants de deux ou trois ans, et même plus jeunes, semblent très bien se souvenir d'événements passés. Mais ils n'ont pas ce que l'on pourrait qualifier de « mémoire autobiographique continue ». Chez les adultes, ce type de mémoire est tributaire d'une certaine conception des processus mentaux. Ce qui rend nos souvenirs précieux, c'est qu'on ne se contente pas de savoir que certaines choses sont arrivées dans le passé, mais qu'on sait qu'elles nous sont arrivées à nous. Quand on évoque son passé, on se rappelle non seulement ce qui s'est passé mais aussi ce qu'on a alors ressenti et pensé, la façon dont on a perçu les choses. Cela suppose d'être capable de comprendre ce que signifient percevoir et penser.

Or, la conception et même l'expérience que nous avons de nos propres processus mentaux avant trois ans diffèrent radicalement de celles que nous avons, adultes. Il semble qu'à trois ans, nous ne parvenions pas à comprendre la différence entre ce que nous pensons maintenant et ce que nous avons pu penser, même si nous distinguons parfaitement les événements passés des événements présents. Nous ne nous souvenons pas de nos pensées passées quand elles ne coïncident pas avec nos pensées actuelles. Cela explique peut-être pourquoi nous ne parvenons pas à construire une histoire autobiographique continue de ce qui nous arrive.

Comment font-ils ?

À cinq ans, notre compréhension des processus mentaux est à peu près la même que celle que nous aurons vingt ou trente ans plus tard. Nous comprenons les pensées et les convictions aussi bien que les perceptions, les émotions, les désirs et les sentiments. Bien sûr, nous passons notre vie à essayer de vraiment comprendre nous-même et autrui ; mais, somme toutesles fondations de cette connaissance se mettent très vite en place. Même de tout jeunes enfants, des enfants qui ne savent ni lire ni faire deux plus deux savent déjà des choses essentielles sur la façon dont eux-mêmes et les autres pensent.

La recherche contemporaine en psychologie du développement a mis en évidence une évolution générale et apparemment logique de la compréhension que les enfants ont des autres. Ce qui est moins certain, c'est ce qui provoque cette évolution. Comment se fait-il qu'ils apprennent autant en si peu de temps ? Comme nous l'avons dit au premier chapitre, on peut invoquer trois facteurs : les enfants disposent d'un certain savoir inné, d'une capacité à apprendre considérable et des leçons implicites données par les gens qui les entourent.

Aveugles aux autres

L'autisme est un trouble qui affecte environ un enfant sur mille. La plupart des enfants autistes connaissent d'autres problèmes ; beaucoup ont un gros retard mental. Mais certains ont une intelligence tout à fait normale. Pourtant, quelque chose dans leur façon de comprendre les autres gens les rend très différents du reste d'entre nous. Si vous demandez à un autiste de douze ans ce que « fier » veut dire, et s'il a déjà été fier, il y aura d'abord un long silence, puis il va froncer les sourcils et murmurer : « Ça, je sais. » Enfin, il va dire avec hésitation : « Fier, c'est comme quand quelqu'un marque un but ? C'est ça, fier, hein ? » Sa réponse est juste, mais le processus par lequel il y parvient semble bien différent de celui de la plupart des enfants de son âge : eux citeront tout de suite, et sans complexes, un exemple à leur propre gloire. Autorité en matière d'élevage animal, Temple

Grandin est autiste. Selon ses propres mots, elle se sent « comme une anthropologue sur Mars ». Ce qu'elle sait des autres gens, elle l'a appris laborieusement, en observant avec la plus grande attention leurs schémas de comportements. La plupart d'entre nous naissent avec la capacité de relier ce qui se passe dans leur tête avec ce qui se passe dans celle des autres. Il semble que les autistes doivent résoudre la question d'autrui à partir de rien.

La vie des autistes fait prendre conscience de l'importance qu'il y a à pouvoir comprendre les processus mentaux des autres. Dès leur naissance, la plupart des enfants préfèrent les gens aux choses. Il semble que pour les enfants autistes, ce soit l'inverse. Ils sont fascinés par des arrangements de cubes, ou même par des horaires de trains, mais ils évitent les gens. D'une certaine façon, c'est logique : imaginez combien le monde serait effrayant et perturbant si vous voyiez vraiment les autres gens comme des sacs de peau indifférenciés, bougeant erratiquement, plutôt que comme des gens avec un cerveau et une conscience.

Ces différences se retrouvent systématiquement dans la façon dont les enfants autistes se comportent dans les nombreuses expériences que nous avons décrites. Comme la plupart des autistes sont aussi mentalement retardés, il s'agit de les comparer, d'une part avec des enfants du même âge qui ont un développement normal, d'autre part avec des enfants qui ont un autre handicap – par exemple avec des enfants trisomiques. Les enfants autistes ont du mal à imiter les expressions faciales, ils ne montrent pas du doigt et ne regardent pas ce qu'on leur désigne de la même façon que les autres enfants, et ils ne comprennent la notion d'erreur de conviction (comme la présomption erronée quant à la boîte de bonbons) que bien après ces derniers, y compris les petits trisomiques. Cette grande phase de découverte progressive des mécanismes mentaux est absente.

Pour les enfants autistes, il ne semble pas y avoir ce présupposé fondamental selon lequel ils sont comme les autres gens et les autres gens comme eux. Ce principe de base, cet axiome de notre psychologie quotidienne, contribue paradoxalement à permettre à la plupart des enfants de découvrir toutes les différences qui existent entre eux et les autres.

Quand l'autisme a été décrit pour la première fois, dans les années 1950, en plein règne de la psychanalyse, certains psychiatres ont décrété que ce trouble était causé par des « mères-Frigidaire » – des mères froides qui ne manifestaient pas leur affection envers leurs enfants. Les mamans diplômées étaient particulièrement suspectées. Il est presque insoutenable d'imaginer ce que des mères, qui devaient déjà faire face à une situation tragique, ont pu ressentir en s'entendant dire que c'était leur faute. (De notre point de vue actuel et féministe de spécialistes des sciences cognitives, critiquer l'attitude des freudiens à l'égard des femmes dans les années cinquante peut paraître un peu facile. Mais certains préjugés ont la vie dure, et mieux vaut enfoncer à nouveau cette porte ouverte.) Il est aujourd'hui clair que l'autisme n'a absolument rien à voir avec la façon dont les parents traitent leur bébé.

L'autisme se manifeste très tôt, il comporte une forte composante génétique et, dans certains cas, il peut également résulter de lésions prénatales au cerveau. On commence à comprendre quelles parties du cerveau sont concernées. La seule mère cruelle qui soit ici coupable, c'est Mère Nature.

Devenir un psychologue

Les difficultés des enfants autistes suggèrent qu'il y a une base innée à notre compréhension des processus mentaux. Mais c'est une base sur laquelle il reste beaucoup à construire. Du reste, il est remarquable que certains enfants autistes parviennent finalement à comprendre ces processus, bien que ce soit évidemment infiniment plus difficile avec une base si différente.

Que dire des mécanismes qui nous permettent d'atteindre cette compréhension ? Qu'est-ce qui nous fait passer de la conviction initiale que nous sommes comme les gens qui nous entourent à une compréhension extensive des nuances du désir, de la perception, des convictions et même de l'angoisse existentielle ? Nous pensons que les enfants apprennent tout cela en se faisant psychologues. Ils font des hypothèses, ils expérimentent, ils essaient d'expliquer ce qu'ils voient et ils formulent des théories à partir de ce qu'ils savent déjà. Voilà, selon nous, la meilleure façon de rendre compte de la succession progressive d'idées sur les processus mentaux, telle que nous l'avons décrite. Dans leurs jeux de tous les jours, on peut voir la manière dont les enfants testent leurs idées sur la question ; et ce qu'ils disent au quotidien témoigne de leur perplexité face aux bizarreries du comportement des autres, et indique leurs tentatives d'explications.

D'autres preuves plus directes confirment que les enfants apprennent en scientifiques. Alison et l'une de ses étudiantes, Virginia Slaughter, ont travaillé avec des enfants de trois ans qui ne comprenaient pas encore bien la notion de conviction – des enfants qui disaient qu'ils avaient toujours pensé qu'il y avait des crayons dans la boîte de bonbons. Sur plusieurs semaines, Virginia leur a donné des preuves systématiques que leurs prédictions étaient fausses. Elle leur a affirmé et a soutenu qu'ils avaient dit qu'il y avait des bonbons, et non des crayons, dans la boîte. Si les enfants pensaient que Nicky allait dire qu'il y avait des crayons dans la boîte, elle appelait Nicky et lui posait la question. À un autre groupe d'enfants, on a appris à résoudre certains problèmes mathématiques – des problèmes n'ayant rien à voir avec la façon dont les enfants comprennent les processus mentaux. Après deux semaines, Virginia leur a posé une nouvelle question sur des convictions erronées (une histoire de savons en forme de balles de golf). Les enfants à qui on avait prouvé qu'ils avaient tort sur la boîte de bonbons s'en sont beaucoup mieux sortis que ceux qui avaient fait des mathématiques. Virginia a aussi posé aux enfants de nouvelles questions sur toutes sortes d'aspects du problème, comme par exemple d'où vient que l'on croie certaines choses, et dans quelle mesure les apparences et la réalité peuvent être différentes. Là encore, les enfants à qui on avait montré leurs erreurs s'en sont bien mieux sortis. En apportant le bon type de preuve au bon moment, il semble que l'on ait provoqué un changement radical, une sorte de révolution théorique, dans la façon dont ces enfants envisageaient les processus mentaux.

Nous pensons que les enfants apprennent des choses sur les autres gens, et qu'ils le font de la même manière que les scientifiques apprennent des choses sur le monde. Au début, il peut leur arriver de ne pas prendre en compte les preuves venant contredire leur théorie. Ainsi, un enfant de trois ans vous dira qu'il a toujours dit qu'il y avait des crayons dans la boîte, et il soutiendra même que Nicky a dit qu'il y avait des crayons alors même que Nicky vient de dire le contraire. Mais progressivement, à mesure que les preuves s'accumulent, il n'est plus possible de les ignorer ou de réinterpréter les faits. Une nouvelle théorie finit alors par s'imposer. Elle permet bien sûr d'intégrer les preuves en question, mais aussi de voir de nombreux autres phénomènes sous un jour nouveau. Elle permet enfin d'élaborer un nouvel ensemble d'hypothèses quant au futur.

Quand le petit frère regarde

Dans l'expérience que nous venons de décrire, Alison et Virginia ont joué le rôle que la nature joue pour les scientifiques, contrecarrant les attentes et remettant en cause les *a priori*, mais aussi donnant des pistes quant à la bonne direction. Bien sûr, ce sont des psychologues du développement. Les autres gens jouent-ils le même rôle dans la vie quotidienne de leurs enfants ?

D'une certaine façon, on ne peut que répondre par l'affirmative. En se contentant d'être eux-mêmes, les gens donnent une grande partie des informations dont on a besoin pour les comprendre et pour se comprendre soi-même. Mais il y a des raisons de penser qu'un groupe souvent négligé – les grands frères et les grandes sœurs – joue un rôle particulièrement important dans la compréhension qu'acquièrent les enfants des processus mentaux. En général, les aînés ont de meilleurs résultats aux tests de QI, mais sont moins performants que leurs cadets quand il s'agit de comprendre les processus mentaux. Les cadets assimilent généralement l'expérience de la boîte de bonbons à un plus jeune âge que leurs aînés. Et plus ils ont de grands frères et de grandes sœurs, meilleurs ils sont.

Les parents sont égocentriques et ont tendance à penser qu'ils sont les facteurs déterminants de la vie de leurs enfants, mais pour un enfant de deux ans, un grand frère ou une grande sœur peuvent représenter des spécimens de nature humaine bien plus passionnants. D'ailleurs, dans de nombreuses cultures, ce sont les aînés qui s'occupent des plus jeunes une fois que ceux-ci sont sevrés. Même dans la nôtre, on voit bien la façon dont un enfant de deux ans suit fidèlement tous les mouvement de son frère de quatre ans et la manière dont le grand frère va jusqu'à changer le ton de sa voix quand il parle au bébé.

On ne sait pas encore tout à fait comment les aînés renseignent les cadets sur les processus mentaux ; il y a en gros deux possibilités. Souvenez-vous que l'essentiel de ce qu'apprennent les enfants concerne les différences entre ce qui se passe dans leur tête et ce qui se passe dans celle des autres – les ressemblances étant tenues pour acquises (nous l'avons vu, il semble que le fait que nous soyons comme les autres gens fasse partie des premières choses que nous apprenions en la matière). Les parents ont tendance à minimiser la distance qui sépare leurs processus mentaux de ceux de leur bébé. Ils recherchent les points communs et la compréhension mutuelle plutôt que les différences, et leurs leçons sont d'abord des leçons de convergence. (Si les enfants de deux ans sont si terribles, c'est justement parce qu'ils nous forcent à affronter nos différences.) Cela s'explique bien sûr en partie par notre généreux dévouement de parents, mais aussi, de façon moins vertueuse, par notre inévitable influence sur le monde du bébé. Les frères et sœurs peuvent alors représenter un contrepoids. Ils sont bien plus susceptibles de mettre en avant les différences entre ce qu'ils veulent et ce que veut le bébé, ou de souligner avec mépris le fossé qui sépare le savoir qu'ils détiennent du haut de leurs quatre ans de l'ignorance consternante du bébé de deux ans.

Il est aussi possible que les enfants soient particulièrement motivés quand il s'agit de comprendre leurs aînés et de pouvoir anticiper avec justesse leur comportement. Napoléon avait observé qu'un valet connaît toujours beaucoup mieux son maître que son maître ne le connaît, et l'observation pourrait bien valoir aussi pour les cadets. En général, les parents sont toujours très conciliants envers les bébés et les tout-petits, mais il faut beaucoup plus de ruse, d'ingéniosité et de dextérité pour obtenir ce qu'on veut d'un frère ou d'une sœur aînés. Les cadets utilisent alors peut-être une version particulière de notre stratégie générale de survie : être plus intelligent que celui qui est plus fort. De fait, il a par ailleurs été montré que les cadets ont tendance à faire preuve de plus de charme et d'habileté dans les rapports sociaux que leurs aînés, tout en étant moins ambitieux et moins dominateurs.

Les explications scientifiques ne diminuent jamais notre émerveillement ; au contraire, elles l'augmentent. Comprendre comment les bébés parviennent à apprendre autant et aussi vite ne rend pas le phénomène moins extraordinaire ou moins remarquable. Et si, dans certaines circonstances, on peut reprocher à la nature sa cruauté, un sentiment de reconnaissance l'emporte dans l'ensemble. L'évolution accorde automatiquement à la plupart des enfants une aptitude fondamentale à l'intimité, une profonde curiosité psychologique et une famille pour être le lieu idéal de cette intimité et de cette curiosité : que demander de plus ?

Chapitre III

Ce que les enfants apprennent sur les choses

Nous avons l'impression de vivre dans un monde d'objets tridimensionnels se mouvant dans l'espace de façon régulière, un monde d'objets qui nous sont extérieurs et qui continueraient d'exister même si nous ne les regardions pas. Certains de ces objets sont des gens, d'autres des animaux, d'autres des plantes et d'autres encore des choses. Certains sont semblables les uns aux autres, d'autres différents. Or cette perception banale et quotidienne est le résultat d'événements infimes qui se déroulent à la périphérie de notre corps : des photons bombardent nos rétines, des molécules d'air vibrent dans nos tympans, le bout de nos doigts subit une pluie de légères pressions. Comment réussissons-nous l'exploit de faire le lien entre la richesse de notre perception habituelle du monde et la pauvreté des informations que nous transmettent nos sens ? Tandis que la question dite d'autrui nous interpelle chaque jour d'une façon ou d'une autre, celle dite du monde extérieur passe curieusement inaperçue. Nous tenons pour acquise notre capacité à percevoir et à comprendre les objets : elle va de soi. C'est la base de tout ce que nous faisons. Un petit arrangement philosophique si simple et si évident qu'on ne le voit même pas.

Ces pseudo-évidences deviennent apparentes si l'on pense à un spectacle de magie. Du lycéen en smoking à paillettes qui gagne son argent de poche en animant des goûters d'anniversaire à David Copperfield, tous les magiciens font la même chose (seuls le baratin et le décor changent). Leur fonds de commerce est de provoquer (ou de sembler provoquer) des événements irréconciliables avec nos convictions fondamentales quant aux lois qui régissent les objets. Le choc et l'émerveillement pour ainsi dire viscéraux que l'on ressent témoignent de la force de ces convictions. Le magicien nous montre des objets qui se déplacent d'un endroit à un autre sans traverser l'espace qui les séparent : le lapin blanc qui était dans la boîte est maintenant dans le chapeau. Ce qui semblait un objet unique se dédouble : sous nos yeux, la bague en argent devient deux bagues en argent. On dirait que les objets s'influencent à distance : le magicien agite sa baguette magique et la boîte posée à l'autre bout de la scène se met à remuer. Il fait passer les objets d'un état à un autre – l'eau se change ainsi en jus d'oranges – et transforme même des choses inanimées en créatures vivantes : le foulard en soie devient colombe. Pourquoi les magiciens nous fascinent-ils autant ? Et pourquoi, dans le même temps, sommes-nous si sûrs que le lapin n'a pas vraiment disparu de la boîte pour réapparaître dans le chapeau ? Sans doute parce que nous sommes certains que les choses ne peuvent disparaître, se dédoubler, être influencées par une baguette magique ou encore se transformer. Tellement certains que, selon l'expression consacrée, « nous n'en croyons pas nos yeux ».

Les spectacles de magie nous font prendre conscience des principes physiques complexes et abstraits qui régissent notre vie quotidienne et auxquels nous ne pensons pas tellement ils nous semblent évidents. Ces convictions sont si profondément ancrées en nous qu'elles l'emportent sur ce que nous voyons. Nous savons que le lapin ne peut apparaître comme ça dans le chapeau. La magie marche même avec les enfants : l'adolescent en smoking à paillettes provoque autant d'enthousiasme que David Copperfield à Las Vegas. Personne ne nous a jamais appris concrètement en quoi les tours du magicien étaient impossibles : personne ne nous a dit pourquoi le lapin ne pouvait apparaître dans le chapeau. Et pourtant il semble inimaginable que nous ayons appris ces principes par expérience sensorielle, c'est-à-dire du bombardement des neutrons et des ondes sonores. Et cependant, à mesure que nous avons découvert comment marchent nos sens, nous avons réalisé à quel point le chemin qui mène du monde extérieur à nos cerveaux est tortueux et complexe.

Aristote pensait que l'essence véritable des objets passait au travers de nos yeux pour aboutir dans notre esprit, et que c'était de cette manière que nous voyions le monde. Comme si, à chaque regard que vous lanciez à une page de ce livre, vous absorbiez une minuscule et parfaite parcelle de son essence. Mais au XVIIe siècle, on avait déjà commencé à comprendre que ce que l'on voyait résultait de la lumière que les objets renvoyaient dans nos yeux. Des scientifiques (comme Berkeley et Descartes) faisaient des progrès en optique, science de la lumière et de la vue, tandis que des philosophes (comme Berkeley et Descartes – encore eux) s'interrogeaient sur la façon dont les phénomènes optiques pourraient jamais nous permettre de savoir comment les objets étaient en réalité. En quoi des rayons lumineux frappant nos rétines pouvaient-ils nous permettre de savoir que les objets ne s'évaporent pas soudainement ou que l'espace est tridimensionnel ? La réponse moderne à cette question est que nous possédons un savoir particulier qui nous permet de traduire l'information reçue au niveau des sens en représentations des objets. Notre cerveau se saisit des informations sensorielles – les stimuli de nos rétines et de nos tympans – et les transforme systématiquement. Il les modifie et les réorganise, un peu comme le traitement de texte de votre ordinateur peut modifier et réorganiser la suite de symboles que vous tapez (même s'il est évident que la réorganisation à laquelle procède le cerveau est bien plus compliquée). Le résultat de ce processus est cet ensemble complexe et cohérent de certitudes que le magicien vient si brutalement remettre en cause. Le tour de passe-passe de l'évolution fait que les représentations auxquelles on parvient après toutes ces modifications et réorganisations sont passablement fidèles au monde qui nous entoure. Le cerveau finit avec une image plus proche de la structure réelle du monde que ne le sont les informations brutes reçues au départ par les sens. Le monde est effectivement peuplé d'objets se mouvant dans l'espace de façon régulière, et l'évolution fait en sorte que nous finissions par le comprendre.

Si notre survie passe par la compréhension de ce qui se passe dans la tête des autres, il est tout aussi important de comprendre la nature du monde physique qui nous entoure. S'apercevoir qu'on intéresse sexuellement son voisin ou sa voisine peut augmenter les chances de se reproduire, mais pas si l'on est incapable de trouver son chemin dans la forêt jusqu'à la hutte de l'autre. Savoir que le ou la partenaire dudit voisin (ou de ladite voisine) va sans doute nous jeter une grosse pierre à la tête est un atout pour notre survie, mais savoir esquiver la pierre en est un autre. En tant qu'adultes, nous savons donc décoder cet ensemble chaotique et instable de lumières, d'odeurs, de sons et de sensations tactiles qui nous entourent sous la forme d'un livre, d'un canapé, d'un CD de Mozart ou d'un bon café. Mais d'où nous vient ce savoir ? Les grandes lignes de la réponse sont les mêmes que pour la question d'autrui : on sait beaucoup de choses pour commencer, on en apprend davantage par la suite, les autres gens nous donnent des cours sans même s'en rendre compte. Certains types de savoir sont présents dès le départ. Il semble que même les nouveau-nés savent que nous vivons dans un monde tridimensionnel, et qu'un objet dont l'aspect est courbe sera également courbe au toucher. Mais d'autres connaissances n'émergent que graduellement. Ainsi les bébés commencent-ils par ne pas comprendre qu'un objet puisse être caché par un autre. De même qu'ils doivent apprendre sur les gens un certain nombre de choses qui nous paraissent évidentes, ils ont beaucoup à apprendre sur les simples objets physiques. Enfin, certaines informations leur sont sans doute transmises inconsciemment par les adultes. Nous donnons aux bébés des « leçons » sur les objets, jusque dans le langage dont nous nous servons pour leur parler.

Ce que savent les nouveau-nés

L'irrésistible attrait des rayures

Revenons au nouveau-né. Il est déjà extrêmement réceptif aux personnes qui l'entourent, mais ce n'est pas là toute l'étendue de son univers. Si les bébés aiment par-dessus tout les voix et les visages humains, ils raffolent aussi des rayures et de tout ce qui relève du bord et de la limite. Des nourrissons âgés de seulement quelques jours fixent jusqu'à presque en loucher un coin de plafond ou un sac en plastique rayé sans prêter la moindre attention aux beaux jouets que leur grand-mère leur a apportés, malgré leurs couleurs vives et leurs motifs délicats. On peut systématiser ce résultat avec le même type d'expériences dont nous avons parlé au chapitre précédent. Montrons à des bébés diverses sortes d'images et observons lesquelles ils regardent. Ils se tournent systématiquement vers les motifs compliqués, aux contrastes affirmés, se détournant en revanche des motifs simples et peu contrastés. Il semblerait que les damiers et les cibles à cercles concentriques soient le *nec plus ultra* de la sensibilité esthétique du premier âge. Du reste, les fabricants de jouets pour bébés ont largement profité des recherches en la matière : il arrive fréquemment que les motifs des mobiles destinés aux tout jeunes enfants soient directement tirés des revues universitaires de psychologie du développement.

Pourquoi les bébés aiment-ils tant les rayures ? Il se trouve que cette question est aussi cruciale pour les chercheurs en sciences cognitives que pour les fabricants de jouets, parce qu'elle contribue à répondre à une autre question : comment découpons-nous l'image globale que nous avons sous les yeux en éléments distincts ? Quand vous regardez ce livre, comment savez-vous où finit le livre et où commencent l'arrière-plan de la toile du canapé en dessous ou le bord de votre main ? Une telle aptitude peut sembler toute simple, mais les programmes informatiques de vision les plus sophistiqués trouvent cela très difficile. L'importance d'images telles que les rayures, marquées par un contraste net entre la luminosité et la texture de deux surfaces, provient de ce qu'elles indiquent où les objets commencent et où ils finissent. Si vous placez ce livre devant un fond, vous verrez que les zones les plus contrastées de l'image que vous regardez, les démarcations, correspondent aux limites effectives du livre. (Camoufler consiste à introduire des démarcations à l'intérieur de l'objet et à brouiller les limites entre un objet et son arrière-plan.) Si vous montrez à de jeunes bébés un tableau complexe et que vous enregistrez le mouvement de leurs yeux tandis qu'ils regardent la scène, vous verrez qu'ils dessinent le contour externe des objets. Les nouveau-nés imposent déjà de l'ordre à ce que William James appelait la « confusion florissante et bourdonnante » de leurs sens. Ils sont déjà en train d'appréhender le monde comme une juxtaposition de choses différentes. Identifier les démarcations est le meilleur moyen de diviser une image statique en objets distincts.

L'importance du mouvement

Mais le monde du bébé est évidemment loin d'être statique. Même dans la chambre de la maternité, le mouvement est incessant, et un nouveau-né suit déjà du regard un objet qui bouge. (Les fils aînés d'Alison se sont grandement amusés à « hypnotiser » leur petit frère en faisant lentement aller et venir un jouet devant lui). Le mouvement donne d'encore meilleurs indices que les seules démarcations pour déterminer où commencent et où finissent les objets. Imaginez un bébé qui regarde une peluche en forme d'oiseau posée sur une couverture aux motifs de lapins. La peluche peut être divisée en un certain nombre de parties, chacune avec ses limites propres – la tête est visuellement distincte du corps, lui-même distinct des pattes. De la même manière, chacun des lapins de la couverture a son contour propre. Mais si vous tirez la couverture de dessous l'oiseau, tous les contours des lapins vont bouger en même temps, et ils vont bouger selon un parcours différent de celui des parties de l'oiseau. Les psychologues, avec une verve poétique inattendue, appellent cela le principe du « destin commun ». Quand des choses bougent ensemble selon le même parcours, c'est qu'elles font certainement partie du même objet. On peut prouver que les bébés sont réceptifs à ce type d'information. Si vous montrez à de très jeunes bébés la cassette d'un oiseau en peluche statique dont les parties distinctes se détachent ensuite les unes des autres, ils ne sont pas déconcertés. Comme toutes les parties avaient de toutes façons un contour propre, elles auraient très bien pu être, pour autant que les bébés le sachent, des objets distincts depuis le début. Mais si vous leur montrez d'abord la peluche en mouvement, de sorte qu'ils voient que toutes les parties de l'objet bougent ensemble, et qu'alors seulement l'oiseau éclate en morceaux distincts, les bébés vont regarder la cassette beaucoup plus longuement et plus attentivement, comme s'ils comprenaient que quelque chose ne va pas. Le fait de voir les diverses parties se déplacer ensemble – en d'autres termes, le fait de voir leur destin commun – semble indiquer aux bébés qu'ils ont affaire à un seul objet et que ses parties sont pour toujours assemblées. Les bébés disposent donc déjà de certains principes pour ordonner le chaos du monde.

D'autres raisons expliquent l'importance du mouvement pour les bébés. Les nouveau-nés sont étonnamment bien informés sur la façon de se déplacer propre à chaque objet. À un très jeune âge, non seulement les bébés peuvent déjà suivre les mouvements d'un objet devant eux, mais ils semblent aussi capables de prévoir comment l'objet se mouvra dans l'avenir. Imaginez que vous montriez aux bébés un objet en train de suivre une certaine trajectoire – c'est-à-dire en train de se déplacer selon un certain parcours et à une certaine vitesse –, par exemple une balle qui roule sur une table. Disons que la balle passe derrière un écran. Les bébés vont regarder l'autre bout de l'écran, à l'endroit où la balle devrait réapparaître si elle continuait à rouler à la même vitesse et dans la même direction. Si l'objet réapparaît en effet à cet endroit, les bébés ne sont pas déconcertés et continuent à suivre l'objet du regard. Mais si l'objet n'apparaît pas, ou s'il apparaît à un autre endroit, ou plus tôt ou plus tard que prévu, ils regardent attentivement et beaucoup plus longtemps le bord de l'écran. Parfois, il leur arrive même de revenir à l'autre côté de l'écran, ou de regarder plus loin dans la direction que l'objet aurait dû emprunter. Il semble qu'ils soient capables de prédire où l'objet sera et quand il y arrivera.

Voir le monde en relief

Les objets ont des contours et les objets bougent, mais il faut aussi savoir qu'ils sont en trois dimensions. Pourtant, l'image que nos rétines en reçoivent est plate : les philosophes des XVIIe et XVIIIe siècles ont abondamment spéculé sur ce passage d'une image bidimensionnelle à une conception tridimensionnelle du monde. Avec un petit effort (c'est plus facile en fermant un œil et en regardant à travers le cadre d'une main repliée en longue-vue autour de l'autre œil), vous pouvez presque voir le monde alentour comme une image plate – une peinture très convaincante ! Ce n'est pas tout à fait aussi perturbant que de voir vos proches comme des sacs de peau, mais c'est assez curieux et passablement différent de ce que vous percevez habituellement. Ce tableau tout plat correspond à l'image que reçoit votre œil. Le grand philosophe anglais George Berkeley estimait que c'était en coordonnant notre expérience visuelle et l'expérience tactile que nous avions du monde dans lequel nous bougions que nous faisions l'apprentissage de la tridimensionnalité de l'espace. Il pensait que le toucher était le seul sens à renseigner directement sur la distance et la solidité ; il fallait alors associer cette information à celle, bidimensionnelle, donnée par la vue. Les bébés prouvent que Berkeley avait tort. Pour commencer, même de tout jeunes bébés, qui ne peuvent pas encore marcher ou ramper, agissent d'une façon qui montre qu'ils comprennent la notion de distance. Si vous leur montrez une balle « menaçante » – qui a l'air de se rapprocher d'eux à grande vitesse – ils vont reculer et même se protéger de leurs mains. De la même manière, ils ne vont tenter d'attraper un objet qui les intéresse que si ce dernier se trouve à leur portée : s'il est hors d'atteinte, ils ne vont même pas essayer. À un très jeune âge déjà, les bébés ont une perception cohérente de la taille des objets. Imaginez que l'on vous montre une balle, puis que l'on vous la remontre, mais de deux fois plus loin. La nouvelle image sur votre rétine sera deux fois plus petite, mais vous n'aurez aucun mal à identifier la balle comme étant la même que précédemment. Si, par ailleurs, on vous montre maintenant une balle qui est deux fois plus loin mais aussi deux fois plus grosse, vous saurez que c'est une nouvelle balle, alors même que cette fois, l'image sur votre rétine sera de la même taille que la première. C'est comme si vous calculiez implicitement que les objets qui sont plus loin sont plus petits. Il semble que les bébés fassent la même chose. Souvenez-vous qu'ils s'animent et regardent plus longuement quand ils voient quelque chose de nouveau, et arrêtent de regarder si c'est quelque chose de connu. Imaginez que vous leur montriez la première séquence : la balle proche et la balle au loin. Bien que l'image sur leur rétine ait changé, ils ne manifestent pas d'intérêt particulier ; ils se comportent comme si la balle au loin n'apportait rien de nouveau. En revanche, ils s'animent et semblent intéressés quand ils voient la grosse balle de loin, malgré le fait que cette fois, la taille de l'image sur leur rétine n'ait pas changé. Les bébés, tout comme nous, semblent capables de dépasser la simple image de leur rétine et de percevoir quelque chose de la vraie balle. Un autre grand philosophe anglais, John Locke, a posé cet autre problème épistémologique classique : que se passerait-il si l'on rendait miraculeusement la vue à un aveugle de naissance ? est-ce que cette personne reconnaîtrait tous les objets qu'elle aurait connus si intimement par le toucher, ou devrait-elle passer par une laborieuse phase d'apprentissage pour associer une surface lisse, dure et ronde avec une tasse en porcelaine, et traduire les courbes familières, douces et tendres, et cette chevelure soyeuse, en une femme visuelle ? Locke pensait que l'aveugle devrait apprendre à relier les deux types d'expériences.

Les bébés sont un miracle plus fréquent que les aveugles soudainement guéris, et il se trouve qu'on peut aussi leur poser la question de Locke. Ils répondent que, comme Berkeley, Locke s'est trompé. Andy a donné à des bébés d'un mois une tétine à sucer : soit bosselée, soit lisse. Les bébés n'ont pas vu les tétines. Ils les ont juste senties. Ensuite, il a montré aux bébés des objets bosselés et lisses, sans les laisser les toucher. Les bébés ont regardé plus longuement l'objet qui avait la même forme que celui qu'ils venaient de sucer. D'une façon ou d'une autre, ils avaient réussi à lier la sensation de la tétine dans leur bouche à son image. On peut se poser la même question quant au rapport entre le son et la vision. Même les nouveau-nés tournent la tête et regardent du côté d'un bruit intéressant, suggérant qu'ils s'attendent déjà à voir quelque chose dans la direction du bruit. Il est aussi possible de faire des expériences plus systématiques pour tester ce phénomène. Montrez par exemple à des bébés deux objets qui rebondissent à des moments différents, et passez une cassette audio d'un son correspondant, mais synchronisé avec un seul de ces objets. Les bébés sont capables de dire quelle est l'image qui s'accorde avec ce qu'ils entendent ; ils regardent plus longuement l'objet qui rebondit en synchronisation avec la cassette. Plus étonnant : Pat et Andy ont montré à des bébés une vidéo silencieuse de visages disant soit « aaaah » soit « iiiiih », puis ils leur ont passé les enregistrement de ces deux sons. Des bébés de cinq mois pouvaient reconnaître quelle image allait avec quel son. Ils regardaient le visage avec la bouche grande ouverte quand ils entendaient le son « aaaah », et le visage avec les lèvres étirées quand ils entendaient le son « iiiiih ». Il est clair que les bébés ont une capacité primitive à lire sur les lèvres, au moins pour ce qui est des voyelles simples. (Une expérience bien provocante, tous ces aaaah… Pat et Andy se sont mariés peu après avoir réalisé cette étude ensemble…)

Ainsi, dès les premiers mois de leur vie, il semble que les bébés résolvent un nombre certain de grandes énigmes philosophiques. Ils savent comment utiliser les contours et les schémas de mouvement pour répartir le monde en objets séparés. Ils savent quelque chose de la façon propre qu'ont ces objets de bouger. Ils savent aussi que ces objets appartiennent à un espace tridimensionnel. Ils savent enfin relier les informations qui leur proviennent de leurs différents sens – ils peuvent faire le lien entre la sensation d'un téton et sa protubérance rose, le rebond frénétique de la balle et le boing boing qui l'accompagne.

L'arbre dans le parc et les clefs sous la serviette

Si les bébés savent tout cela, que leur reste-t-il à apprendre ? Pas mal de choses, en fait. Un dilemme épistémologique classique consiste à se demander comment nous pouvons savoir si les choses sont toujours là quand nous ne les voyons pas. Tandis que vous lisez ces lignes, vous ne voyez à vrai dire qu'une petite portion de la pièce dans laquelle vous vous trouvez. Le livre lui-même occupe certainement l'essentiel de votre vision. Mais vous ne doutez pas que cette pièce soit pleine d'autres choses, même si, à cet instant précis, vous ne pouvez les voir. Ce petit poème humoristique à portée philosophique résume la question :

> Un jeune homme dit :
> « Mon Dieu, Vous devez trouver curieux
> Que cet arbre un jour créé
> Continue à exister
> Quand personne, pas même un gueux,
> N'est dans l'parc pour l'regarder. »
>
> Ce à quoi un philosophe répondit :
> « Mais voyons, mon cher monsieur,
> Point besoin du moindre gueux
> Quand moi-même toute la journée

Je suis là à observer
Dans le parc comme à côté.
Sincèrement vôtre, Dieu. »

Si les sciences cognitives ne peuvent évidemment se satisfaire de cette réponse, du moins peuvent-elles continuer à poser la question. Comment être sûr que l'arbre est toujours là quand on ne le regarde pas ? Nous avons remarqué que les bébés eux-mêmes peuvent, dans une certaine mesure, prévoir où un objet va réapparaître quand il disparaît derrière un écran. Si, par exemple, on montre à des bébés une balle qui roule et disparaît derrière cet écran, ils anticipent qu'elle va réapparaître à l'autre bout de l'écran au moment précis où elle le fait. Pour cela, il faut que les bébés soient capables de penser à l'objet même quand ils ne le voient pas. Une autre façon de tester cette aptitude est de leur faire une sorte de tour de magie. Imaginez que vous montriez à de jeunes bébés l'objet qui disparaît derrière l'écran, et que l'objet ne réapparaisse pas, ou réapparaisse au mauvais endroit. Des bébés de moins de six mois regardent une telle scène beaucoup plus longuement qu'une scène où l'objet réapparaît au bon endroit.

Dans d'autres circonstances, cependant, les bébés se comportent comme s'ils ne savaient pas grand-chose de ce qui arrive aux objets qui disparaissent. Imaginez cette fois que vous montriez à un bébé de six mois quelque chose d'aussi merveilleux et fascinant qu'une montre ou un trousseau de clefs. Il sourit et s'agite, tout excité, et essaie de l'attraper. Recouvrez alors les clefs d'une serviette. Le bébé s'arrête net. L'excitation joyeuse est remplacée par une sorte d'incompréhension inexpressive. Retirez la serviette et le sourire revient. C'est Piaget qui a fait cette expérience pour la première fois, et il a formulé le problème en ces termes : si le bébé a tellement envie des clefs, pourquoi ne tire-t-il pas la serviette pour les retrouver ? Peut-être n'est-il pas encore assez bien coordonné ? Mais on peut faire l'expérience de recouvrir les clefs de quelque chose de transparent : le bébé n'a alors aucun mal à se débarrasser de ce qui recouvre les clefs. Peut-être le bébé ne se souvient-il pas que les clefs sont là ; il est pourtant possible de montrer que des bébés de cet âge se souviennent d'autres événements pendant des jours et des semaines. Il semblerait plutôt qu'il pense vraiment que les clefs ne sont plus là. La réapparition des clefs de dessous la serviette est pour le bébé ce que le lapin sortant du chapeau du magicien est pour nous : un incompréhensible tour de prestidigitation. En fait, l'apprentissage des bébés en matière d'objets cachés se fait progressivement. Aux alentours de neuf mois, ils arrivent très bien à trouver les clefs sous la serviette, mais il reste d'autres jeux de cache-cache plus compliqués qu'ils ne comprennent pas. Prenez un bébé de quinze mois et montrez-lui la séquence suivante : vous mettez les clefs dans votre main et vous refermez doucement votre main sur elles, puis vous mettez votre main sous une serviette et vous y déposez les clefs, enfin vous retirez votre main de dessous la serviette et vous montrez au bébé qu'elle est vide. Pour nous, la conclusion est évidente : les clefs sont forcément sous la serviette. Étonnamment, ce même bébé qui, sans hésitation, va trouver les clefs quand vous les recouvrez simplement de la serviette est à nouveau l'image même de la stupéfaction et de l'incompréhension. Il cherche dans votre main vide, la tourne et retourne, comme si ces satanées clefs devaient bien s'y cacher quelque part. Il regarde par terre. Il hausse les épaules, ouvre ses mains, vides elles aussi, et dit même : « Où ? », ou : « Parties. » Il n'a pas la moindre idée de là où peuvent être les clefs si elles ne sont pas dans votre main, l'endroit d'où elles ont disparu.

Ce serait cependant trop facile de considérer que pour le nourrisson, loin des yeux signifie loin de la tête. Même de tout jeunes bébés peuvent conserver des aspects de certains objets à l'esprit alors que ces derniers sont hors de vue. Mais il semble bien que la conception qu'ont les nourrissons de ce qui se passe quand l'objet disparaît soit très différente de notre conception d'adultes. Ce qui signifie que le bébé vit dans un univers profondément différent du nôtre. Il nous semble évident que les clefs sont sous la serviette, quelle que soit la façon dont elles ont atterri là – où donc pourraient-elles être sinon ? Or, non seulement cela n'a rien d'évident pour le bébé, mais c'est en outre quelque chose qu'il aura du mal à apprendre. Le bébé commence par vivre dans un spectacle de magie perpétuel, où les objets semblent parfois virevolter d'un endroit à l'autre sans logique ni raison. Comprendre comment tout cela se passe vraiment est l'un des défis les plus importants et les plus difficiles de l'enfance.

Faire en sorte que des choses arrivent

Au XVIIIe siècle, un autre grand philosophe, David Hume, a énoncé l'énigme philosophique classique suivante : quand on voit que deux événements se succèdent toujours, on en conclut généralement que le premier est cause du second. Si, à chaque fois que vous buvez un cappuccino après le dîner, vous vous retrouvez à trois heures du matin en pleine crise existentielle, vous allez finir par comprendre que c'est le café, et non l'absence fondamentale de sens du cosmos, qui est responsable. Nous passons notre temps à tirer de telles conclusions, et elles jouent un rôle crucial dans ce que nous faisons. Vous pouvez passer au thé vert si vous préférez rester zen, ou au contraire mettre un point d'honneur à prendre un expresso tard le soir pour échapper à toute complaisance bourgeoise. Mais Hume a aussi remarqué que nous n'avons aucune raison intrinsèque de penser que le premier événement est la cause du second – de même que nous n'avons aucune raison intrinsèque de penser que les autres gens pensent et sentent, que l'espace est tridimensionnel, ou que la vue et l'ouïe sont liées. On ne voit jamais concrètement le lien de causalité entre deux événements. Tout ce que nous voyons, c'est que tel événement est toujours suivi de tel autre. Pourquoi en concluons-nous que l'un cause l'autre ?

Il se trouve que même de tout jeunes bébés présument certaines relations de causalité. À trois mois, ils en connaissent déjà une variété très importante : ils savent que leurs propres actions peuvent influencer certains événements extérieurs. De fait, d'une certaine manière, le pouvoir causal de nos actions est un type de cause primordial. C'est peut-être pourquoi nous sommes convaincus que le libre arbitre existe. C'est comme si nous considérions nos décisions d'agir comme la forme causale la plus basique, et nous-mêmes comme le point de départ absolu. On peut donner à un tout petit bébé sans défense des pouvoirs de causalité artificiellement décuplés : il suffit d'attacher un ruban à son pied et d'attacher l'autre bout à un mobile. Quand le bébé donne un coup de pied, le mobile bouge. Même de très jeunes bébés apprennent vite à faire bouger le mobile en agitant leur pied. Si vous leur montrez le même mobile une semaine plus tard, ils vont immédiatement donner un coup de pied, et du bon pied. Ils n'en feront rien si vous leur montrez un nouveau mobile. Les bébés font donc des hypothèses sur la manière dont leurs actions vont avoir une incidence sur le monde alentour. Et, ce qui est tout aussi important, ces hypothèses vont leur permettre d'apprendre des choses vraiment nouvelles sur la façon dont le monde fonctionne. Certaines des hypothèses que font les bébés sur les rapports de causalité sont pourtant bien étranges. Imaginez que vous détachiez le ruban du mobile, sous les yeux mêmes du bébé. Les bébés de trois mois vont continuer à donner des coups de pied, comme s'ils s'attendaient à ce que cette seule action suffise. De plus, même quand les bébés sont reliés au mobile, ils ne se contentent pas de remuer le pied, mais sourient au mobile et babillent à son intention : ils ont l'air de croire qu'un peu de charme enfantin est aussi efficace qu'une action directe et brutale. Les bébés semblent bien comprendre que faire quelque chose peut entraîner autre chose, mais ils ne comprennent pas que cela implique des processus physiques intermédiaires. Ainsi, la nécessité d'être en contact direct avec l'objet pour le faire bouger leur échappe.

Piaget appelle « procédés magiques » les actions telles que donner un coup de pied même quand le ruban n'est plus relié au mobile, et le fait est que ces actions semblent bien avoir un caractère superstitieux. Mais on pourrait aussi bien dire que le comportement des bébés est parfaitement rationnel, compte tenu de leur expérience. Peut-être ne font-ils que confondre deux types de procédés de causalité, celui qui a une incidence sur les choses (par exemple donner un coup de pied) et celui qui a une incidence sur les autres gens (par exemple sourire et gazouiller).

En tant que scientifiques, nous pensons que tout passe par une forme ou une autre de causalité physique – y compris nos interactions avec autrui. De la lumière et des ondes sonores circulent d'une personne à une autre, même si elles ne sont pas visibles à l'œil nu. Mais la vie de tous les jours donne l'impression de pouvoir influencer les autres sans contact physique direct. (C'est sans doute pourquoi tant de gens croient à la télépathie.) Après tout, un simple regard adressé à quelqu'un à l'autre bout de la pièce peut entraîner une suite d'événements tout à fait spectaculaire. On influence psychologiquement les autres en communiquant, en parlant, en faisant des gestes, ainsi que par nos expressions – pas besoin de les toucher. Il est d'ailleurs souvent contre-productif, voire illégal, d'essayer de les manipuler physiquement pour leur faire faire ce que l'on veut. La causalité psychologique est en général notre outil le plus puissant.

Cette forme de causalité est particulièrement importante pour les bébés, d'abord parce qu'ils ne peuvent pas déplacer les choses comme le font les adultes, mais surtout parce qu'ils ont besoin des autres pour satisfaire la plupart de leurs besoins. Il se peut que les tout jeunes bébés, quand ils commencent à essayer d'influencer le monde extérieur, confondent causalité physique et causalité psychologique, ce qui donnerait à nombre de leurs actions un caractère apparemment magique ou irrationnel. Ils commettent l'erreur d'essayer d'influencer le monde physique par des moyens psychologiques. Sourire et gazouiller peut avoir un effet sur leur mère, même si les bébés ne la touchent pas. Peut-être pensent-ils que cela aura le même effet sur le mobile.

Du reste, une bonne partie de ce que l'on considère comme une pensée magique ou irrationnelle chez les adultes ne relève peut-être que de la même confusion entre causalité physique et causalité psychologique. Les chamans et les magiciens prononcent certains mots, font certains gestes et choisissent certains vêtements afin d'influencer les événements du monde auquel ils appartiennent. Cela peut sembler étrange et irrationnel, mais quand on y pense, c'est exactement ce que nous faisons tous quand nous essayons d'influencer les autres (disons deux sur trois d'entre nous pour ce qui est des vêtements). Puisque vous pouvez utiliser des mots pour rendre quelqu'un furieux ou le séduire, pourquoi ne pas les utiliser aussi pour rendre untel malade ou unetelle enceinte ? Des procédés magiques de ce type, qu'ils soient le fait d'enfants ou d'adultes, sont en fait inefficaces, mais croire qu'ils puissent marcher n'est pas irrationnel à proprement parler – c'est simplement une erreur. Cette erreur reposerait sur une confusion entre les champs d'application de la causalité psychologique et ceux de la causalité physique ordinaire.

À un an, les bébés ont déjà considérablement évolué dans leur compréhension de la causalité. Ils semblent avoir pris conscience de la différence entre causalité psychologique et causalité physique, et ils comprennent mieux le fonctionnement de la seconde. Ils commencent aussi à saisir comment les événements et les objets peuvent avoir une incidence les uns sur les autres. Des bébés plus jeunes peuvent apprendre à effectuer une action qui produira un effet. Par exemple, ils peuvent amener à eux un jouet posé sur une couverture en tirant la couverture. Mais les limites et les particularités de cette compréhension apparaissent clairement quand vous confrontez les bébés à un problème légèrement différent, en mettant le jouet à côté de la couverture. Les bébés tirent la couverture avec autant de détermination que précédemment, et sont déroutés de voir qu'il ne se passe rien (comme quand ils continuent à remuer le pied alors que le ruban n'est plus relié au mobile). Mais à un an, les bébés ne se trompent plus ; ils semblent déjà savoir que l'objet doit être sur la couverture. Ils ne tirent plus celle-ci si l'objet est simplement posé à côté. (Ils peuvent même aller jusqu'à regarder l'expérimentateur d'un air de dire : « Tu te moques de moi ? ») Cette meilleure compréhension de la causalité physique rend leurs actions bien moins magiques d'apparence et bien plus efficaces, ce qui leur permet de prévoir, de planifier et d'utiliser les objets comme outils.

À un an et demi, les bébés comprennent déjà des choses assez compliquées sur la façon dont les objets ont une incidence les uns sur les autres. Alison et Andy ont mené une expérience qui consiste à montrer à des bébés un jouet hors de leur portée, et à leur proposer un râteau. À un an, les bébés essaient d'attraper directement l'objet ou agitent le râteau plus ou moins au hasard. Mais à partir de dix-huit mois, ils se comportent très différemment. Après une ou deux vaines tentatives pour attraper directement le jouet, ils regardent leur mère (dont la consigne stricte est de ne pas intervenir) avec un mélange de supplication et d'indignation, puis ils regardent le râteau : ils se mettent alors à sourire et se saisissent soudain du râteau pour s'en servir pour rapprocher l'objet. C'est tout juste si on ne voit pas une ampoule s'allumer au-dessus de leur tête ! (Bien entendu, ce sont là de futures petites terreurs de deux ans, et ce savoir tout neuf sur l'utilisation des outils a toutes les chances d'être bientôt utilisé pour faire tomber les objets interdits que vous avez rangés sur les étagères du haut. Cela peut sembler pervers de la part de la nature de donner aux enfants une tendance à faire des bêtises au moment précis où elle leur donne aussi une plus grande capacité à s'attirer des ennuis. C'est un peu ce qui se passe quand les ados passent le permis.)

Il y a d'autres raisons de penser que vers un an, les bébés comprennent comment les objets peuvent avoir une incidence les uns sur les autres. Montrons à des bébés un exemple classique de causalité du type « boule de billard » : une petite voiture roule et rentre dans une autre petite voiture qui, du coup, avance. Montrons-leur une autre séquence, similaire à un détail près : la première voiture s'approche de la seconde, et la seconde roule plus loin, mais sans qu'il y ait eu contact entre les deux. Bien que très proche de la première séquence, la seconde viole une règle de causalité : en général, les objets ne peuvent agir les uns sur les autres à distance. Les bébés de dix mois regardent plus longuement la deuxième scène que la première, ce qui suggère qu'ils identifient chez elle quelque chose de bizarre. Ce qui à son tour suggère qu'ils possèdent un certain savoir sur la façon dont les objets peuvent agir les uns sur les autres, indépendamment de leurs propres actions.

Ce n'est pas la fin de leur apprentissage en la matière. Avant trois ans, ils sont déjà capables de donner la bonne explication causale. Ils disent des choses telles que : « Le banc bouge parce qu'il est pas bien fixé » ou : « Le clou s'est cassé parce qu'il était tordu. » Peu de temps après, ils font des prévisions explicites sur le mode de fonctionnement de mécanismes simples. Par exemple, si vous leur montrez une installation de tuyaux et de tubes dans lesquels roule une balle, des enfants de trois ans peuvent prédire que la balle devra parcourir une certaine distance avant de cogner une autre balle et ainsi faire avancer la machine.

Ainsi, de la même manière que les enfants commencent par savoir certaines choses sur les objets invisibles mais en découvrent ensuite bien davantage, ils commencent par savoir certaines choses de la façon dont un événement en cause un autre, mais en apprennent par la suite bien d'autres. Leurs premières hypothèses concernent la manière dont eux-mêmes peuvent influencer le monde alentour. Petit à petit, ils vont découvrir toutes les façons complexes par lesquelles une chose peut en influencer une autre.

Les différentes sortes de choses

Essayez de décrire à quelqu'un ce qui vous entoure. Vous verrez qu'à quelques exceptions près (telles que les gens et les animaux domestiques), vous allez commencer par dire le genre de choses dont il s'agit. Sur la table, il y a des pois de senteur dans un vase, quatre billets de un dollar et une tasse de café. En énonçant cela, vous aurez déjà dit que ces objets-là sont similaires à de nombreuses autres fleurs, monnaies ou boissons. Vous aurez dit qu'ils appartiennent à certaines catégories.

On est ici face à un paradoxe, formulé pour la première fois par Platon. On ne voit jamais que des objets individuels : ce pois de senteur ci, ce billet de un dollar là. Il n'y a pas de « pois-de-senteur-ité » ou de « dollar-itude » dans notre monde. Comment donner alors la moindre information utile en disant que telle chose individuelle appartient à une catégorie imaginaire et inexistante, alors que la seule chose dont nous fassions jamais l'expérience directe est précisément la chose individuelle ? Platon lui-même estimait que la seule réponse possible était l'existence d'un autre univers, une sorte de paradis dans lequel existaient les formes idéales des choses (la pois-de-senteur-ité et la dollar-itude). Les objets individuels de notre monde ne seraient que de pâles reflets de ces formes. (L'amour platonique, par exemple, était censé être la forme idéale vers laquelle tendait l'amour terrestre. Mais même les disciples de Platon hésitaient sur ce point.) Une telle réponse ne saurait satisfaire la science cognitive moderne : les catégories n'habitent pas plus le paradis que les objets ne sont permanents parce que Dieu est toujours là pour les regarder.

Une autre explication serait que deux choses appartiennent à la même catégorie parce qu'elles sont similaires. Mais il est en fait impossible de définir avec précision la notion de similitude. De fait, chaque pois de senteur est différent des autres (celui-ci est mauve tandis que celui-là est plus rouge, cette tige a deux fleurs alors que celle-là en a trois) et, d'une certaine façon, chaque pois de senteur est comme chaque billet d'un dollar (du papier partiellement vert, froissé et désiré avec passion par ceux qui n'en ont jamais assez).

Plus on pense à la notion de catégorie, plus elle paraît étrange et complexe. Les scientifiques passent leur temps à expliquer que ce qu'on croyait appartenir à une catégorie appartient en fait à une autre. Les baleines ne sont pas des poissons. Les pandas font des aller-retour entre les ours et les ratons laveurs (actuellement, ils seraient plutôt des ours, au grand soulagement des jardiniers que nous sommes et qui répugneraient à trouver un raton laveur mignon, quel qu'il soit). Nous ne demandons qu'à croire les scientifiques, même si nous-mêmes serions bien incapables d'expliquer ce qui fait d'un panda un ours (ou pas). On pense en général que chaque objet possède une sorte de nature profonde, une essence, qui fait qu'il appartient à une certaine catégorie.

Comment apprend-on tout cela ? Comme les questions de disparition et de causalité, celle de la catégorisation semble être particulièrement importante pour les bébés de moins de trois ans. Même de tout jeunes enfants savent faire la différence entre des objets divers, et les regrouper d'après certains traits génériques. Nous avons vu que les bébés finissent par s'ennuyer si on leur montre une succession de choses similaires, et qu'ils redeviennent attentifs si on leur présente quelque chose de différent. Rien que cela signifie qu'ils font déjà des catégories.

Mais à d'autres égards, il semble que les bébés ne comprennent pas les catégories de la même manière que les adultes. Nous avons déjà remarqué que de très jeunes bébés observent la trajectoire d'un objet en mouvement et qu'ils prennent en compte le principe du destin commun. Au départ, ce principe est d'ailleurs leur principal moyen d'identifier les objets. Nous avons décrit la façon dont les bébés anticipent que des objets vont suivre une même trajectoire et bouger à une même vitesse. Si une petite voiture passe derrière un écran et réapparaît à la mauvaise vitesse ou au mauvais endroit, les bébés regardent à nouveau l'écran, comme s'ils pensaient que c'est là une nouvelle voiture et que la première doit encore être derrière. Ils partent du principe qu'un objet qui suit une certaine trajectoire est le même objet que précédemment.

Mais étonnamment, on peut constater que les jeunes bébés ne s'intéressent guère au fait qu'une petite voiture bleue passe derrière un écran, et qu'un canard jaune ressorte là où devrait réapparaître la voiture ! Un adulte penserait que le canard jaune est un nouvel objet et que l'autre jouet est encore derrière l'écran. Mais les jeunes bébés semblent se satisfaire de l'idée que le jouet est devenu quelque chose d'autre derrière l'écran, comme par magie. Ils ne seraient pas très surpris par le tour de prestidigitation qui transforme le foulard en colombe, et par là même la catégorie de l'objet. Bien que les bébés de cet âge sachent faire la différence entre le jaune et le bleu, et entre la forme d'une voiture et celle d'un canard, ils semblent ne pas s'attacher à ces caractéristiques pour déterminer de quel objet il s'agit. Mais dès un an, il est facile de montrer que parmi de nombreuses situations différentes, ils sont surpris quand la voiture se transforme en canard, ce qui tend à suggérer que leur conception de la catégorisation a évolué.

D'autres éléments le confirment. Alison et Andy ont mené une expérience consistant à donner à des bébés un mélange d'objets : quatre chevaux en plastique différents et quatre crayons différents. Alison mettait alors ses mains sur la table, les paumes vers le haut, et observait ce que les enfants faisaient des objets. À neuf et dix mois, ils les attrapaient, jouaient et, souvent, les reposaient dans les mains d'Alison, mais au hasard. Les bébés de douze mois, eux, prenaient parfois tous les jouets d'un groupe (tous les chevaux ou tous les crayons) et les mettaient dans l'une des mains d'Alison ou en pile sur la table. À dix-huit mois, les bébés triaient systématiquement et de façon organisée les jouets en deux groupes séparés, plaçant avec soin un cheval dans une main puis un crayon dans l'autre. Lors d'une expérience, une petite fille particulièrement précise et méticuleuse (eh oui, à cet âge, certains le sont) a remarqué qu'un des crayons avait perdu sa pointe : elle a regardé avec attention les paumes d'Alison avant d'attraper la main de sa mère pour en faire un endroit séparé pour cet objet particulier et défectueux.

À deux ou trois ans, les enfants ont acquis une conception beaucoup plus précise de ce que signifie l'appartenance d'un objet à une certaine catégorie. Ils sont capables de dépasser l'apparence superficielle de l'objet pour percevoir quelque chose de son essence. Et ils commencent à comprendre que connaître la catégorie d'un objet permet de nouvelles prédictions à son sujet. Vous pouvez en faire l'expérience en donnant à un enfant de trois ans des informations inédites sur un objet particulier : montrez-lui par exemple un rhinocéros et dites-lui que ce rhinocéros a le sang chaud. Si vous ajoutez alors que tel autre animal est un rhinocéros, il vous dira qu'il a aussi le sang chaud. Mais il n'étendra pas sa nouvelle découverte à un tricératops, qui ressemble pourtant à un rhinocéros, si vous le lui décrivez comme un dinosaure.

Lors d'une étude similaire, Alison a inventé une machine qui s'allume si on pose dessus certains cubes, mais pas si on en pose d'autres, apparemment identiques aux premiers. Puis elle a montré à des enfants de deux ans la façon dont les objets agissaient (ou n'agissaient pas) sur la machine. Pour finir, elle a pris un des deux cubes qui avaient fait démarrer la machine et indiqué : « Ça c'est un "bliquet". Peux-tu me montrer l'autre "bliquet" ? » Chaque fois, l'enfant a désigné l'autre cube qui avait fait démarrer la machine, et non ceux qui n'avaient que l'apparence du « bliquet ».

Ces deux exemples tendent à montrer que d'une certaine façon, les enfants de deux ans réfléchissent comme les scientifiques qui reclassent les pandas et les baleines. Ils vont au-delà des traits superficiels de l'objet pour déterminer les lois plus profondes qui le déterminent.

Il est à peu près certain qu'à trois ou quatre ans, les enfants regardent sous la surface des choses, littéralement. Montrez à des enfants de cet âge des objets naturels, comme des plantes ou des pierres, puis découpez-les pour découvrir ce qu'il y a à l'intérieur. Les enfants diront que les objets identiques à l'intérieur sont la même sorte de choses, même si de l'extérieur ils semblent assez différents. Les objets qui se ressemblent de l'extérieur mais sont différents dedans ne sont pas la même sorte de choses.

Curieusement, ces jeunes enfants paraissent même savoir quelque chose de la différence qui existe entre les plantes et les animaux d'une part, et les pierres de l'autre. Ils pensent que les choses vivantes sont davantage susceptibles d'être très structurées à l'intérieur, tandis que l'intérieur des pierres sera plus vraisemblablement uniforme. Ils savent que les bébés animaux sont la même sorte de choses que les animaux adultes, même s'ils semblent très différents.

Ils ont par exemple compris que les lionceaux, bien que tout mignons, sont le même type d'animal que leur énorme et féroce mère, et non de petits chatons qu'on a envie de câliner, même s'ils leur ressemblent davantage. Il semble même qu'ils comprennent – de façon primitive, certes – la notion d'hérédité : ils savent qu'un cochon élevé par des vaches aurait quand même une queue en tire-bouchon, comme ses parents biologiques, et non une queue droite, comme ses parents adoptifs. Ces enfants viennent juste d'entrer à la maternelle, et pourtant ils semblent déjà posséder des rudiments de biologie.

Comment font-ils ?

Comme toujours, la question est : comment font-ils ? La réponse est la même qu'au chapitre précédent : ils naissent avec beaucoup de connaissances, ils apprennent beaucoup d'autres choses, et nous sommes programmés pour les aider à apprendre.

Aveugles au monde

Dans le chapitre précédent, nous avons dit que les enfants autistes semblaient être comme aveugles aux autres : ils ont de grandes difficultés à comprendre les gens et ont parfois du mal à acquérir l'usage du langage. Le syndrome de Williams est un autre trouble d'origine génétique, encore plus rare, qu'on pourrait décrire comme le négatif de l'autisme. Les enfants atteints de cette maladie sont ultrasensibles aux autres gens. Ils sont charmants et affectueux, même envers ceux qu'ils ne connaissent pas, et si l'acquisition du langage est parfois retardée, ils finissent par très bien parler, en utilisant même des structures parfois étonnamment élaborées. Ils ont en revanche énormément de mal à comprendre le monde physique. Ce n'est que vers trois ou quatre ans, soit bien après des enfants qui se développent normalement, qu'ils comprennent la notion d'objet caché, l'utilisation d'outils ou la répartition des objets en différents groupes. Une fois adultes, il arrive souvent qu'ils ne parviennent pas à traverser la rue ou à retrouver leur chemin pour rentrer chez eux. Ils peuvent parler abondamment et minutieusement de phénomènes biologiques et physiques, mais leur discours reste d'une superficialité frappante : ainsi un adolescent atteint du syndrome de Williams pourra-t-il énumérer à la suite les noms de plus de cent animaux, y compris le jaguar et le ptérodactyle, mais sera incapable de comprendre des processus biologiques simples comme la croissance, l'hérédité ou la mort. (Le fils d'Alison, alors âgé de huit ans, venait tout juste de comprendre le concept de mort, et se débattait douloureusement avec ses conséquences psychologiques, lorsqu'il entendit un visiteur parler du syndrome de Williams : il fit alors remarquer avec tristesse qu'il y avait des avantages à ne pas bien comprendre les phénomènes biologiques.)

Les chercheurs qui étudient les enfants atteints de ce trouble comparent souvent leur manière élaborée de s'exprimer avec la façon dont parlent les gens dans les situations mondaines – ils ont recours au type de langage qu'on utilise pour établir un lien social avec les autres plutôt que pour approfondir sa connaissance du monde. Au contraire des enfants autistes, que les occasions de sociabilité déroutent et effraient, les enfants atteints du syndrome de Williams sont sûrs d'eux, mais ne vont pas au-delà de relations superficielles.

On comprend encore moins bien le syndrome de Williams que l'autisme, et il reste nombre d'énigmes à résoudre quant aux aptitudes qu'il atteint ou épargne. Mais son existence même suggère qu'il existe un fondement génétique à notre capacité à aller au-delà de la surface des choses et à comprendre plus en profondeur le monde physique. Cette aptitude pourrait bien être séparée – au moins partiellement – de notre capacité à parler et à nouer des liens sociaux.

L'appétit d'explications

Dans le chapitre précédent, nous avons vu que les bébés, tout comme les scientifiques, prennent en compte les phénomènes venant contredire les théories qu'ils sont en train d'élaborer sur la façon dont fonctionnent les gens. D'autres similitudes entre bébés et scientifiques deviennent particulièrement flagrantes quand on considère comment les bébés apprennent en matière d'objets. En science – comme dans la vie quotidienne d'ailleurs –, on ne s'arrête pas à la surface du monde : on tente d'en percevoir les réalités profondes, on cherche les causes cachées des phénomènes, on essaie de déterminer la nature des choses.

Ce n'est pas seulement que nous en sommes *capables* : nous en avons *besoin.* Il semble que nous ayons un appétit d'explications, comme nous avons un appétit de nourriture ou un appétit sexuel. Face à une énigme, un mystère, la suggestion d'une règle à découvrir, quelque chose qui nous semble bizarre, nous travaillons à comprendre jusqu'à trouver la solution. Nous soulevons volontairement les problèmes, même les plus triviaux – ceux dont regorgent les mots croisés, les jeux vidéo ou les histoires policières –, qui nous aident à conjurer l'angoisse d'un voyage en avion. Il arrive que les scientifiques passent la nuit sur un problème, en oubliant même de manger – leur salaire de misère n'est vraisemblablement pas leur seule motivation.

Ce même appétit de comprendre le monde est encore plus évident chez les enfants. Pendant leurs trois premières années, ils sont consumés par le désir d'explorer et de faire des expériences avec les objets. C'est un fait incontournable, et parfois épuisant, de la vie de parent. On réorganise toute la maison et on soupire : « Le bébé touche à tout. » Des générations de mères astucieuses ont découvert que le meilleur moyen d'avoir une chance de préparer le repas était de donner à leur bébé carte blanche dans le placard à casseroles.

À partir du moment où les bébés arrivent à se déplacer, ils sont partagés entre la sécurité des bras d'un adulte et le désir irrésistible d'explorer. Les petits enfants en âge de marcher qui vont au parc avec leur mère semblent reliés à elle par un élastique invisible : ils s'éloignent d'elle pour explorer puis, soudain pris de panique, reviennent en courant sous sa protection, avant de repartir quelques minutes plus tard. D'ailleurs, même adulte, on n'échappe jamais tout à fait à l'élastique invisible : c'est dans la condition humaine que d'être perpétuellement déchiré entre l'envie de rester chez soi et celle de partir au loin, entre le besoin de confort et la peur de l'ennui, entre l'aspiration à la paix de la vie domestique et le désir de connaître les sensations fortes d'une vie d'aventures.

Du point de vue de l'évolution, le comportement d'explorateur des bébés est assez étrange. Ils dépensent une énergie folle en explorations, et ces dernières mettent parfois en danger leurs chances de se perpétuer (il faut qu'ils parviennent entiers à la puberté !). Cela peut s'expliquer par le fait que pour l'espèce humaine, les dangers de l'exploration ne font pas le poids face aux bénéfices de ses enseignements.

La rapidité et la profondeur des changements dans la façon qu'ont les enfants de comprendre le monde tiendraient à leur manière d'explorer et d'expérimenter. Les enfants s'activent pour faire progresser leur compréhension des phénomènes des disparitions, de la causalité et des catégories.

Ces aspects du monde physique se retrouvent heureusement partout, et les bébés peuvent faire leurs expériences facilement et généralement sans grand danger. Le berceau, la maison et le jardin sont d'excellents laboratoires. On voit par exemple des bébés de un an s'intéresser, parfois jusqu'à l'obsession, aux jeux de cache-cache. Il n'y a qu'à penser au succès garanti de quiconque se cache le visage dans les mains, pour réapparaître avec un « coucou ! ». Les bébés s'improvisent aussi spontanément détectives pour résoudre « le mystère de l'objet qui disparaît ». Un jour, Alison a enregistré un bébé qui a mis la même bague sous une serviette en disant « partie ! » à chaque fois pour la redécouvrir aussitôt, ce dix-sept fois d'affilée. Dans nos expériences, les bébés commencent en général par protester quand nous prenons le jouet pour le cacher ; mais après une ou deux fois, ils commencent souvent à le cacher eux-mêmes, ou bien ils nous tendent le jouet et la serviette avec instruction de le cacher à nouveau. Les bébés de dix-huit mois, qui ne sont pas connus pour leur capacité à se concentrer, peuvent jouer à ce jeu pendant une demi-heure.

Les bébés sont également fascinés par les relations causales entre les objets. Dans l'expérience avec le ruban reliant le pied du bébé et un mobile, les bébés finissent par se lasser du spectacle du mobile en mouvement, mais pas de la sensation de leur propre pouvoir. Au bout d'un moment, ils ne jettent plus qu'un coup d'œil occasionnel au mobile, mais continuent à donner des coups de pied. Autre jouet que tout catalogue pour tout-petits qui se respecte se doit de proposer, le tableau d'activités, avec ses engrenages, ses instruments de musique, ses boutons pour apprendre à pousser et tirer, etc., table également sur la fascination de l'enfant pour le monde qui l'entoure et les événements qui s'y produisent. Vers un ou deux ans, ils commencent à explorer systématiquement la façon dont un objet peut agir sur un autre. Dans l'expérience du râteau, ils se désintéressent complètement du jouet après une ou deux tentatives. Ils vont même jusqu'à le remettre hors d'atteinte pour pouvoir faire à nouveau l'expérience de l'utilisation du râteau. Le jouet en soi n'est pas aussi intéressant que le fait que le râteau le rapproche.

Les bébés explorent aussi avec persévérance les propriétés des objets. À six ou sept mois, ils examinent systématiquement tout nouvel objet avec tous les sens dont ils disposent (y compris, bien sûr, le goût). À environ un an, ils testent des variantes des actions possibles sur l'objet : par exemple, ils vont taper par terre doucement avec leur nouvelle voiture, en écoutant le son que ça fait, puis ils vont taper très fort, et enfin ils vont frapper la voiture contre le canapé. À dix-huit mois, si vous leur présentez un objet qui fait quelque chose d'inattendu (par exemple une boîte qui meugle), ils vont systématiquement le tester pour voir s'il recèle d'autres propriétés surprises. En outre, nous avons déjà observé que des enfants de cet âge vont spontanément disposer des objets de différentes sortes en piles distinctes.

Nous pensons que cette façon qu'ont les bébés de jouer avec le monde alentour les aide à résoudre les grands problèmes de la disparition, de la causalité et de la catégorisation. Avant que la science ne devienne un champ du savoir séparé et socialement défini, on l'appelait « philosophie expérimentale ». Les adultes qui discutent des prix de l'immobilier tandis que le bébé – heureusement – s'amuse avec ses jouets, ne voient pas qu'ils sont en train d'assister à de véritables miracles de philosophie expérimentale.

Les adultes comme enseignants

Mais les adultes, tels les bergers de la Bible, peuvent contribuer aux miracles, même s'ils ne les reconnaissent pas. Quand le bébé atteint *grosso modo* l'âge de un an, les adultes commencent à lui parler d'une façon particulière. Ils se mettent à commenter mouvement par mouvement ce que fait le bébé, un peu à la manière des commentateurs sportifs : « Et voilà, on prend la tasse. Ah !, maintenant on la repose. Aïe ! elle est tombée. Oups ! », etc. Ce n'est peut-être pas aussi bête que « Qui c'est qui est un petit canard en sucre ? », mais ça n'en est pas si loin. Après tout, vous ne dites rien au bébé qu'il ne sache déjà.

Mais ce n'est bête qu'en apparence. Il y a des raisons de penser que ce type de langage aide le bébé à organiser le monde. Au chapitre précédent, nous avons évoqué une sorte d'expérience naturelle pour tester l'effet des autres gens sur la compréhension que les enfants ont du monde : nous avons comparé des enfants ayant des frères et sœurs plus âgés à d'autres n'en ayant pas. De la même manière, on peut comparer les enfants entre eux selon la façon dont leurs parents leur décrivent le monde.

Il se trouve que, du simple fait que leurs langues ont des grammaires différentes, des parents anglais ne parlent pas du monde de la même manière que des parents coréens. Le coréen (comme le latin et le français) utilise un système complexe de terminaisons pour donner divers sens aux verbes. En conséquence, les parents coréens peuvent (et le font souvent) omettre les noms communs quand ils s'adressent à leurs enfants. Une mère coréenne dira l'équivalent de « rentre dedans » quand elle voit son bébé mettre un cube dans sa tasse, sans préciser qui ou qu'est-ce qui fait le mouvement, et sans dire dans quoi il rentre. Alors qu'en anglais il faut inclure au moins un nom pour rendre la phrase intelligible. Qui plus est, les parents anglophones passent beaucoup de temps à désigner les objets du doigt et à les nommer : « Oh ! un chien ! Regarde l'oiseau ! Une voiture ! Un avion ! »

Alison et Soonja Choi, une collègue coréenne, ont étudié ce que les mères anglaises et coréennes disaient à leurs enfants de dix-huit mois, et ont ainsi pu vérifier que les mères anglophones utilisaient plus de noms et moins de verbes que les mères parlant coréen : les premières ont tendance à nommer les objets alors que les secondes parlent davantage des actions.

Quand Alison et Soonja ont étudié ce que ces enfants de dix-huit mois comprenaient du monde, elles ont observé des différences considérables entre les enfants des deux langues. Comme leurs parents, les enfants coréens utilisaient plus de verbes que les enfants anglophones, tandis que ces derniers utilisaient plus de noms. Surtout, les enfants de langue maternelle coréenne apprenaient à résoudre des problèmes tels qu'utiliser un râteau pour attraper un objet hors d'atteinte bien plus tôt que les enfants anglophones. Ces derniers, en revanche, commençaient à catégoriser les objets avant les autres. Ils étaient par exemple davantage susceptibles de disposer les chevaux et les crayons en deux tas. C'est comme si les enfants parlant coréen étaient plus sensibles à la façon dont leurs actions influencent le monde, tandis que les enfants anglophones l'étaient plus à la manière dont on peut regrouper les objets en différentes catégories. L'explication la plus vraisemblable à ce phénomène est l'influence des adultes, à travers leur langage.

Voilà qui demande cependant à être nuancé. Il y a des années, le linguiste Benjamin Lee Whorf suggérait que la grammaire de notre langue déterminait en partie notre manière de penser. L'« hypothèse de Whorf », comme on l'appelle, a très vite été infirmée scientifiquement. (Mais elle continue à marquer l'imaginaire populaire. Ainsi, dans les années 1980, un haut responsable américain a déclaré que les Russes ne négocieraient jamais vraiment la paix parce que le mot « détente » [en français dans le texte] n'existait pas dans leur champ lexical. Le fait que « détente » soit un mot français ne l'a pas dérangé). De toute façon, l'idée n'était pas logique : car comment prétendre qu'un concept appartiendrait à une autre langue mais serait étranger à la nôtre si ce n'est en l'exprimant également dans celle-ci ?

Ce que nous avons découvert (et d'autres avec nous) est tout à fait différent de l'hypothèse de Whorf. Les enfants, qu'ils parlent anglais ou coréen, comprennent tous les notions d'action et de catégorie d'objets à l'âge de deux ans. Mais la différence entre les deux langues semble, dans chaque cas, avoir rendu un problème plus facile à résoudre que l'autre. C'est un peu comme la différence entre des enfants qui grandissent dans une maison où l'on parle musique en permanence (comme chez Andy et Pat) et ceux qui grandissent dans une famille où l'on parle politique (le mari d'Alison est journaliste à la radio). Dans les deux familles, les enfants sont capables de comprendre la musique et la politique, mais naturellement, ils en savent plus sur le sujet dont ils entendent constamment parler.

Il est intéressant de constater que des jeunes enfants, commençant à peine à dire leurs premiers mots, semblent déjà influencés par ce dont parlent les gens qui les entourent. Cette influence des parents est bien sûr totalement inconsciente ; elle s'exerce du simple fait que les parents parlent à leurs enfants. De toute façon, il serait sans doute impossible pour un parent anglophone de se mettre à parler comme quelqu'un dont le coréen est la langue maternelle, et réciproquement. La nature a la sagesse de ne pas compter sur les résolutions et bonnes intentions conscientes des parents. Les plus grandes influences sur les bébés – les noms qu'ils entendent ou les leçons tirées du contact de leurs frères et sœurs – s'exercent de façon parfaitement inconsciente.

La compréhension progressive que les bébés ont du monde extérieur semble donc similaire à celle qu'ils acquièrent sur autrui. Ils commencent avec certaines hypothèses fondamentales, apparemment données. Ils disposent également d'une capacité à apprendre puissante, et d'une motivation qui l'est encore davantage. Ils sont animés d'un désir ardent d'explorer le monde physique inconnu qui les entoure, et de nouer contact avec les autochtones. Un bébé de douze mois qui parcourt en rampant un nouveau salon a dans les yeux l'étincelle caractéristique de celui qui va courageusement là où nul autre avant lui n'a osé s'aventurer. Heureusement, les créatures qu'ils rencontrent sont inoffensives et sincèrement (quoique inconsciemment) prêtes à partager avec ces petits explorateurs intrépides le fruit de leur sagesse, et les acquis de leur civilisation.

Chapitre IV

Ce que les enfants apprennent sur le langage

[NdT : certaines considérations sur le langage, quand elles touchent aux sons ou à la syntaxe par exemple, ne peuvent pas toujours être traduites. Aussi, dans certains cas, avons-nous laissé la version originale lorsque le commentaire ne valait que pour cette dernière.]

En général, la question dite du langage, comme celle du monde extérieur, ne transparaît pas dans la vie de tous les jours. Nous avons beau savoir confusément que nous entendons une suite de sons arbitraires, tout se passe comme si les pensées se déversaient simplement dans notre tête. Imaginez que votre compagne ou votre compagnon entre dans la pièce et vous dise : « Tu sais, le voisin aurait besoin d'une bonne leçon. » En une ou deux secondes tout au plus, vous aurez compris le sens de cette phrase. Pourtant, dans ce bref instant, vous aurez effectué un ensemble de calculs remarquablement complexes.

Il vous faut d'abord diviser le flot continu des sons en modules séparés, et identifier chaque son avec précision. D'infimes différences de son peuvent signifier d'énormes différences de sens : « c'est faux » n'a rien à voir avec « t'es beau » ou « j'ai chaud ». Il vous faut ensuite rassembler les sons en mots. On connaît en moyenne plus de soixante-quinze mille mots, les possibilités sont donc vastes. À supposer que vous connaissiez les mots, il vous faut encore les combiner pour en faire une phrase. Tout comme une petite différence de son, une légère différence dans l'agencement des mots est susceptible d'entraîner une grande différence de sens. La phrase : « Tu sais, la leçon aurait besoin d'un bon voisin » n'a rien à voir avec celle citée ci-dessus. Il faut ensuite comprendre toutes les nuances de sens de chaque mot. Dans notre exemple, la leçon en question n'est pas celle du maître d'école, et « tu sais » ne fait pas référence à votre savoir à proprement parler. Enfin, vous devez vous faire une idée de l'intention générale de la phrase. Est-ce que votre partenaire vous reproche de ne pas prendre les relations de voisinage en main, ou est-ce qu'il ou elle vous annonce son intention de donner personnellement la fameuse leçon ? Vous déchiffrez tout cela instantanément et sans effort conscient.

Un séjour à l'étranger est au langage ce qu'un spectacle de magie est aux objets : il met soudain en évidence tout ce qui nous paraît tellement évident que nous n'y prêtons pas attention. Vous comprenez la remarque de votre partenaire sans difficulté, mais si elle était formulée dans une langue étrangère, vous seriez bien en peine de savoir ce qu'elle signifie. Une des qualités du *Troisième Homme* tient à ce que les acteurs qui jouent les habitants de Vienne parlent allemand, sans que ce qu'ils disent soit traduit ou sous-titré. En regardant ce film, on éprouve le même vertige d'incompréhension que Joseph

Cotten, le héros américain. Sans même parler de l'apparition fantomatique d'Orson Welles derrière les statues baroques au fond du décor, le simple fait que des phrases qui, selon toute vraisemblance, sont d'une grande importance, soient prononcées dans une langue étrangère suffit à nous déstabiliser. Non seulement vous ignorez ce que les mots signifient, mais vous ne savez même pas ce qui constitue un mot, ni un son, ni quand un son se termine et quand un autre commence ; vous avez l'impression que tout le monde parle très vite. Les bébés commencent par là. D'une certaine façon, leur situation est même pire que celle de Joseph Cotten parce qu'eux n'ont aucune autre langue dans laquelle exprimer leur désarroi.

Le code des sons

Apprendre à comprendre une langue revient à déchiffrer un code très compliqué. Tout le monde y parvient sans effort, à un âge dont on ne se souvient même plus, et l'utilise aussi facilement une fois adulte. Or ce code est bien plus retors que le cryptogramme le plus compliqué de l'espion le plus habile. Aucun ordinateur n'a, jusqu'à ce jour, pu le déchiffrer.

Quand on commente la technologie futuriste de *Star Trek* – la téléportation, le moteur de distorsion, les holodecks et autres réplicateurs –, on mentionne rarement ce qui peut ne sembler qu'un petit détail. Dans *Star Trek*, les gens parlent à l'ordinateur de bord (et même aux portes du vaisseau), et l'ordinateur les comprend. Cette technologie n'est peut-être pas aussi surprenante que les moteurs de distorsion, elle est pourtant aussi irréalisable qu'eux. Tous les fabricants de logiciels du monde essaient de créer une machine qui comprenne le langage parlé. Depuis cinquante ans, les institutions privées comme publiques ont investi des milliards de dollars dans la technologie du langage, mais pour le moment, aucun ordinateur n'a réussi à résoudre le problème. Nos balances électroniques et nos ascenseurs peuvent produire un peu de langage, compréhensible même si éminemment artificiel, mais aucun ordinateur n'est capable de faire ce que font tous les enfants de trois ans : comprendre une conversation.

Les non-scientifiques – y compris les gens qui investissent les milliards de dollars – ont beaucoup de mal à comprendre pourquoi le problème est si ardu. Un jour, en 1991, revenant d'une conférence, Pat s'est retrouvée assise à côté d'un jeune homme à l'allure décontractée. Lequel s'est révélé être Bill Gates. Pat a passé tout le voyage (quatre heures) à lui expliquer pourquoi il était si difficile pour ses ordinateurs de comprendre le langage. À cette époque, Microsoft et d'autres sociétés s'acharnaient à essayer de libérer leurs clients du clavier. La science pouvait certes leur dire pourquoi le problème était si compliqué, pas les aider à le résoudre.

Comme pour la question du monde extérieur et celle d'autrui, le cœur du problème est le mystérieux fossé qui sépare les ondes sonores pénétrant nos oreilles des sons et des mots dans lesquels nous les transformons. On peut « photographier » un son – cela s'appelle un « spectrogramme » – pour voir les propriétés physiques des ondes sonores : leur volume, leur tonalité et leur évolution. De la même manière qu'il nous faut traduire l'image lumineuse en deux dimensions reçue par notre rétine en un objet solide en trois dimensions, c'est-à-dire tel que nous le percevons, il nous faut transformer les sons en langage.

Certains problèmes deviennent évidents quand on compare le spectrogramme avec les mots que nous percevons. Tout d'abord, les sons du langage humain ne sont pas comme des perles enfilées les unes à côté des autres, en collier : il n'y a ni espace ni pause entre les sons du spectrogramme. Les sons sont continus et c'est à nous de les diviser en unités distinctes. Ensuite, toutes les voix sont différentes parce que la taille et la forme de nos bouches sont différentes : ainsi, même des sons tout simples (comme « a ») sonnent différemment selon la personne qui les prononce. Rebelote quand nous accélérons ou ralentissons notre débit (ce que nous faisons en permanence) : les ondes sonores changent aussi. En outre, chaque fois qu'une consonne, comme « b » ou « d », se trouve devant une voyelle différente, le son change. Le « d » de « doux » n'est pas le même que le « d » de « disque ».

Enfin, et c'est là le plus compliqué, des gens parlant des langues différentes n'entendent pas du tout les mêmes sons. Un même son, doté du même spectrogramme, sera entendu de façon complètement différente par quelqu'un parlant japonais et par quelqu'un parlant anglais. À l'inverse, des sons physiquement différents (par exemple « r » et « l ») sembleront identiques à un Japonais, mais très différents à un anglophone. Il ne s'agit donc pas seulement de déterminer comment passer de la sensation à la représentation, comme pour la traduction d'images bidimensionnelles en un monde tridimensionnel ; encore faut-il le faire pour chaque langue.

Les enfants de trois ans ont résolu tous ces problèmes. Ils savent reconnaître un « d », qu'il soit prononcé par leur père ou leur mère, aussi bien dans « doux » que dans « disque », chuchoté rapidement ou chanté tranquillement, et ils savent faire les ajustements nécessaires dans leur langue maternelle. Les programmes informatiques qui peuvent, dans une certaine mesure, reconnaître le langage n'arrivent pas à la cheville d'un enfant de cet âge. Si votre langage se limitait aux dix chiffres des numéros de téléphone ou aux noms des villes de votre pays, ces programmes marcheraient très bien. Mais aucune conversation n'est possible avec dix mots, ni même avec mille.

Une des difficultés majeures auxquelles se heurtent les ordinateurs est le découpage de la parole en unités distinctes prêtes à être analysées. Les premiers programmes avaient résolu ce problème en exigeant de la personne qui parlait qu'elle séparât chaque mot. Les gens qui utilisaient ce système devaient donc parler très lentement, en SÉPARANT (une seconde de pause) CHAQUE (une seconde de pause) MOT (une seconde de pause) PAR (une seconde de pause) UNE (une seconde de pause) PAUSE (une seconde de pause) TRÈS (une seconde de pause) AGAÇANTE (une seconde de pause) D'UNE (une seconde de pause) SECONDE. Quant au problème des voix différentes, les ordinateurs sont programmés pour reconnaître la voix d'une personne déterminée, et doivent être reprogrammés pour chaque nouvel utilisateur. De la même façon, ils sont programmés pour traiter les « d » de « doux » et de « disque » comme si c'étaient deux sons différents. En 1998 est apparu sur le marché le premier logiciel de reconnaissance vocale permettant la dictée en continu ; aujourd'hui encore, il nécessite une programmation pour chaque usager et le vocabulaire utilisable est limité.

Autant dire que nous sommes loin d'un ordinateur façon *Star Trek* qui répondrait à toutes vos questions d'une voix tranquille – bien que parfois un peu froide – et aurait toujours la bonne réponse. Le temps qu'un ordinateur actuel comprenne « Manœuvre d'évasion alpha thêta et torpilles à photons verrouillées sur le vaisseau romulien, feu à mon commandement », l'*Enterprise* serait réduit en un nuage de particules d'énergie incorporelles.

Produire du sens

Cette étape complexe du décodage est incontournable ; sans elle, nous ne pourrions reconnaître les mots d'une langue à partir des sons entendus. Elle se fait si facilement et si rapidement qu'il n'est pas évident d'identifier le problème – les scientifiques ne s'y sont d'ailleurs attelés que tout récemment. L'étape suivante du processus de compréhension du langage, passer des mots au sens, semble d'emblée plus compliquée. Voilà des millénaires que les philosophes se demandent comment des mots peuvent signifier des choses.

C'est presque comme s'il y avait un lien magique entre les mots que nous utilisons et le monde extérieur. Dites un mot : vous êtes soudain en relation avec la chose à laquelle il se réfère, aussi lointaine et étrange soit-elle. De nombreuses cultures et religions croient explicitement en la magie des mots ; savoir le véritable nom d'une chose donne un pouvoir sur elle. Mais à bien y réfléchir, notre langage quotidien est tout aussi mystérieusement puissant. Pensez à ce qui se passe quand vous lisez ce livre. En posant les yeux sur un tas de formes arbitraires imprimées, vous êtes soudain en contact avec la pensée de trois personnes qui se trouvent à des milliers de kilomètres de vous. Vous visitez un laboratoire que vous n'avez jamais vu et vous rencontrez des enfants qui ont grandi depuis longtemps. Et comme le savent bien les amateurs de romans, les internautes et les épistoliers, les mots peuvent vous faire voyager dans d'autres mondes, et même créer leur propre univers. Pas besoin d'« abracadabra » : « il était une fois » suffit. Comment les mots peuvent-ils ainsi défier les limites du temps, de l'espace et du possible ? Comment apprend-on à exercer ce type de pouvoir ?

Il y a bientôt deux mille ans, saint Augustin a avancé une solution, celle qui paraît peut-être la plus évidente : enfants, nous entendons nos parents nommer les choses et les voyons nous les désigner, et nous associons les mots aux choses. Quand on y réfléchit, cette solution est cependant loin d'être satisfaisante. À travers les siècles, les philosophes ont pointé les illogismes qu'elle recèle. Bertrand Russell a ainsi montré que le sens ne se limite pas aux choses que l'on peut montrer du doigt. Comment pouvons-nous apprendre des mots comme « licorne », qui se réfèrent à des choses qui n'existent pas ? Comment apprenons-nous les mots qui ne se réfèrent même pas à des choses (comme les verbes, les adjectifs, les prépositions) ? Ludwig Wittgenstein a soulevé une autre série de questions. Comment savons-nous, non seulement ce à quoi le mot fait référence, mais encore ce que celui qui parle attend de nous ? Après tout, même pour comprendre le phénomène qui consiste à montrer les choses du doigt, il faut savoir quelque chose des intentions de celui qui montre. Il faut savoir que ce geste de tendre l'index est une façon d'isoler un objet pour le nommer plutôt que de jeter un sort ou de bénir, par exemple. Le philosophe Willard Quine s'est quant à lui demandé comment on pouvait savoir qu'un nom se réfère à la chose que quelqu'un nous montre plutôt qu'à cette chose plus un morceau de l'espace vide autour d'elle, ou encore seulement à une partie de cette chose. Si les ordinateurs ne parviennent toujours pas à décoder les sons, ils sont encore plus loin d'arriver à résoudre ces questions-là.

La grammaire que l'on n'apprend pas à l'école

Mais nous ne sommes pas au bout de nos peines : dans les années 1960, Noam Chomsky a soulevé tout un ensemble de problèmes auxquels personne n'avait vraiment réfléchi. Comment combinons-nous les mots pour créer de nouvelles phrases ? Presque toutes les phrases que nous entendons sont inédites : pourtant, nous n'avons aucun mal à les comprendre. Même si nous connaissons les mots individuellement, leurs divers agencements produisent des sens très différents. La réponse de Chomsky à cette question a créé un nouveau champ d'étude, la linguistique moderne, et une nouvelle façon d'envisager le vieux concept de grammaire.

La grammaire traditionnelle, telle que nous l'avons apprise à l'école, hésite entre présenter la façon dont les gens parlent vraiment et celle dont ils devraient parler. Pour Chomsky, connaître une langue implique bien de connaître un ensemble de règles, mais ces règles ne ressemblent pas à celles de la grammaire traditionnelle, du code de la route ou encore du Monopoly, toutes imposées socialement. Elles seraient naturelles et nous les appliquerions inconsciemment – comme celles dont nous nous servons pour transformer l'information visuelle en représentations d'objets. Elles s'apparenteraient donc davantage aux lois de la gravité qu'à celles du parlement (ou des vieux traités de grammaire).

La solution de Chomsky à la question du langage est comparable aux solutions modernes à la question du monde extérieur et à celle d'autrui. Nous sommes programmés pour absorber des suites de sons et les traduire en représentations sensées, de la même manière que nous sommes programmés pour absorber des informations sensorielles et les traduire en représentations d'objets, et pour absorber des expressions faciales et les traduire en représentations de sentiments. Nous disposons d'un ensemble de règles implicites qui nous permettent de transformer les suites de sons que nous entendons en suites d'idées.

Nous savons déjà pas mal de choses sur la façon dont certaines parties du système fonctionnent. Par exemple, nous comprenons assez bien comment les sons qu'on entend sont transformés en unités de sens comme les mots, mais pas encore suffisamment pour pouvoir programmer un ordinateur pour que lui aussi le fasse. Nous avons quelques notions (moins cependant que ne l'avait espéré Chomsky) sur la manière dont nous combinons les mots pour former des phrases. D'autres aspects du problème, en revanche, demeurent obscurs, notamment comment les mots en arrivent à désigner le monde extérieur et comment naît le sens – questions presque aussi déroutantes pour les linguistes modernes qu'elles l'étaient pour saint Augustin.

Nous partons du principe que ce système nous vient de l'évolution, et assurément, il est propre à l'espèce humaine. Le premier avantage du langage est peut-être de nous permettre de communiquer et de coordonner nos actions avec celles des autres membres de notre groupe. Mais le langage a bien d'autres avantages qui, pour être moins évidents, n'en sont pas moins utiles et caractéristiques. Le fait que nous parlions des langues différentes nous permet de nous différencier des autres ; c'est un moyen comme un autre de savoir qui fait partie du groupe et qui lui est étranger (empêcher ses ennemis d'obtenir une certaine information peut être aussi crucial que la partager avec ses alliés). En outre, le développement du langage est certainement lié au développement de notre capacité, elle aussi spécifiquement humaine, à apprendre sur les gens et les choses. Le langage nous permet de profiter de tout ce que les générations précédentes ont découvert avant nous. Nous voyons plus loin que n'importe quelle autre espèce parce que nos parents nous portent sur leurs épaules (et ce sont des géants – du moins aux yeux des bébés).

La solution de Chomsky soulève un problème plus profond en matière de développement : d'où vient ce système linguistique ? Quand ils entrent à la maternelle, les enfants maîtrisent presque toutes les complexités de leur langue, sans effort ou apprentissage conscient. Comment font-ils ? Les grandes lignes de la réponse doivent désormais vous être familières : les bébés naissent en sachant déjà beaucoup de choses sur le langage ; ils ont aussi une grande capacité à apprendre, ce qui leur permet d'augmenter leurs connaissances et notamment d'apprendre les détails et les particularités de la langue de leur communauté ; enfin, les adultes jouent un rôle particulièrement crucial dans cette acquisition du langage.

L'analogie avec la science fonctionne très bien quand il s'agit d'expliquer comment les bébés résolvent les problèmes d'autrui et du monde extérieur. Ils sont entourés d'objets et de personnes, pour ainsi dire à disposition, sur lesquels ils construisent des théories, modifiables selon leurs découvertes. Dans le cas du langage, le problème est différent. Il ne s'agit pas de découvrir une réalité indépendante mais de coordonner ce que l'on fait avec ce que font les autres. Il n'existe pas un langage abstrait indépendant de ce que diraient les gens et qui nous serait extérieur. Nous pourrions nous apercevoir que nous nous trompions sur certains aspects fondamentaux des gens et des objets qui nous entourent – et de fait, cela nous arrive de temps en temps. Mais il nous serait impossible de découvrir que nous parlons tous mal notre langue maternelle, pour la simple raison que c'est précisément notre langue maternelle, celle que nous utilisons pour nous exprimer. Pour les bébés, le problème du langage n'est donc pas tant un problème de sciences « dures » – découvrir ce qu'est vraiment le monde – qu'un problème sociologique ou anthropologique : découvrir ce que font les gens du voisinage et apprendre à le faire soi-même. Les « gens du coin » jouent un rôle crucial.

Le problème se complique du fait que les différentes communautés parlent des langues différentes, parfois même très différentes. Les bébés ne savent pas à l'avance à quelle langue ils vont être exposés. Ils doivent être potentiellement capables de maîtriser n'importe laquelle de milliers de langues. Mais dès quatre ou cinq ans, ils ont déterminé précisément la langue de leur environnement culturel.

Les adultes sont à la fois les enseignants et la matière elle-même. Ce qu'ils disent est en effet la seule preuve de ce à quoi ressemble la langue en question. Pour les enfants cependant, le but de l'entreprise n'est pas uniquement de découvrir la langue des adultes, c'est aussi de se l'approprier.

Ce que savent les nouveau-nés

À la question : « Quand les enfants commencent-ils à apprendre des choses sur le langage ? », la réponse sera presque systématiquement : « Lorsqu'ils prononcent leurs premiers mots. » Avec les nouvelles techniques, l'étude des processus cognitifs des enfants a pourtant révélé une surprise : dès leur naissance, les bébés savent des choses importantes sur le langage, et ils en apprennent beaucoup d'autres bien avant de prononcer le moindre mot. L'essentiel de ce qu'ils apprennent à ce premier stade concerne le système des sons langagiers. C'est donc bien avant de savoir parler que l'on décode le cryptogramme des sons, et que l'on résout nombre de problèmes auxquels les ordinateurs se heurtent toujours.

Nous avons vu que la difficulté liée à l'apprentissage d'une langue provient du fait que les langues façonnent les sons, chacune différemment. Un grand nombre de sons, aux spectrogrammes très différents, vont nous sembler le même son, et à son tour, ce son va nous sembler radicalement différent d'autres, qui lui sont pourtant assez similaires physiquement. Imaginez que vous utilisiez un synthétiseur de parole pour changer progressivement, mais de façon continue, un son bien particulier – la consonne « r » par exemple – et que vous fassiez écouter ce son changeant à quelqu'un. Le « r » se transforme tout doucement en « l » ; l'oreille de l'auditeur reçoit une suite de sons, chacun très légèrement différent du précédent. Mais ce qu'il perçoit, c'est quelqu'un qui répète le même son, « r », encore et encore, puis qui passe soudain à un nouveau son, « l », qu'il répète à son tour encore et encore. L'auditeur a divisé le signal continu en deux catégories bien distinctes : soit un « r », soit un « l », et rien entre les deux. Il ne distingue pas les différents « r », même si en eux-mêmes les sons sont très différents. Les scientifiques appellent ce phénomène « perception catégorielle », parce qu'un signal sonore en changement constant est perçu comme blanc ou noir, « r » ou « l », sans rien entre les deux.

Chaque langue implique une perception catégorielle unique de la parole. Un anglophone [comme un francophone] distingue très nettement les sons « r » et « l », au contraire de quelqu'un qui parle le japonais. En fait, les Japonais ne perçoivent absolument pas la différence entre un « r » et un « l » américains [ou français], même en écoutant très attentivement. Pat est partie au Japon pour tester des Japonais adultes et enfants sur cette distinction « r/l ». Elle y est allée avec le précieux disque contenant ces deux sons, que, sitôt arrivée au laboratoire de Tokyo, elle a inséré dans une chaîne Yamaha de la plus haute qualité. Elle pensait que, les sons étant produits avec la plus grande clarté, la différence entre eux serait évidente pour ses collègues qui, de surcroît, parlaient très bien anglais. Les mots *rake, rake, rake* commencèrent à se faire entendre, et Pat fut soulagée de constater que le disque marchait et que le son était parfait. Puis l'enregistrement se changea en *lake, lake, lake,* tout aussi clair, et Pat et son assistante se tournèrent en souriant vers leurs collègues japonais, s'attendant à les voir réagir. Ils étaient toujours concentrés, attendant le moment où le son changerait. Ils n'avaient absolument pas perçu le passage de *rake* à *lake.* Pat réitéra l'expérience plusieurs fois, rien n'y fit.

C'est ce qui nous arrive à tous quand nous essayons d'entendre des distinctions spécifiques à d'autres langues que la nôtre. Imaginons que l'on utilise à nouveau le synthétiseur pour changer progressivement le son « b » en « p », pour tester des gens parlant différentes langues. Les Américains distingueront deux catégories, « b » et « p ». Il en ira de même pour des gens parlant espagnol ou français, mais ceux-ci ne localiseront pas le changement entre les deux au même endroit que les Américains. Ce qu'un hispanophone entend « b », un anglophone l'entend « p ». Quelqu'un parlant le thaïlandais perçoit quant à lui trois catégories. Dans tous les cas, l'auditeur identifie un changement net entre les différentes catégories, sans transition aucune ; mais ce « saut quantitatif » se produit à des endroits différents selon que l'auditeur est français, espagnol ou thaïlandais. Les anglophones quant à eux ne remarquent même pas les changements de catégories propres aux autres locuteurs, comme les Japonais n'avaient pas perçu le glissement de *rake* à *lake*. C'est comme si les représentants de chaque langue avaient une façon bien à eux de transformer les ondes sonores qui leur parviennent en une gamme de sons langagiers.

Comment se fait-il qu'ils entendent et prononcent les sons si différemment ? Tous ont pourtant les mêmes bouches et les mêmes oreilles. En fait, ce sont leurs cerveaux qui diffèrent. L'immersion dans une certaine langue modifie le cerveau, ce qui influence la perception des sons, et dans un deuxième temps leur prononciation. Quand et comment les bébés entament-ils ce processus ? Commencent-ils par écouter comme un ordinateur, sans distinction catégorielle, ou distinguent-ils des catégories dès le départ, selon les particularités d'une langue donnée, que ce soit le russe, l'anglais ou le japonais ?

S'il est impossible de demander directement aux bébés s'ils pensent que deux sons sont identiques ou différents, il existe des moyens indirects de le savoir. De tout jeunes bébés peuvent indiquer ce qu'ils entendent en suçant une tétine spéciale reliée à un ordinateur. Cela ne provoque pas une arrivée de lait, mais la diffusion d'un son provenant d'un haut-parleur : un son pour chaque tétée franche. Les bébés aiment les sons presque autant qu'ils aiment le lait : ils peuvent téter jusqu'à quatre-vingts fois par minute pour continuer à les entendre. Ils finissent tout de même par ralentir quand ils s'ennuient d'entendre toujours la même chose. Mais si le son change, ils redeviennent attentifs et se remettent à téter très vite pour réentendre le nouveau son. Ce changement dans leur vitesse de tétée indique donc qu'ils perçoivent une différence entre le nouveau son et celui qu'ils entendaient précédemment. Cette technique permet de faire la même expérience sur les « r » et les « l » qu'avec les adultes. On peut utiliser un synthétiseur de parole pour faire entendre aux bébés le son continu d'une consonne qui change progressivement, pour déterminer quels sons les bébés perçoivent comme identiques et lesquels ils perçoivent comme différents.

Les scientifiques ont d'abord pensé que ces expériences allaient montrer que les très jeunes bébés commencent par ne pas entendre les différences subtiles entre les sons, et n'apprennent que progressivement à distinguer ceux qui sont importants dans leur langage (par exemple « r » et « l » en anglais). C'est précisément le contraire qui a été observé. Les premiers tests ont été menés en anglais auprès de nourrissons américains : à un mois, les bébés parvenaient à distinguer tous les contrastes sonores propres à leur langue ; la perception catégorielle elle-même leur était familière. Pour eux, tous les « r » étaient pareils, et différents de tous les « l », comme pour les adultes.

On a fait peu après une découverte encore plus remarquable : les bébés africains de langue maternelle kikuyu et les bébés mexicains de langue maternelle espagnole réussissent aussi bien à distinguer les sons anglo-américains que les sons kikuyu ou espagnols, et il en est de même avec des bébés américains et des sons espagnols. Les scientifiques japonais surdiplômés qui s'évertuaient à entendre la différence entre *rake* et *lake* n'auraient eu aucun mal à y parvenir s'ils avaient eu quarante ou cinquante ans de moins. Les tout jeunes bébés font donc la différence entre les sons, non seulement ceux de leur propre langue, mais encore ceux de toutes les autres, même de celles qu'ils n'ont jamais entendues ! Pat s'est aussi aperçue que, contrairement aux ordinateurs, les bébés font ces distinctions quelle que soit la personne qui parle – un homme ou une femme, avec une voix aiguë ou une voix grave.

Les bébés naissent donc en en sachant bien plus long sur le langage qu'on ne l'avait cru. Les nouveau-nés sont loin de s'arrêter aux sons physiques qu'ils entendent : ils les répartissent déjà en catégories plus abstraites. Ils identifient aussi toutes les distinctions à l'œuvre dans toutes les langues. Véritables citoyens du monde, ces bébés sont bien plus performants que leurs parents, dont la culture restreint les compétences linguistiques.

Trier les sons pour devenir attentif à la langue maternelle

Répondre à une question conduit à en poser une nouvelle. Si les bébés naissent avec une oreille de linguiste, comment se transforment-ils en adultes hautement spécialisés et culturellement limités ? À partir de quel moment les bébés japonais (élevés au Japon) savent-ils que, dans leur langue, peu importe qu'ils articulent le « r » différemment du « l » parce que de toute façon, dans leur culture, les adultes ne savent pas faire la différence et que cela ne va pas changer le sens du mot en japonais ? Quand les bébés américains apprennent-ils que la différence entre les deux « b » [en fait, le « v » et le « b »] espagnols n'a pas d'importance en anglais ? La plupart des scientifiques ont d'abord pensé que les bébés ne faisaient ces distinctions que lorsqu'ils avaient déjà acquis une certaine maîtrise du langage.

Pour répondre à cette question, il fallait pouvoir tester des bébés écoutant leur langue maternelle depuis déjà un certain temps. Au-delà de quatre mois, les bébés sont beaucoup moins motivés pour enclencher des sons sur un ordinateur en tétant : cette technique n'est donc plus aussi efficace. Mais il en existe une autre qui fonctionne très bien avec les bébés de six à douze mois. Les bébés sont assis sur les genoux de leurs parents ; à leur droite, une tierce personne accapare leur attention en manipulant lentement des jouets – elle balance devant eux une araignée en plastique, renverse un cheval en peluche, et fait bien d'autres choses visuellement intéressantes. À la gauche des bébés se trouve un haut-parleur surmonté d'une boîte noire et d'où sort un son répétitif du type « ou », « ou », « ou ». De temps en temps, le son devient « i », « i », « i ». Quand les bébés entendent le changement de son, ils sont en général distraits du spectacle de la personne qui manipule les jouets et tournent la tête vers le haut-parleur. La boîte noire au-dessus du haut-parleur s'allume alors : à l'intérieur, on peut voir un ours qui danse ou un singe qui joue du tambour, à la plus grande joie des bébés. Puis la boîte s'éteint et les bébés se tournent à nouveau vers la personne intéressante à leur droite. Les bébés comprennent vite que s'ils tournent la tête vers le haut-parleur quand le son change, ils verront quelque chose d'excitant. Et s'ils tournent la tête, on sait qu'ils ont entendu le changement de son.

Quand Pat est partie au Japon tester des adultes sur les sons « l » et « r », elle a aussi testé des bébés. À sept mois, les bébés japonais et américains parvenaient aussi bien les uns que les autres à faire la différence entre les deux sons. Mais trois mois plus tard, la situation avait radicalement changé : à dix mois, les petits Japonais n'entendaient plus la différence entre les deux sons tandis que les petits Américains l'identifiaient bien plus précisément qu'avant.

En nous écoutant parler, les bébés classent activement les sons dans les bonnes catégories – celles propres à la langue de leur environnement. Vers un an, leurs catégories langagières commencent à ressembler à celles des adultes de même culture. Pat a mené des expériences encore plus sophistiquées auprès de bébés suédois : elle a utilisé des voyelles simples pour déterminer à partir de quel âge ils commencent à organiser les sons de leur langue de la même façon que les adultes : à six mois, ce processus a déjà commencé. Ainsi, la période de six à douze mois serait critique pour ce qui concerne l'organisation des sons.

Que se passe-t-il durant ces six mois ? Pat l'explique en termes de « sons prototypiques ». Après avoir entendu de nombreuses fois le son « r », par exemple, les bébés construisent une représentation abstraite du « r » – un « r » prototypique – qui est mise en mémoire. Quand le bébé veut identifier un nouveau son, il semble qu'inconsciemment, il le compare à tous les sons prototypiques mis en mémoire, parmi lequels il choisit celui qui paraît le plus proche. Après quoi il déforme la façon même dont il entend le son pour le rendre plus proche du son qu'il a en mémoire que de celui qu'il a vraiment entendu.

Il se passe un phénomène similaire quand on montre à des personnes un dessin de quelque chose qu'elles ont l'habitude de voir – une maison par exemple – et qu'on leur demande de le copier de mémoire. Même si la maison que vous leur avez montrée n'a pas de cheminée, beaucoup de gens vont en dessiner une – peu importe qu'il n'y en ait pas sur le dessin original : une fois qu'ils ont rangé l'image dans la catégorie « maison », ils déforment son souvenir pour le rendre plus ressemblant avec leur idée de la maison prototypique. Il est possible de faire des analyses complexes pour déterminer précisément quels sont les prototypes des sons de chaque langue, et de quelle façon nous déformons ce que nous entendons pour le rendre conforme à ces prototypes. Les prototypes de notre langue « filtrent » les sons de manière à nous masquer certaines distinctions propres aux autres langues. L'expérience de Pat suggère que les prototypes langagiers commencent à s'élaborer entre six et douze mois.

La question n'est pas que les bébés perdent une compétence dont ils disposaient plus jeunes : il se trouve surtout que la manière dont ils organisent les sons se restructure entièrement pendant les premiers mois de la vie. Avant un an, les bébés ont déjà commencé à organiser le monde chaotique des sons en une structure complexe mais cohérente, propre à la langue de leur culture. À une époque, on pensait que les bébés commençaient par apprendre des mots, et que ces mots leur permettaient de déterminer quels sons étaient essentiels à leur langue. Les recherches que nous venons de décrire ont renversé ces hypothèses. Les bébés commencent par maîtriser les sons de leur langue, et cela rend alors les mots plus faciles à apprendre.

Vers un an, les bébés passent des sons aux mots. Ces derniers sont imbriqués dans le flot continu de sons que nous entendons, et il est difficile de les isoler. L'un des problèmes que les ordinateurs n'ont toujours pas résolus est d'identifier ce qui compose un mot sans connaître ce mot à l'avance. Essayez d'identifier les mots [anglais] dans une suite de lettres comme *theredonateakettleoftenchips*. Cette suite contient des possibilités différentes : *The red on a teakettle often chips* [le rouge des théières s'écaille souvent] ou *There, Don ate a kettle of ten chips* [Voilà, Don a mangé dix frites], etc. Bien entendu, à l'écrit, il y a normalement un espace entre chaque mot. Mais à l'oral; il n'y a pas de pause entre eux. C'est la raison pour laquelle on a toujours l'impression que les étrangers parlent vite et d'une seule traite, et une des raisons qui rendent le problème du langage si ardu pour les ordinateurs.

Il semble que les bébés intègrent certaines règles générales concernant les mots de leur langue avant d'apprendre les mots eux-mêmes. À neuf mois, les bébés américains ont notamment déjà appris qu'en anglais, il existe un certain système d'accents toniques : il y a plus de mots accentués sur la première syllabe (par exemple *BASEball* ou *POPcorn*) que sur la dernière (par exemple *surPRISE*). Dans d'autres langues, c'est le contraire. Les bébés américains préfèrent écouter des mots avec une accentuation américaine, alors que les bébés d'autres pays préfèrent entendre des mots typiques de leur langue, même si, à cet âge, ils n'en comprennent pas le sens.

Après avoir appris quels sons étaient possibles dans leur langue, les bébés apprennent quelles combinaisons de sons sont possibles. En anglais par exemple, la combinaison « zb » n'existe pas :

aucun mot ne comporte cette combinaison. Elle est en revanche fréquente en polonais. (Zbigniew Brzezinski, le conseiller à la sécurité nationale du président Carter, n'aurait jamais pu devenir président lui-même, ne serait-ce que parce que presque personne ne pouvait prononcer son nom.) À neuf mois, les bébés préfèrent écouter des combinaisons de sons possibles dans leur langue, même si ces combinaisons ne sont que des mots potentiels et ne correspondent à aucun mot réel. À neuf mois, les bébés américains ont du mal avec un mot comme « Zbigniew », lequel ne posera aucun problème à un bébé polonais. Savoir quels mots sont possibles dans sa langue aide le bébé à commencer à séparer le flot continu de la parole en mots, même s'il ne sait pas encore ce qu'ils veulent dire. Un bébé américain peut d'ores et déjà éliminer les suites qui contiennent la combinaison « zb », ou qui ne sont pas accentuées au bon endroit.

La tour de Babil

Les bébés apprennent donc des choses sur le langage bien avant de commencer à parler. Mais c'est évidemment ce qu'ils disent que leurs parents remarquent le plus. Que les bébés soient nés à Paris, à Berlin, à Moscou ou au Zimbabwe, ils commencent à gazouiller vers trois mois. Face à leurs parents qui leur parlent et leur sourient, ils font des petits sons adorables, des « ooo » et des « aaa ». Ils semblent comprendre intuitivement que dans ce type d'échange, les humains s'expriment chacun leur tour. Ils gazouillent, nous gazouillons, et c'est ainsi que nous avons une conversation avec nos enfants. Les bébés ont déjà compris quelque chose de la façon dont fonctionne un dialogue.

Peu après, vers sept ou huit mois, les bébés commencent à babiller. Ils se mettent à produire des suites de syllabes alternant consonnes et voyelles : « dadadadada », ou « babababababa ». Quelle que soit leur culture, tous les bébés commencent par babiller de la même façon, produisant des combinaisons consonne-voyelle avec des sons comme « b », « d », « m » ou « g », et la voyelle « a ». Pat et Andy se rappellent très bien le moment où leur fille Katherine a commencé à babiller : en tant que spécialiste de la parole, Pat attendait cela depuis des mois – elle avait même préparé un magnétophone pour immortaliser l'instant. Un matin, Pat a emmené Kate faire une promenade en poussette et s'est arrêtée au Starbucks [chaîne américaine de cafés] du coin pour un cappuccino. Kate gazouillait et gargouillait gaiement tandis que Pat passait sa commande, quand soudain est sorti un « babababababa ». Pat s'est immobilisée et a attendu de l'entendre à nouveau, demandant à l'employé et aux autres habitués d'écouter eux aussi pour confirmation. Avec tous les clients rivés à ses lèvres, Kate a paisiblement continué : « Babababababa. » Elle s'était mise à babiller exactement au moment attendu, comme tous les bébés du monde.

Une fois que les bébés ont franchi cette étape cruciale, la phase universelle de l'acquisition du langage se termine. Entre un an et un an et demi, les bébés de cultures différentes, apprenant des langues différentes, commencent à produire des sons caractéristiques de leur communauté. Les bébés chinois commencent à babiller d'une manière qui sonne chinoise, en alternant des sons graves et aigus, comme le font les Chinois adultes. Les bébés suédois babillent d'une façon clairement suédoise, en montant à la fin de leurs séquences, selon le phrasé typique des Suédois adultes.

Les premiers mots

Jusqu'à présent, nous avons expliqué le processus par lequel les enfants apprennent à comprendre le système de sons de la langue qu'ils entendent. Ce problème, simple en apparence, se révèle très compliqué : les bébés y travaillent dur pendant des mois. Mais nous n'avons pas encore abordé ce que beaucoup d'entre nous considèrent comme le problème central du langage : apprendre ce que les mots signifient.

Saint Augustin, on l'a vu, pensait que la réponse était simple : en voyant les choses et en entendant leurs parents les nommer, les enfants associent le nom et la chose. D'un point de vue intuitif, cette solution est tentante. Si vous demandez à un parent lambda, ou même à un psychologue lambda, quand les bébés commencent à parler, il vous répondra : quand ils prononcent des noms pour la première fois. L'égocentrisme parental étant ce qu'il est, ces noms sont en général : « maman » et « papa ». Il se trouve que dans de nombreuses langues très différentes, les mots utilisés par les bébés pour désigner leur mère et leur père sont très similaires, de « maman » et « papa » à « mati » et « tata », en passant par « mama » et « dada ». En même temps, ce sont précisément des sons que les bébés sont particulièrement susceptibles de produire quand ils commencent à babiller. Il est donc difficile de dire si les bébés disent « maman » et « papa » parce que c'est le nom de leurs parents adorés, ou bien si les parents s'appellent ainsi parce que c'est de toute façon ce que disent les bébés.

Les philosophes, les psychologues et les parents étant convaincus de savoir comment les bébés commençaient à parler, jusque dans les années 1970 personne ne s'occupa d'interroger les intéressés eux-mêmes. L'apparition du caméscope a permis d'observer ce que disaient les bébés, et à quel moment ils commençaient à le dire. Le résultat fut surprenant. Les bébés disaient bien « maman » et « papa » (les parents n'avaient pas totalement rêvé), ainsi que « jus », « ballon » ou « chien », mais ils disaient aussi bien d'autres choses que les parents ne remarquaient pas. C'était peut-être dû au fait que les mots employés étaient étranges. Parmi leurs premiers mots, les bébés disaient très fréquemment des choses comme « pati » [parti], « voilà », « ouh-la », « encore » et « c'est quoi » [avec toutes les variantes imaginables]. Pourquoi ces mots-là ? Que signifient-ils pour les bébés ?

Alison s'est employée à répondre à ces questions. Elle était partie à Oxford y étudier la philosophie. En fait, elle s'intéressait déjà à l'acquisition du langage. Aussi passa-t-elle chaque semaine de nombreuses heures dans les grandes villas du nord d'Oxford, pleines de courants d'air, et qui, bien que divisées en appartements, conservaient en partie l'atmosphère de l'époque où Lewis Carroll racontait des histoires du pays des Merveilles aux filles du doyen Liddell. Comme alors, la ville était grise et humide, remplie de bâtiments élégants et glaciaux et peuplée de visages tout aussi élégants et glaciaux. Et aucun endroit n'était plus élégant et plus glacial que Logic Lane [littéralement, la « rue de la Logique »] où avaient lieu les cours de philosophie. Pourtant, Oxford était aussi toujours pleine de maisons aux lumières douces, remplies de petits enfants roux attablés devant des gâteaux à la crème et des tasses de lait avec un nuage de thé, et de jardinets ceints de grilles en fer forgé où des enfants de trois ans aux pommettes rouges jouaient au ballon. Les enfants ont fait à Alison, jeune philosophe américaine, l'effet que, cent ans plus tôt, ils avaient fait à Lewis Carroll, vieux logicien célibataire : celui d'un rayon de lumière et de chaleur, en comparaison des créatures vaguement menaçantes et profondément excentriques de Logic Lane. Pourtant, le monde des enfants avait aussi sa part d'étrangeté et de mystère, même si cette étrangeté semblait souvent plus sensée que l'excentricité admise du monde extérieur.

En effet, si le langage des bébés pouvait paraître plus simple que les discours alambiqués de Logic Lane, il était, à sa façon, tout aussi curieux. La première hypothèse concernant la signification d'un mot se révélait presque à chaque fois fausse. Par exemple, quand les parents arrivaient à entendre « pati », un des mots les plus souvent employés, ils pensaient qu'il était lié au fait d'avoir fini sa nourriture. C'était rarement le cas. Sur une cassette qui dure une heure, on peut entendre Henry, un bébé de dix-huit mois particulièrement angélique, dire « pati » en retournant un morceau de papier sulfurisé, faisant ainsi disparaître le sucre brun collé dessus (sept fois d'affilée), en tournant la page d'un livre d'images de sorte que chaque bébé animal disparaisse à son tour, en cachant une bague sous l'ourlet de la jupe d'Alison (douze fois d'affilée), et en cherchant plaintivement sa mère qui était chez les voisins (souvenez-vous de Jackie Coogan dans *The Kid*).

Ainsi, « pati » n'avait donc pas grand-chose à voir avec la nourriture ou la façon dont les adultes l'emploient. Henry et les autres bébés étudiés par Alison l'utilisaient plutôt pour décrire les diverses manières dont un objet peut disparaître hors la vue. Ils commentaient le fait qu'ils ne pouvaient plus voir quelque chose qu'ils savaient pourtant être là quelque part.

Alison a découvert que de nombreux autres mots fonctionnaient de la même manière. Par exemple, les bébés utilisent souvent un mot pour indiquer s'ils ont réussi ou échoué dans leur tentative. Les bébés américains utilisent « *there !* » pour marquer leur succès et *oh-oh* pour marquer leur échec, tandis que les bébés des belles villas d'Oxford utilisaient un « *oh dear* » plus raffiné (encore qu'un bébé anglais – exception mémorable – ait dit *oh bugger !* [équivalent de notre « oh merde *!* »]). La plupart des parents ne considèrent pas *oh-oh* comme un mot, encore moins comme un mot important. Pourtant, c'est pratiquement toujours l'un des premiers mots utilisés par les bébés anglais et américains. Comme nous l'avons découvert par la suite, les bébés français et coréens ont eux aussi leur mot privilégié pour marquer le succès ou l'échec d'une entreprise : les petits Français de un an qui arrivent à construire une fragile tour de cubes lancent un « voilà ! » des plus typiques.

Même l'utilisation des premiers noms semble être un peu plus compliquée que ne le pensent saint Augustin ou les parents. La joie d'un père qui entend son bébé l'appeler « papa » sera sans doute quelque peu tempérée quand le bébé saluera du même « papa » triomphant le meilleur ami de son père. Ainsi que le facteur. Et le réparateur de télévision. Peut-être le père trouvera-t-il quelque réconfort en constatant que l'animal domestique de la famille subit le même traitement : tout animal, du fourmilier au zèbre, est un « chienchien ». Une linguiste nous a rapporté que sa fille utilisait le mot « lune » pour parler de la lune, mais aussi de lampes, d'oranges et de rognures d'ongle en forme d'arc de cercle. De même que les bébés étendent l'utilisation de « pati » et « ouh-la » à des situations nouvelles, ils étendent celle des premiers noms qu'ils apprennent. Ils s'efforcent de comprendre le langage qu'ils entendent en l'appliquant à des concepts qui leur paraissent importants. Ils emploient les mots d'une façon logique pour eux, même si les adultes n'utilisent pas ces mots de la même façon.

Pour commencer, les enfants ne se servent que de quelques mots, principalement pour désigner des objets et des gens familiers. Mais alors qu'ils commencent tout juste à parler, beaucoup se mettent soudain à tout nommer et à demander les noms de tout ce qu'ils voient. D'ailleurs, « c'est quoi ? » est souvent un de leurs premiers mots. À dix-huit mois, un bébé va se mettre à pointer du doigt frénétiquement, tout en nommant : « Quoi c'est ? Chien ! Quoi c'est ? Clefs ! Quoi c'est ? Lait, cuillère, pomme, clefs ! clefs ! clefs ! » À ce stade, même les parents les plus attentifs perdent le compte du nombre de mots nouveaux que leur enfant a appris. C'est comme si le bébé découvrait que chaque chose a un nom et que cette découverte déclenchait une sorte de passion frénétique pour l'activité de nommer.

On peut montrer par des expériences que ce moment correspond au début d'une nouvelle phase de l'apprentissage des mots. Donnez à un bébé un nouveau mot absurde censé désigner un nouveau type d'objet – « Regarde le "dax" ! » dites-vous en montrant un éplucheur automatique : il sera intégré au vocabulaire du bébé. Des semaines et même des mois plus tard, il identifiera correctement le « dax ». Il suffit d'un exemple marquant et les bébés assimilent un mot définitivement (avec ce que cela comporte parfois de conséquences gênantes). Ce processus s'appelle « repérage rapide », ou « cartographie rapide » (*fast-mapping)* : il semble que les bébés partent du principe que le nouveau nom qu'ils entendent désigne le nouvel objet qu'ils viennent de voir. Ce phénomène d'assimilation d'un mot après un seul essai commence au moment même où les bébés se mettent à nommer frénétiquement.

Le langage est autant inventé qu'appris. Les bébés ne se contentent pas de prendre acte des associations entre mots et choses, ni d'imiter l'utilisation que les adultes font des mots : ils restructurent aussi activement le langage à leurs propres fins. S'ils ont besoin d'un mot pour signifier la disparition ou l'échec, ils ne vont pas hésiter à mettre « pati », « ouh-la » et même « merde » à contribution. S'ils ont besoin d'un mot pour tous les animaux, « chienchien » fera l'affaire.

Quand on a une idée de ce que les gens essaient de dire, cela aide singulièrement à décoder leur langue. Les expériences montrent que les enfants savent quelque chose des intentions des autres et utilisent ce savoir pour déterminer ce que les mots signifient. Ces expériences montrent aussi à leur façon que saint Augustin se trompait.

Si ce dernier avait eu raison, que se passerait-il si un enfant se trouvait en train de regarder une pomme tandis que son père dirait : « Où sont les poires ? » Il faudrait l'empêcher de faire l'association, sans quoi il penserait que « poire » signifie « pomme ». Or même les très jeunes enfants ne font pas ce type d'erreur. Imaginez que vous montriez à un bébé de dix-huit mois un nouvel objet, un presse-purée par exemple, tandis que sa mère en regarde un autre, une pelle à tarte par exemple. La mère dit : « Oh regarde : un dax ! » Si vous placez les deux objets devant le bébé et que vous lui demandez de vous montrer le « dax », le bébé suppose bien que « dax » désigne la pelle à tarte – ce que sa mère regardait –, et non le presse-purée que lui-même contemplait quand il a entendu le mot.

On peut mettre en place des situations plus compliquées. Imaginez que l'expérimentateur et un jeune enfant soient assis à une table couverte de jouets, et que l'expérimentateur prenne tour à tour chaque jouet pour le regarder. Il quitte ensuite la pièce, et pendant son absence, une autre personne apporte un nouveau jouet et le pose sur la table. L'expérimentateur revient alors et s'écrie : « Oh regarde, un dax ! » L'enfant suppose que le nouvel objet est le « dax ». C'est bien entendu ce qu'un adulte supposerait. À bien y réfléchir, cette supposition nécessite toutefois une connaissance sophistiquée des autres et de la communication. Il semble que le bébé sache que les gens parlent des choses qu'ils découvrent plutôt que de celles qui leur sont familières. Une fois de plus, la théorie augustinienne que les enfants acquièrent le langage en associant un nom et une chose se trouve infirmée. Dans notre expérience, l'enfant est en train de regarder de nombreux objets quand il entend le nom, mais il fait le lien entre ce nom et la chose qui est nouvelle pour l'autre personne.

Assembler les mots

Assembler les mots pour former des phrases et signifier davantage de choses est une autre étape fondamentale. Les enfants s'y attellent avant même d'avoir trois ans. Beaucoup d'enfants anglophones [et francophones] passent par une phase où ils commencent à faire des combinaisons de deux mots, comme la plainte de ce pauvre Henry : « Partie maman ! » Deux observations intéressantes suggèrent que même ces tout jeunes enfants ont une idée sommaire de ce qu'est la grammaire. D'abord, ils semblent admettre que seuls certains ordres de mots sont possibles dans leur langue : ils diront « encore gâteaux » mais pas « gâteaux encore ». Ensuite, ils choisissent parmi ces ordres de mots possibles pour exprimer des choses différentes : « bisous nounours » signifie que maman doit embrasser l'ours en peluche, tandis que « nounours bisou » veut dire que c'est l'ours qui va embrasser maman (sans doute avec l'aide du bébé). Bien qu'un enfant de deux ans n'ait pu les entendre de personne, ces phrases très simples de deux mots suivent déjà certaines règles. De même que les bébés inventent du sens, ils inventent des règles de grammaire.

En grandissant, les bébés commencent à faire des phrases plus longues et plus compliquées, mais encore bien différentes de celles des adultes : « Moi veut pas dodo » ou : « Nounours pas manger sa soupe, nounours pas gentil. » Ce langage est en fait très systématique : il obéit à ses propre règles (en anglais, les jeunes enfants vont systématiquement négliger la terminaison de certains mots, comme les *s* du pluriel ou les *ed* indicateurs du passé des verbes ; ils omettent également des termes grammaticaux comme les *the* [le/la/les] ou les *of* [de]). Même si vous demandez à l'enfant de répéter mot pour mot la phrase d'un adulte, il la transformera. De la même façon qu'ils décident de ce que les mots qu'ils utilisent veulent dire, les enfants inventent en grande partie leur langage, avec ses règles et sa grammaire propres. Mais l'important est que l'on a effectivement affaire à des règles et à une grammaire.

Certains enfants, en particulier ceux qui ont des frères et sœurs plus âgés, abordent la grammaire différemment. Plutôt que de commencer avec des groupes de mots séparés et de les combiner progressivement pour former des phrases plus complexes, ces bébés s'emparent de phrases complètes qu'ils décomposent ensuite en mots distincts. Ils commencent par s'approprier les intonations des adultes, et ils babillent en imitant ces intonations. Cela sonne souvent comme s'ils parlaient couramment une langue inconnue de leurs parents, comme le klingon ou le vulcain [deux langues parlées dans *Star Trek*]. Ces derniers sont parfois étonnés d'identifier soudain une phrase complète – « Je-veux-un-gateau-si-te-plait » – ou quelques mots reconnaissables au milieu d'une phrase en klingon. Progressivement, les phrases bizarres vont finir par se transformer en phrases compréhensibles.

En plus d'apprendre les terminaisons des verbes et des noms, les bébés doivent apprendre les particularités d'usage de ces terminaisons. Prenons le pluriel – comment savoir que si, à l'oral, « *des* chiens » se prononce comme « *un* chien », on ne dit pourtant pas « *des* chevals » ? – ou le passage du masculin au féminin – si « un chat » devient « une chatte », et « un chien », « une chienne », pourquoi « un cheval » devient-il « une jument » ?

Les bébés apprennent et créent des règles pour prendre en compte ces variations. C'est ce qu'avait montré une des toutes premières expériences en la matière [gardez à l'esprit que la marque du pluriel en anglais est un *s* à la fin du mot et que, contrairement au français, on le prononce] : on montrait à de jeunes enfants le dessin d'une créature imaginaire, et on leur disait : « C'est un "wug". » Puis on leur montrait un dessin représentant deux de ces créatures en disant : « Ils sont deux. C'est quoi ? » Ce n'est qu'assez tard, vers quatre ou cinq ans, que les enfants répondaient gaiement : « C'est des "wugs". »

Paradoxalement, les erreurs des enfants indiquent aussi qu'ils apprennent d'une façon intelligente. Reprenons l'exemple des « chevals ». Un enfant de deux ans pourra dire correctement « des chevaux », pour le plus grand plaisir et la plus grande fierté de ses parents, et ne passera que plus tard à « des chevals ». Son « erreur » montre en fait qu'il a bien appris la règle générale de la formation du pluriel.

Selon la langue apprise, la manière d'aborder la grammaire peut être très différente. Nous avons vu que les bébés deviennent rapidement plus sensibles aux sons propres à la langue de leur environnement : de même, ils deviennent rapidement plus sensibles à la grammaire de cette langue.

Nous avons mentionné le fait que les enfants anglophones passent par une phase où ils omettent certaines terminaisons de noms et de verbes, comme la marque du pluriel ou celle du passé. L'anglais utilise en fait assez peu ces terminaisons en comparaison avec d'autres langues. Les Anglais et les Américains qui ont essayé d'apprendre le français, le russe, l'espagnol ou le latin – ou la plupart des autres langues d'ailleurs – se remémorent avec effroi (et rancœur) les innombrables conjugaisons et déclinaisons dans lesquelles ils se sont empêtrés. Les enfants qui apprennent d'autres langues que l'anglais assimilent les terminaisons des noms et des verbes beaucoup plus rapidement que ceux qui grandissent dans un milieu anglophone. Les enfants coréens, par exemple, utilisent beaucoup plus de verbes dans leurs premières phrases que les enfants anglophones, et ils les conjuguent correctement, même si le verbe est le seul mot qu'ils prononcent. Les enfants francophones n'ont presque aucun mal à assimiler le système des genres – ce qui relève de l'exploit pour quiconque essaie d'apprendre le français comme langue étrangère.

Comment font-ils ?

Comment les enfants parviennent-ils à faire tout cela ? De toute évidence, il existe une base génétique permettant aux êtres humains d'acquérir le langage. Ce point a fait l'objet de nombreuses études en linguistique. Mais les enfants possèdent aussi certainement de puissants mécanismes d'apprentissage, notamment pour pouvoir assimiler les particularités de la langue de leur environnement. Enfin, les adultes semblent faits pour les y aider.

Être aveugle aux mots : dyslexie et dysphasie

Si certains troubles génétiques constituent des obstacles à la compréhension d'autrui et du monde, d'autres rendent l'acquisition du langage difficile. Une fois encore, ces exemples poignants montrent *a contrario* que nous avons un don inné pour comprendre et parler.

Les enfants qui se développent normalement accomplissent sans effort de petits miracles avec les sons ; mais d'autres n'y parviennent pas. Certains enfants entendent parfaitement bien, sont tout à fait intelligents, mais rencontrent des difficultés avec le langage. On ne sait pas très bien ce qui cause ces troubles ; en revanche on sait qu'ils sont en général répandus dans la famille, ce qui laisse supposer l'existence de facteurs génétiques.

Ces troubles ne deviennent souvent apparents qu'au moment où les enfants apprennent à lire et à écrire. Ceux qui ont des difficultés avec le système de sons du langage arrivent parfois à compenser suffisamment pour comprendre les échanges de tous les jours. En effet, dans la communication quotidienne, on peut s'appuyer sur toutes sortes d'indices pour comprendre ce que l'autre veut dire : notamment le ton, les inflexions, les expressions faciales et le contexte. Mais lire et écrire supposent de pouvoir traduire directement un système de sons en un système de lettres écrites. Ce qui est très difficile lorsqu'on ne maîtrise déjà pas bien le système des sons. Beaucoup d'enfants dyslexiques – qui ont du mal à lire et à écrire – ont aussi des difficultés avec les sons. Ils n'entendent pas la différence entre un « *l* » et un « *r* », ou entre un « *p* » et un « *b* », contrairement à la plupart d'entre nous qui y parvenons dès la naissance. Des études récentes suggèrent qu'utiliser des programmes informatiques qui modifient des enregistrements vocaux en exagérant les différences entre les sons aide les enfants dyslexiques.

D'autres troubles génétiques perturbent d'autres aspects de l'acquisition du langage. Nous avons vu que les enfants qui se développent normalement doivent assimiler le système des terminaisons des noms et des verbes. Certaines personnes n'y parviennent jamais. Elles pourront parfois apprendre certaines terminaisons, mais une par une, et à grand-peine. Si on leur pose la question des « wugs » (« Voici un "wug". Comment dit-on quand il y en a deux ? »), elles échouent systématiquement. Leur réaction à ce type de problème linguistique ressemble beaucoup à celle des enfants autistes face à une question portant sur l'émotion. Si on leur demande de décrire une photo représentant deux chats, elles diront quelque chose comme : « Je sais… "s"…" s"… quand il y en a plus d'un, c'est "s". *Cat* [pause] *s.* » Dans certains cas, non seulement on sait que le problème est héréditaire, que la cause est donc génétique, mais on peut également localiser le gène déficient.

Apprendre les sons

Aussi riche que soit la base génétique du langage, les bébés doivent quand même apprendre à démêler les particularités du japonais, de l'anglais ou de toute autre langue de leurs parents. De toute évidence, ils ont de puissantes capacités à élaborer des représentations abstraites et à repérer les constantes du langage qu'on parle autour d'eux. Les mécanismes de cet apprentissage sont moins connus que sa chronologie, mais nous savons tout de même certaines choses.

Suivant l'environnement dans lequel ils grandissent, les bébés vont entendre des sons langagiers très différents. Pat estime qu'à six mois, un bébé américain a, en moyenne, entendu le son *ee* [correspondant au « i » français, en légèrement plus long], comme dans *daddy*, *baby* ou *cookie*] des centaines de milliers de fois, mais presque jamais le son nasal français « on » (comme dans « non »). Selon nous, les bébés américains élaborent une représentation abstraite, un prototype du son *ee* à partir de ces exemples. Inconsciemment, ils déterminent ce que serait le *ee* idéal.

Élaborer ces prototypes mentaux par un processus d'abstraction a un impact considérable sur la façon dont les bébés entendent la parole et sur celle dont ils gazouillent et babillent. Ils comparent inconsciemment les sons qu'ils perçoivent aux prototypes : si le son en question est proche du prototype, ils ne tiennent pas compte des différences et partent du principe que c'était le son prototypique. De sorte que quand des personnes différentes, qui peuvent très bien être enrhumées ou avoir un chat dans la gorge, parlent au bébé, ce dernier fait abstraction de la déformation éventuelle des sons, les recadre et comprend ainsi ce qui était censé être dit. Les bébés font comme s'ils entendaient le prototype. S'ils établissent ces prototypes langagiers à partir de ce qu'ils entendent les adultes dire, ils les utilisent ensuite pour décoder ce que disent les adultes, même quand ceux-ci ne parlent pas clairement.

Il est donc très avantageux de pouvoir élaborer des prototypes. Le revers de la médaille est que ces mêmes prototypes empêchent les bébés de percevoir ce que dit quelqu'un parlant une langue étrangère. Les bébés entendent désormais les sons à travers le filtre des prototypes de leur langue maternelle, et les sons qu'eux-mêmes produisent commencent à ressembler aux sons de cette langue. Entre six et douze mois, le bébé perd sa qualité de citoyen du monde et devient un spécialiste de sa langue culturelle – comme tout un chacun.

Pour reprendre notre exemple de la maison, beaucoup d'Américains pensent que la maison prototypique a une cheminée, parce que c'est effectivement le cas de la plupart des maisons qu'ils ont vues. Une fois qu'ils ont élaboré ce prototype, il agit sur la manière dont ils se souviennent des maisons sans cheminée. Des gens qui grandissent dans un endroit où très peu de maisons ont des cheminées, en Afrique équatoriale par exemple, n'incluraient probablement pas de cheminée dans leur prototype. Et un Américain trouverait sans doute plus difficile qu'un Africain de reconnaître une maison africaine et de s'en souvenir.

D'autres mécanismes sont à l'œuvre dans l'apprentissage du système de sons d'une langue. On a dit que dès un an, un an et demi, les enfants élevés dans des foyers où l'on parle chinois produisent des sons qui ressemblent à du chinois, et que ceux élevés dans des foyers où l'on parle suédois produisent des sons qui ressemblent à du suédois. Ce phénomène est, nous l'avons vu, lié à leur compréhension de la façon dont leur langue maternelle fonctionne. Mais il repose également sur la capacité à imiter et à produire ces sons.

Or imiter un son est beaucoup plus compliqué qu'il n'y paraît. Si vous entendez un son, vous ne savez pas nécessairement ce que vous devez faire de votre bouche pour le produire à votre tour.

Un anglophone qui entendrait le son de la voyelle suédoise ou française « eu » ne saurait pas vraiment comment s'y prendre pour le reproduire. Faut-il lever ou baisser la langue ? Plisser les lèvres ou non ? En fait, il lui faudrait lever la langue comme pour un *ee* anglais [« i »] et plisser les lèvres comme pour un *oo* [« ou »] : mais s'il ne parle ni français, ni suédois, ni aucune autre langue dans laquelle ce son existe, il ne saura le faire que si on le lui explique. Comment les bébés font-ils pour lier les sons qu'ils entendent chez d'autres personnes et les mouvements nécessaires à la production de ces sons ?

Une possibilité est que lorsque les bébés gazouillent et babillent, ils font davantage qu'exercer leurs cordes vocales et bouger leur bouche au hasard. Selon nous, ils établissent progressivement une sorte de charte « bouche-son » reliant les mouvements des organes nécessaires à l'articulation (les lèvres, la langue, la bouche et la mâchoire) aux sons qu'ils produisent. On sait que les bébés jouent avec leurs bras et leurs jambes, qu'ils agitent et contemplent, fascinés ; eh bien, ils jouent de la même façon avec leur bouche et écoutent les sons qu'ils arrivent à produire. Seuls dans leur chambre, les bébés couchés dans leur berceau jouent avec les sons, poussant de petits cris de joie et faisant des « i », des « a », des « ba », des « ga », et de longs « pffffff ». En jouant de la sorte, ils apprennent à produire les sons qu'ils nous entendent faire ; ils apprennent que pour produire un « i », il faut lever la langue, alors que pour un « a », il faut la baisser.

Mais les bébés sont pas seulement capables de nous imiter : ils répondent à un besoin impérieux ;

ils adorent imiter les sons des adultes. Pat et Andy ont découvert que des bébés de cinq mois qui entendent une simple voyelle comme « i » pendant un quart d'heure au laboratoire répondent par une voyelle bien à eux qui ressemble à celle qu'ils ont entendue. Ils n'arrivent pas à faire un « i » parfait, mais ils ont déjà une idée de ce qu'ils doivent faire avec leur bouche pour produire un son ressemblant à un « i ». Ils ont appris qu'un « i » se forme en levant la langue et en rétractant les lèvres. Le simple fait d'entendre un adulte produire un son donne aux bébés l'envie de le faire aussi.

Souvenez-vous également qu'au chapitre précédent, nous avons vu que des bébés de cet âge font quelque chose qui s'apparente à lire sur les lèvres : ils préfèrent regarder le visage d'une personne qui articule la voyelle qu'ils entendent plutôt que celui de quelqu'un qui en articule une autre. Voilà un autre indice qu'ils lient les sons qu'ils entendent aux mouvements de bouche nécessaires pour les produire.

Cette combinaison de prototypes abstraits, de jeu avec les sons et d'imitation des sons semble donner aux enfants une clef pour déchiffrer le code du langage.

Apprendre à mettre du sens

Pourquoi les bébés utilisent-ils des mots bizarres comme « pati » et « ouh-ah » ? Pourquoi se mettent-ils soudain à assimiler les mots rapidement ? Nous avons vu au chapitre précédent que le moment où les bébés apprennent à parler, vers dix-huit mois, est aussi celui où ils découvrent beaucoup de choses sur la manière dont les objets apparaissent et disparaissent, sur l'utilisation des outils, sur les catégories dans lesquelles on peut classer les objets ; et tous ces problèmes les fascinent. Alison pensait qu'il y avait probablement un lien entre les premiers mots des bébés et ces changements dans leur manière de résoudre ces problèmes : peut-être leur fascination pour les questions de disparition – plus que pour le rituel du bol de céréales matinal – expliquait-elle la mystérieuse prévalence du mot « pati ».

Comment tester cette hypothèse ? Une possibilité est de rendre visite régulièrement à des bébés, de les confronter à divers types de problèmes et de noter dans le même temps leurs nouveaux mots. Alison et Andy se sont ainsi aperçus que les bébés commencent à dire « pati » *grosso modo* dans les dix jours suivant le moment où ils arrivent pour la première fois à résoudre le mystère ô combien difficile des clefs sous la serviette. Le terme signifiant la disparition et le concept de disparition émergent de façon concomitante.

Si « pati » est lié à la disparition d'objets, « ouh-ah » l'est à la capacité des enfants à utiliser des outils. Au chapitre précédent, nous avons évoqué le moment où les bébés apprenaient à utiliser un râteau pour atteindre un jouet hors de portée. Ce moment intervient quelques semaines après qu'ils ont commencé à employer des mots comme « ouh-ah ».

Le fait de nommer les objets est lié quant à lui à la compréhension d'un tout autre aspect du monde. À peu près en même temps qu'ils entrent dans la phase d'assimilation rapide des mots, les enfants apprennent que les objets sont classables en catégories et commencent à répartir des groupes d'objets mélangés en tas différents, regroupant les objets du même type en un même tas. Lors de nos visites régulières aux bébés, nous nous sommes effectivement aperçus que la phase où ils se mettent à repérer moult nouveaux noms et à les utiliser coïncide avec celle où ils se mettent à réserver un traitement différent aux divers objets qu'on leur présente. Les bébés comprennent que tout a un nom et que tout est catégorisable, en même temps. Pour résumer, les premiers mots apparaissent souvent au moment où les enfants résolvent de nouveaux problèmes.

Que se passe-t-il ici ? C'est un peu comme d'aller à la fac. Imaginez qu'en cours (d'introduction à la physique, par exemple), vous appreniez un nouveau concept. Admettons que la physique vous intéresse vraiment, que vous assistez aux cours en amphi et que vous lisez le manuel pour essayer de comprendre cette matière. Au cours de votre travail, vous rencontrez des mots bizarres et nouveaux, comme « entropie » – des mots que vous ne comprenez d'abord que vaguement, mais dont vous voyez bien qu'ils concernent les problèmes que vous essayez de résoudre : vous savez que l'entropie a quelque chose à voir avec une perte de chaleur et avec un certain désordre, même si vous ne sauriez trop dire ce qu'être froid et être en désordre ont en commun (hormis le fait que tous deux s'appliquent à votre chambre de cité U). Et puis un jour arrive un moment magique où tout s'illumine : vous comprenez vraiment ce que signifie « entropie ». Cela implique de comprendre le mot en soi et d'être capable de l'utiliser à bon escient à l'examen, et, surtout, de vraiment comprendre l'idée qu'il y a derrière – comprendre le concept qui réunit le froid et le désordre et être capable de résoudre les problèmes afférents. Il est probable qu'il reste alors encore des zones d'ombre, et que vous risquez toujours d'employer le mot dans des contextes déplacés qui signaleront votre indécrottable ignorance au professeur tout-puissant et omniscient.

Le « pati » du petit Henry est un peu comme l'« entropie » de l'étudiant de première année de physique – l'angoisse des examens en moins. Henry travaillait sur les problèmes ardus de l'apparition et de la disparition, et entendait toujours les gens autour de lui dire « parti » au moment où survenait une disparition. Un jour, il a enfin compris et le mot et le concept.

Les hypothèses que font les bébés quant au sens de leurs premiers mots dépendent donc des autres processus cognitifs développés dans la petite enfance. Leur capacité à résoudre le problème du langage est étroitement liée aux idées qu'ils ont élaborées en résolvant le problème du monde extérieur. Les mécanismes qui poussent les enfants à trouver des explications cohérentes au monde les conduisent aussi à faire attention aux mots qu'ils entendent et à apprendre à utiliser eux-mêmes ces mots.

Le « parler maternant »

Les adultes sont le troisième facteur de résolution du problème du langage. Nous avons déjà dit que nous sommes ridicules dans nos conversations avec des bébés. Quand on écoute une mère parler à un autre adulte puis à son bébé, on perçoit un drôle de décalage dans sa voix. Elle va par exemple dire à une amie : « Il y avait des bouchons partout, et puis il a fallu que je me gare, ça a encore pris du temps, ensuite je n'avais pas de monnaie pour le parcmètre... », détaillant ainsi les événements de la journée ; puis, presque sans faire de pause, elle va s'adresser au bébé qu'elle tient dans ses bras et se mettre à roucouler : « Bonjouuuuuuur mon poussiiiiiiin. Comment ça va, mon bébéééééé ? » Comme son visage, sa voix plonge : « Ouuuuuuuuh (elle chatouille la joue du bébé), qui c'est qui va ouvrir ses petits yeux ? Oooooh ! Mais tu es trooooooooop mignon, toi. Tu fais un petit sourire à maman, mais oui, mais oui, et même un graaaaaaaaand sourire ! »

Quiconque entend un parent parler à son bébé sait que ce n'est pas la voix qu'il emploierait dans un entretien d'embauche. C'est la voix d'une personne enjouée, chaleureuse, presque fofolle, totalement absorbée par sa conversation avec le petit être en face d'elle. Sortie de son contexte, c'est une voix ridicule ; mais, devant un bébé, tout le monde l'adopte : mères, pères, grands-parents, amis – même les enfants de quatre ans qui s'adressent à leur petit frère ou à leur petite sœur. (Il nous est arrivé d'entendre un père à la voix grave et virile dire : « Je ne parle jamais "bébé", je n'y crois pas » et, sans transition, se tourner vers son bébé, et dire, avec au moins une octave de plus dans la voix : « Hein, mon bébé, hein, mon bébé ? Nooooon, je parle pas bébé avec *toi*, mais non, mais non ! »)

Et les bébés adorent ça. Si on donne aux bébés le choix de ce qu'ils peuvent entendre, dans ce qui pourrait s'apparenter à un audimat pour tout-petits, on s'aperçoit qu'ils préfèrent écouter des mères parlant à des enfants plutôt qu'à d'autres adultes. Dans ces expériences, les bébés sont assis dans un siège pour bébés et de légers mouvements de tête déclenchent des séquences sonores de huit secondes d'une mère parlant à un bébé ou de la même s'adressant à un adulte. Les bébés choisissent la cassette qu'ils veulent entendre en tournant simplement la tête dans l'une ou l'autre direction.

L'expérience montre également que la préférence des bébés n'a rien à voir avec les mots employés par la maman. Ils choisissent le « parler maternant » (le terme consacré en anglais est *motherese*, dont la signification est plus riche que le simple « parler bébé ») même quand la maman parle une langue étrangère, ou que les mots ont été filtrés par ordinateur et que seul subsiste le ton de la voix. Il semble que s'ils choisissent le parler maternant, ce n'est pas seulement parce que c'est ainsi que leur mère leur parle, mais aussi parce qu'ils aiment ça. Il s'agit de quelque chose de réconfortant – comme un bon plat de pâtes avec du fromage fondant dessus. (Cela marche même avec les adultes : les étudiants de Pat ont découvert qu'écouter les cassettes de parler maternant en langue étrangère était un remède efficace contre le stress des examens.)

L'analyse informatique de la voix révèle ce que l'on fait quand on s'adresse à un tout-petit. Le ton de la voix monte de façon spectaculaire, parfois de plus d'une octave ; l'intonation devient plus mélodieuse et presque chantée ; le débit ralentit et les voyelles s'allongent exagérément.

Le parler maternant est universel. Il se pratique dans toutes les cultures, même inconsciemment. Quand des mères écoutent des enregistrements où elles parlent à leur enfant, elles ont toutes la même réaction : « Ce n'est pas possible, ce n'est pas moi ! J'ai l'air d'une idiote ! Je ne devrais pas parler comme ça, si ? » Mais elles parlent comme ça intuitivement, sans en être conscientes.

Pourquoi ? Est-ce uniquement pour capter l'attention des bébés ? (Ça marche très bien. Une voix maternelle est un « hameçon acoustique » pour les bébés : elle capte leur attention et la fixe sur la personne qui leur parle.) Pour transmettre de l'affection et du réconfort ? Ou bien y a-t-il un autre but, plus particulier ? En fait, le parler maternant est bien plus qu'un chant de sirènes pour attirer les bébés : c'est un instrument qui leur permet de résoudre le problème du langage.

Quand on s'adresse à un bébé, les phrases sont plus courtes et plus simples que lorsqu'on parle à un adulte. On répète aussi souvent les mêmes choses, avec de légères variations – « Tu es mignonne, toi, mais oui, mais qu'est-ce que tu es mignonne ! Ce n'est pas une petite fille trop mignonne, ça ? » Ces caractéristiques du parler maternant aident probablement les enfants à intégrer les mots et à assimiler la grammaire de leur langue.

Mais la preuve la plus flagrante que le parler maternant aide les bébés à apprendre est fournie par l'étude des sons de ce langage. Il a récemment été démontré que les consonnes et les voyelles allongées et bien articulées du parler maternant sont des exemples particulièrement clairs des sons utilisés dans une langue donnée. Les mères et les autres personnes s'occupant d'enfants enseignent en même temps qu'elles chérissent. Sans qu'il s'agisse d'un choix conscient, elles prononcent les sons d'une façon beaucoup plus claire et précise que quand elles s'adressent à des adultes. Quand une mère dit le mot « chat » à un adulte, elle le fait en une fraction de seconde, et pas forcément très distinctement. Le même mot adressé à un bébé devient « chaaat », articulé avec précision. Cela aide le bébé à répertorier les sons utilisés par le langage.

Les adultes vont peut-être même jusqu'à adapter le parler maternant à leur langue particulière. Pat a récemment découvert que lorsqu'elles s'adressent à leur bébé, les mères suédoises, russes et anglaises, inconsciemment, parlent chacune avec de petites variations adaptées à leur langue particulière. Les mères suédoises prononcent les sons des voyelles typiquement suédoises beaucoup plus clairement qu'on ne le fait dans une conversation entre Suédois adultes. De même, le parler maternant anglais semble destiné à rendre les voyelles anglaises particulièrement claires. Les mères suédoises et anglaises fournissent aux bébés les types de sons *ad hoc* pour former les prototypes appropriés. Il s'agit d'un point très important parce qu'il rend d'autant plus probable que les bébés utilisent le parler maternant pour apprendre les sons de leur langue propre. Si le parler maternant n'était qu'un ensemble universel de sons plaisants et réconfortants, il n'aurait guère d'influence sur le détail de ce que les bébés apprennent. Mais il se trouve qu'il est particulièrement adapté à les aider à résoudre les problèmes propres à leur langue. Cela conduit à penser qu'il joue un véritable rôle.

L'étude des bébés nous montre que si notre capacité adulte à parler peut sembler instinctive et évidente, elle est en fait le fruit d'un apprentissage complexe – ce qui n'est pas contradictoire avec le fait que le langage comporte aussi une grande part d'inné. L'important n'est pas que le langage soit le produit de la nature et de la culture, d'un savoir inné et d'un apprentissage, mais que nature et culture sont indissociablement liées. Grâce à leurs capacités innées, les bébés peuvent utiliser les puissants mécanismes d'apprentissage dont ils disposent pour traiter les informations reçues des adultes. Le fait que, dès la naissance, ils soient capables d'opérer les bonnes distinctions entre les sons leur permet de réorganiser et de remodeler ces distinctions en fonction de ce que disent leurs parents. Leur besoin inné de mettre de l'ordre dans leur monde et leur désir de comprendre ce dernier de nouvelles manières, les poussent à apprendre de nouveaux mots et influencent le sens qu'ils donnent à ces mots.

Les linguistes utilisent parfois le terme d'« auto-amorçage » pour décrire ce processus [en anglais *bootstrapping* : le terme provient d'une légende dans laquelle un adolescent arrive à s'envoler en tirant sur ses *bootstraps,* ses « tirants de bottes »]. Les bébés utilisent ce qu'ils savent déjà pour en apprendre davantage. Bien qu'il y ait de nombreuses différences entre le processus d'apprentissage du langage et celui de la formation des théories scientifiques, dans les deux cas on retrouve ce phénomène d'auto-amorçage : les scientifiques eux aussi se servent des théories du moment pour en formuler de nouvelles. Et comme le savent tous ceux qui ont déjà aidé un enfant à enfiler de vraies bottes, un petit coup de pouce de la part des adultes est également le bienvenu.

Chapitre V

Ce qui se passe dans la tête des bébés : l'état du savoir scientifique

Jusqu'à présent, nous avons parlé en détail de ce que savent les enfants, sur des sujets aussi divers que la préférence pour les brocolis et la différence entre « p » et « b », en passant par les trajectoires des petites voitures. Nous avons vu qu'en trois courtes années, des changements considérables s'opèrent. Ce que savent les nouveau-nés est très différent de ce que savent les enfants de un an, qui est à son tour très différent de ce que savent ceux de trois ans. Nous avons également observé que les enfants s'attaquent à des questions profondes et essentielles. Ils apprennent que les autres sont des personnes, que le monde existe indépendamment de leur expérience subjective et que les mots ont un sens. Voilà des problèmes plus que costauds. Dans chaque cas, il y a un fossé – ou plutôt un gouffre béant – entre les données qui pénètrent les yeux et les oreilles des enfants, à savoir des ondes lumineuses et sonores, et les conclusions que les enfants en tirent sur les gens, le monde et le langage.

Nous savons davantage de choses sur ce qu'apprennent les enfants que sur les mécanismes de cet apprentissage, lesquels peuvent être très différents selon le problème considéré. Nous avons déjà vu que si comprendre la structure sonore des mots est une chose, comprendre comment bougent les objets en est une autre. Il reste à mettre au point des théories détaillées pour définir ce que les enfants savent à chaque étape de leur développement, et comment ils accroissent ce savoir. Cela implique un énorme travail scientifique, et aucun chercheur ne peut s'attaquer seul à plus d'une toute petite partie du problème. On peut consacrer une carrière entière à déterminer ce que les bébés de six mois savent des sons ou ce que les enfants de un an comprennent des objets.

À travers les divers champs de la recherche, on peut déjà définir quelques grandes idées fondamentales. Les détails donneraient certainement matière à discussion, et d'autres théoriciens peuvent n'être pas d'accord avec telle ou telle de nos propositions, mais un schéma général semble bien émerger des points particuliers mis en lumière par les scientifiques.

Les programmes de l'évolution

La première idée de base est que les bébés sont capables de répondre aux fameuses questions antiques parce que le cerveau humain est comparable à un ordinateur biologique programmé par l'évolution. Dans l'état actuel de la recherche, une telle conception est la meilleure manière de parvenir à concilier deux choses apparemment sans rapport : notre savoir sur le monde et les trois livres de gelée grise que contient notre crâne. Comment un objet physique, le cerveau, peut-il penser, raisonner et connaître ?

L'ancienne réponse à cette question, telle que formulée notamment par Descartes, était qu'il existait dans le monde deux types de choses radicalement différentes : les choses physiques (les cailloux, les arbres et les corps, par exemple), et les choses mentales (comme les âmes, les esprits et les consciences intelligentes). Les êtres humains étaient ainsi la combinaison d'un corps physique et d'une âme incorporelle – une idée que le philosophe Gilbert Ryle résuma par la formule « le fantôme dans la machine ».

Cette réponse n'est pas compatible avec ce que nous ont appris cinq siècles de recherche scientifique. Du point de vue de la science, l'esprit qui compose ce texte est nécessairement un élément du monde physique, au même titre que le bureau devant lui. Comment se fait-il alors que certains objets physiques, les psychologues du développement par exemple, soient capables de penser, de raisonner et de connaître, tandis que d'autres, comme les bureaux, en soient incapables ?

L'ordinateur sur lequel nous sommes en train d'écrire ce livre se situe à mi-chemin entre l'esprit et le bureau, au sens propre comme au figuré. C'est un objet physique, comme le bureau, mais certaines de ses aptitudes se rapprochent des aptitudes mentales. Il peut classer une liste de mots par ordre alphabétique, établir un index, jouer aux échecs et résoudre de complexes équations statistiques. S'il était relié aux ordinateurs superpuissants de l'université, il pourrait diagnostiquer une maladie ou encore analyser des morceaux de roches provenant de Mars.

Comment est-ce possible ? L'ordinateur posé sur le bureau ne représente que quelques kilos de silicone et de plastique – ce qui n'est guère plus impressionnant que la petite masse de carbone et d'eau de notre crâne. Il y a quarante ans, il était fait de nombreux tubes pesant bien plus lourd ; dans quarante ans, il ne sera peut-être plus qu'un ensemble de flux quantiques de particules subatomiques. Peu importe ce dont est fait l'ordinateur : c'est la façon dont il fonctionne qui nous intéresse.

Si l'ordinateur peut indexer, jouer aux échecs et résoudre des équations, c'est grâce à ses programmes. Ce sont eux qui déterminent ce qu'il est capable de faire. Savoir que Word, par exemple, est installé sur tel ordinateur, donne une idée de ce que cet ordinateur est capable faire. Cela en dit même bien plus long que si nous connaissions les types de circuits ou de puces dudit ordinateur. Un ordinateur doté d'une structure physique très différente, mais sur lequel Word serait également installé, pourrait faire les mêmes choses que le premier.

Les programmes fonctionnent en deux temps. Ils reçoivent de l'information et la transforment en une suite de symboles. Puis ils manipulent et réorganisent ces symboles selon certaines règles. En sciences cognitives, on appelle « représentations » ces symboles internes. Le programme de traitement de texte, par exemple, manipule des symboles qui représentent les mots et les phrases de ce livre.

La façon dont il obtient l'information relative à ces phrases est très simple : on tape une suite de lettres sur le clavier. C'est ce qui rentre dans l'ordinateur (« intrant »). Le programme traduit cette information en un ensemble de symboles plus abstraits, qui correspondent aux « mots » du langage du programme. Ce dernier peut ainsi étiqueter certaines suites de lettres que vous tapez : « Mots commençant par la lettre A », et d'autres : « Mots commençant par la lettre B ». Ces symboles sont par exemple utilisés dans les règles qui disent à ce programme de classer les mots dans l'ordre alphabétique. Dans le langage du programme, ces règles seraient l'équivalent de : « Mets les mots qui commencent par la lettre A avant les mots qui commencent par la lettre B. » Le programme va ainsi systématiquement manipuler, réorganiser et réécrire les symboles plus abstraits. Ces règles permettent au programme de mettre vos mots par ordre alphabétique, de les indexer, de les corriger s'ils sont mal orthographiés et même de formater l'intégralité de votre document. Les nouvelles suites de symboles – les représentations – qu'il produit à la fin du processus sont à l'origine de ce qui sort de l'ordinateur (« extrant »). Celui-ci va systématiquement traduire ces symboles abstraits en groupes de lettres sur l'écran. Une fois que le programme aura reclassé par ordre alphabétique, indexé, vérifié l'orthographe et formaté, les mots et les phrases tels qu'ils apparaitront finalement sur votre écran seront différents – parfois même très différents – de ce que vous aurez tapé au départ.

Bien entendu, le programme de traitement de texte utilise des règles et des représentations simples. Mais, tout bien réfléchi, les ordinateurs superpuissants du campus fonctionnent selon le même principe. La découverte fondamentale qui a conduit à la mise au point des ordinateurs est que ce processus de traduction et de réorganisation des symboles peut être effectué automatiquement, par un système physique. Un processus ultérieur traduit les symboles abstraits du langage du programme en un ensemble d'instructions précises permettant d'activer les circuits de l'ordinateur : le langage du programme finit par être traduit en ce que les scientifiques appellent le « langage machine », ce qui conduit à un certain enchaînement d'événements physiques dans l'ordinateur. Qu'un tel système physique puisse faire nombre de choses qu'on pensait être l'apanage de l'intelligence humaine a été une découverte fondamentale.

L'idée de base des sciences cognitives est que si nous pouvons penser, raisonner et connaître, c'est que sont installés dans notre cerveau certains programmes très performants – bien plus performants que ceux dont disposent aujourd'hui nos ordinateurs les plus puissants. Le cerveau reçoit les données fournies par les ondes sonores et lumineuses qui pénètrent nos yeux et nos oreilles (intrants) et les transforme et les réorganise de façon systématique. Il transpose cette information en représentations plus abstraites qu'il transforme selon certaines règles. Ainsi transformées ces représentations conduisent au « produit final » : ce que l'on ressent, dit et fait (extrants).

Ce qui différencie un psychologue du développement de son bureau n'est pas tant qu'il soit constitué de cellules de tout type plutôt que de cellules ligneuses, que le fait que, tout comme les circuits électroniques d'un ordinateur, les cellules qui composent son cerveau soient organisées de façon à lui permettre de fonctionner comme il le fait.

En principe, les programmes peuvent recevoir toutes sortes d'intrants et les transformer en toutes sortes d'extrants. Ils reçoivent par exemple une liste arbitraire de mots et la transforment en liste alphabétique, ou bien on rentre le coup que vient de jouer son adversaire aux échecs (intrant) et ils proposent une riposte (extrant). Mais dans certains programmes, il existe une relation bien particulière entre intrant et extrant. Prenez par exemple les programmes conçus pour recevoir une image vidéo et la traduire en une description d'objets, ou ceux qui reçoivent une liste de symptômes et proposent un diagnostic, ou encore ceux qui, à partir des spectres électromagnétiques enregistrés par *Mars Rover*, déterminent la composition minérale des roches. Tous ces programmes partent d'intrants provenant d'objets ou de phénomènes réels : les pixels de l'image vidéo d'un objet, une liste de symptômes, les spectres lumineux réfléchis par les pierres. Mais ils sont conçus pour produire des représentations qui sont des images *plus fidèles* que les intrants des objets ou des phénomènes en question. Ces représentations précisent les caractéristiques des objets, les maladies ou la composition minérale d'une roche.

Si le système ne se trompe pas dans ses représentations, on va alors pouvoir obtenir des prévisions pointues. Si, par exemple, un système informatique de reconnaissance visuelle produit des représentations exactes des objets, il pourra prévoir ce qui se passera si ces objets bougent. Si un programme de diagnostic trouve la bonne maladie, il pourra prévoir ce que donnera un traitement particulier. Si un programme de géologie est juste dans son analyse de la composition minérale d'une roche, il pourra anticiper le résultat d'un certain test chimique effectué sur cette roche.

De tels programmes déchiffrent le monde ; ils tentent de résoudre l'antique problème de la connaissance. Selon un philosophe devenu informaticien, élaborer ces programmes revient à faire de l'« épistémologie androïde ». C'est un processus extrêmement complexe et difficile. Pour autant, la vision d'un ordinateur n'est toujours pas comparable à celle d'un homme, et les programmes de diagnostic médical et d'analyse minérale sont loin d'être aussi performants que des médecins ou des géologues. Mais de tels programmes existent et ont leur utilité.

Les spécialistes des sciences cognitives pensent donc que les hommes disposent de programmes similaires aux programmes informatiques, mais plus puissants. L'évolution a conçu nos cerveaux de sorte à ce qu'ils soient capables d'élaborer, à partir de données (intrants), des représentations qui rendent compte de façon exacte du monde extérieur. Nos programmes nous donnent les mêmes avantages que ceux des ordinateurs : ils nous permettent de prévoir ce que va devenir le monde, et d'agir en conséquence. Ils sont la réponse de la nature au problème de la connaissance.

Des archéologues version *Star Trek*

Le travail des informaticiens est d'élaborer des programmes permettant aux ordinateurs d'accomplir ces exploits que sont penser et savoir. Ils doivent déterminer comment créer des programmes qui donnent un certain type d'extrant à partir d'un certain type d'intrant. Notre travail, en tant que spécialistes des sciences cognitives, est assez différent, et plus ardu. Nous ressemblons davantage à des archéologues qu'à des ingénieurs.

En fait, c'est comme si nous étions en plein épisode de *Star Trek*. Nous avons atterri sur une planète où se trouvent de remarquables « machines de calcul biologiques ». Elles ont été élaborées il y a une éternité par une intelligence bien plus puissante que toutes celles que nous connaissons. Tout ce que nous savons de ces machines, c'est qu'elles utilisent une technologie incroyablement sophistiquée. Il n'existe aucun mode d'emploi, aucun schéma explicatif, aucun *L'*Homo sapiens *pour débutants*. Nous ne pouvons même pas espérer qu'à la fin de l'épisode, l'intelligence supérieure ayant conçu ces machines utilise un membre de l'équipage pour tout expliquer d'une voix au timbre étrange (ce qui se passe en général dans *Star Trek*). À nous de nous débrouiller.

Comment faire pour comprendre comment marchent ces machines ? On pourrait par exemple les couper en deux et regarder à l'intérieur – surtout si c'est faisable sans les endommager. Comme nous le verrons au chapitre suivant, c'est précisément ce que les neuroscientifiques ont commencé à faire. Une autre option serait de déterminer selon quels programmes elles opèrent. Il s'agit de rentrer des données et de voir quel type de résultat on obtient : on tape des choses sur le clavier et on regarde ce qui apparaît à l'écran. Si l'on procède de manière suffisamment intelligente, on pourra déterminer, au moins de façon générale, le type de programme auquel on a affaire et le genre de représentations et de règles qu'il utilise.

Il ne s'agit pas là d'un projet utopique relevant de la science-fiction. Grâce à cette méthode, nous ne sommes pas loin de comprendre, dans le détail, certains programmes de ces fameuses machines biologiques. C'est notamment le cas pour une partie du programme nous permettant de transformer les ondes sonores en mots, et les ondes lumineuses en images. Nous sommes en revanche bien loin d'en comprendre d'autres. Nous n'avons ainsi que quelques vagues idées sur la façon dont les programmes interprètent la nature des gens et des choses et produisent du sens. Et nous ne savons pour ainsi dire rien du tout du pourquoi et du comment de la conscience des ordinateurs biologiques terriens. Nous savons qu'ils génèrent ce que les philosophes appellent de la « phénoménologie » (la sensation subjective particulière de nos expériences conscientes, la façon unique dont nous percevons une couleur ou un son). Mais nous n'avons pas la moindre idée de comment ils y parviennent.

Quel rapport avec les bébés et les petits enfants ? Pendant des millénaires, nous l'avons déjà dit, l'opinion commune a été que les bébés et les jeunes enfants ne savaient ni penser ni raisonner et qu'ils ne pouvaient connaître. Cela tient en partie à notre conception de ce qui se passe dans nos têtes au quotidien. Dans la vie de tous les jours, nous sommes à peu près sûrs d'être pourvus d'une intelligence et d'une conscience, et presque aussi sûrs qu'il en va de même des gens qui nous ressemblent – et notamment de ceux qui parlent comme nous. Si nous voulons savoir ce que pense quelqu'un (ou s'il pense tout court), rien de plus facile : il suffit de parler avec lui.

Nous n'avons guère de souvenirs de nous avant nos trois ans, et nous ne nous rappelons pas du tout comment nous étions, bébés. Il est parfois difficile de parler avec de très jeunes enfants ; quant aux bébés, ils ne parlent pas du tout. Il peut donc sembler raisonnable d'en conclure que les bébés et les petits enfants ne pensent pas, et que nous-mêmes, à cet âge, ne pensions pas. (Se basant sur ce type de preuve, certains philosophes modernes ont d'ailleurs très sérieusement considéré que c'était le cas.)

Mais quand on commence à considérer la pensée comme une forme de calcul, notre critère de distinction entre créatures qui pensent et créatures qui ne pensent pas change. Si les ordinateurs pensent (ou du moins peuvent jouer aux échecs, résoudre des équations, diagnostiquer une maladie et analyser une roche), alors les bébés en sont sans doute également capables puisque leur cerveau est bien plus complexe que le plus sophistiqué des ordinateurs. Pour en être sûr, il s'agit de vérifier qu'il y a une relation systématique entre les intrants et les extrants du bébé.

De notre point de vue d'archéologues version *Star Trek*, il n'y a aucune de raison de penser que, du simple fait qu'elles nous ressemblent plus et qu'elles présentent une interface plus conviviale, les grosses machines de calcul soient fondamentalement différentes des petites. Si les psychologues spécialisés en sciences cognitives sont suffisamment perspicaces pour donner aux bébés les bons intrants et analyser correctement leurs extrants, ils devraient pouvoir déterminer quels programmes lesdits bébés utilisent. C'est l'objet des trois derniers chapitres de ce livre, et des trente dernières années de recherche en psychologie du développement. Nous avons mis au point d'ingénieux moyens pour fournir aux bébés le bon type d'intrants et pour interpréter leurs extrants. On leur montre un visage en mouvement et on regarde s'ils adoptent l'expression faciale correspondante. On leur passe une cassette audio de « p » et de « b », et on regarde s'ils tournent la tête. On leur pose une question simple – « Qu'est-ce que Nicky pense qu'il y a dans cette boîte ? » – et on voit s'ils répondent « des crayons » ou « des bonbons ».

Il est d'ailleurs peut-être plus intéressant pour nous de nous intéresser aux petites machines plutôt qu'aux grandes. Car nous avons appris quelque chose de curieux et d'intéressant : les grandes machines commencent toutes par être petites, et les petites deviennent grandes. Si nous voulons comprendre les mécanismes de base de leur fonctionnement, autant commencer par les petites.

Que savons-nous des programmes des bébés ? Quelles sortes de représentations et de règles ces programmes utilisent-ils ? Nous sommes encore loin de connaître les détails – notamment parce que les bébés fonctionnent certainement d'une façon très différente des ordinateurs que nous fabriquons –, mais nous avons maintenant une idée des grandes lignes de la réponse.

Nous allons la résumer en complétant les trois idées principales présentées dans les chapitres précédents.

Au départ. Les bébés commencent par traduire l'information qu'ils reçoivent du monde en représentations riches, complexes, abstraites et cohérentes. Ces représentations leur permettent d'interpréter leurs expériences de certaines manières et de prévoir les événements à venir. Ils naissent avec des programmes puissants déjà installés et prêts à fonctionner.

L'apprentissage. Leurs expériences conduisent les bébés et les jeunes enfants à enrichir, modifier, reformuler, réorganiser et parfois remplacer leurs représentations initiales pour aboutir à de nouvelles représentations, riches, complexes, abstraites, cohérentes, et parfois très différentes. À mesure que les enfants absorbent davantage d'information, les règles selon lesquelles ils traduisent, manipulent et réorganisent ces intrants changent aussi. Plutôt que de fonctionner selon un programme unique, ils utilisent une succession de programmes de plus en plus puissants et spécialisés. Eux-mêmes jouent un rôle crucial dans ce processus : en explorant et en faisant des expériences, ils s'auto-reprogramment.

Les autres personnes. Les autres personnes, en particulier celles qui s'occupent des enfants, agissent spontanément d'une façon qui encourage et influence ces changements de représentations et de règles, la plupart du temps de façon inconsciente. Les autres personnes aident les enfants à se reprogrammer.

Au départ

La découverte la plus saisissante de ces trente dernières années de recherche en matière de développement est la quantité de choses que les bébés savent. Il y a seulement vingt-cinq ans, lorsque nous étions étudiants, nous avons entendu des psychologues reconnus décréter que les nouveau-nés n'avaient pas de cortex, qu'ils ne disposaient que de simples réflexes de base. Qu'ils n'étaient en fait guère plus que des légumes vaguement animés – des carottes capables de chouiner. Même Piaget pensait que les bébés ne possédaient que des réflexes.

Il n'est donc pas étonnant que le sentiment général ait été que ces créatures n'étaient pas vraiment dignes d'intérêt scientifique : jusqu'aux années 1970, la petite enfance était à peine étudiée dans l'enseignement supérieur. Lors de la première Conférence internationale pour l'étude des nourrissons, en 1978, les chercheurs présents tenaient tous dans une petite salle de réunion. Au départ, toutes les découvertes concernant les bébés, même obtenues avec la plus grande rigueur méthodologique, étaient accueillies avec beaucoup de scepticisme : on était au-delà de la réticence habituelle des scientifiques à accepter une nouvelle découverte. Comme s'il avait été totalement inacceptable de concevoir que les bébés puissent penser et se former des convictions, apprendre et connaître.

Bien entendu, tous les facteurs historiques qui, de tout temps, ont poussé les philosophes à être sceptiques quant à l'intelligence des enfants se trouvent exacerbés quant il s'agit des bébés. Les tout-petits ne font apparemment pas grand-chose ; pour explorer ce qui pouvait bien se passer dans leur tête, il a fallu élaborer des méthodes particulièrement astucieuses et attendre l'avènement de la caméra vidéo. En outre, les bébés sont à la fois familiers – pour ne pas dire omniprésents – et bizarrement invisibles. Ils font partie de cette vie domestique que les chercheurs de tout poil, des scientifiques aux sociologues en passant par les historiens, ont longtemps considérée comme indigne de leur attention.

À mesure, d'une part, que davantage de femmes ont embrassé une carrière scientifique et que davantage de scientifiques masculins ont eu à s'occuper de bébés, et, d'autre part, que la technologie de la vidéo est devenue plus accessible, on s'est davantage intéressé aux bébés. L'image de la « carotte chouineuse » ne tint pas longtemps. Pour les gens qui s'occupent de bébés, il est généralement évident que ces derniers pensent ; mais les scientifiques croyaient pouvoir se permettre de négliger ces intuitions – ce n'étaient après tout que des racontars de bonnes femmes). Mais quand eux-mêmes se sont mis à s'occuper de bébés et ont pu vérifier leurs intuitions grâce à des enregistrements, ça leur est devenu beaucoup plus difficile – ce sont des bonnes femmes (et un bonhomme) qui écrivent ce livre.

Peu importent les raisons historiques, la bataille scientifique fut rude, mais elle est maintenant plus ou moins gagnée. Le contexte sociologique a contribué à cette victoire, mais les véritables armes furent celles dont les scientifiques usent habituellement : des expériences méticuleuses et ingénieuses, reproduites par de nombreux laboratoires, de grandes discussions, et la conversion de la génération suivante. La Conférence internationale pour l'étude des nourrissons doit désormais louer de grands centres de conférences pour ses réunions, et il y a pléthores de revues scientifiques consacrées à la petite enfance (ce qui n'a d'ailleurs pas que des avantages). Des bébés à l'air pensif se sont retrouvés en couverture des magazines *Time* et *Newsweek* et du supplément « Sciences » du *New York Times.* Aujourd'hui, bien peu de scientifiques oseraient dire que les bébés ne naissent qu'avec de maigres réflexes.

Il semble que même les plus jeunes bébés disposent de représentations du monde, sous forme de symboles rappelant ceux des programmes informatiques. Ils reçoivent des intrants du monde extérieur (les ondes sonores et lumineuses) et les transforment selon certaines règles en diverses représentations. Ces dernières conduisent aux extrants : les expressions, les gestes et les actions des bébés.

Dans les programmes informatiques, ces représentations et ces règles sont très variées : elles sont très simples dans une calculatrice de poche, et très complexes et abstraites dans les programmes qui diagnostiquent des maladies ou font l'analyse minérale de roches provenant de Mars. Qu'en est-il de celles des bébés ?

Disons d'abord que les représentations des bébés sont riches et complexes. Comme nous l'avons vu, elles touchent au fait que le visage du bébé ressemble à celui des autres gens, à la façon dont les objets bougent et à comment séparer les différents sons d'un langage. Car le monde du nourrisson est loin d'être simple. Les bébés traduisent les informations reçues par leurs yeux et leurs oreilles en un monde plein de gens aux visages expressifs et vivants et aux voix captivantes et musicales. C'est aussi un monde rempli d'objets pluridimensionnels et complexes, qui bougent de façons incroyablement variées.

Les représentations des bébés sont également abstraites. Bien entendu, ces premières représentations font le lien entre les informations reçues par les différents sens : la sensation interne de la langue et ce à quoi ressemble une langue, les rebonds d'une balle et les « boing-boing » qu'ils produisent, l'image d'une bouche ouverte et le son d'un « ah ». Mais elles vont beaucoup plus loin : elles traduisent des expressions faciales en émotions, elles transforment des images plates en objets tridimensionnels, elles captent un flot continu de sons et le divisent en unités de langage. Même les nouveau-nés se retrouvent avec des représentations radicalement différentes de ce qui a pénétré leurs yeux et leurs oreilles. Les bébés voient déjà l'âme sous la peau, ils entendent les sentiments derrière les mots.

Ces représentations et ces règles conduisent les bébés à interpréter ce qui leur arrive d'une certaine façon – en faisant attention à certaines choses et en en négligeant d'autres. Ils commencent par être particulièrement attirés par les voix et les visages humains ; et après quelques jours, ils font surtout attention aux visages et aux voix qui leur sont familiers. Ils sont d'abord plus intéressés par la façon dont les choses bougent que par des qualités comme la forme, la couleur ou la texture, mais par la suite, ils seront également fascinés par ces dernières. Au début, ils ne remarquent que certaines modifications de sons ; plus tard, ils négligeront des changements qui auparavant les intriguaient.

Pour finir, ces règles et représentations permettent aux bébés de formuler certaines attentes, et même de faire des prévisions. Quand le programme du bébé reçoit une information concernant un événement présent, il produit en effet une représentation d'un événement futur. Le bébé qui voit une petite voiture passer derrière un écran va regarder l'autre bout de l'écran pour la voir réapparaître. Quand il « flirte », le bébé s'attend bien à ce que les adultes répondent à ses gazouillis par des « gouzi-gouzi » et des « poutou-poutou ». Quand il voit une bouche qui s'ouvre d'une certaine façon, il sait qu'il va entendre le son « a ». Il réagit de manière typique quand ce qu'il avait anticipé ne se vérifie pas et que ses attentes sont déçues. Il s'agite quand la petite voiture ne fait pas ce qu'elle devrait faire et il est désappointé quand ses avances laissent de marbre le visage de son interlocuteur. Si le monde des bébés n'est ni simple ni concret, il n'est donc pas non plus limité à ce qui se passe ici et maintenant. Même de tout jeunes bébés se souviennent d'événements passés et anticipent l'avenir.

Les implications du programme avec lequel naissent les bébés vont bien au-delà du simple fait que beaucoup de choses sont présentes dès le départ. Une question qui n'a cessé de dérouter philosophes et psychologues concerne la façon dont nous passons de la « confusion florissante et bourdonnante » des sensations brutes à une compréhension du monde. Et d'abord, comment savoir à quels types de sensations prêter attention ? La réponse des bébés est que nous n'avons jamais affaire aux sensations brutes. Il n'y a pas de « confusion florissante et bourdonnante ». Dès le début, nous savons déchiffrer le monde, choisir ce qui est important, faire des prévisions. Nous naissons avec un programme qui traduit les ondes sonores et lumineuses en personnes, en objets et en langage.

L'apprentissage

C'est une triste vérité en sciences comme en politique : les acquis révolutionnaires d'une génération sont l'orthodoxie doctrinaire de la suivante. Maintenant que l'idée selon laquelle les bébés naissent en sachant beaucoup de choses est presque universellement acceptée, celle selon laquelle il y a aussi beaucoup de choses qu'ils ne savent pas et qu'ils vont devoir apprendre semble soudain bien radicale. La question de savoir comment et dans quelle mesure les bébés apprennent est très controversée.

En matière d'apprentissage, les ordinateurs biologiques que sont les bébés semblent opérer bien différemment de ceux que nous fabriquons. Le programme initial des nouveau-nés est incroyablement sophistiqué, surtout quand on pense à la fragilité de l'enveloppe de ces remarquables logiciels. Nous avons vu que pour beaucoup de choses, les capacités des bébés dépassent de loin celles des androïdes épistémologiques les plus développés. Mais ce qui est encore plus extraordinaire, c'est que ce programme de départ se transforme spontanément en un nouveau programme encore plus puissant et spécialisé.

Le programme qu'on utilise à trois mois est apparemment bien différent de celui qu'on utilise à un an ou à quatre ans. Pour les mêmes intrants, les extrants d'un bébé de trois mois et ceux d'un enfant de quatre ans n'auront rien à voir. Si on passe la cassette d'un enregistrement du son « r » se transformant progressivement en « l », un bébé japonais à trois mois entend deux sons différents alors qu'il n'en entend qu'un à douze. Le bébé de quatorze mois qui vous voit faire la grimace devant les chips et sourire devant les brocolis va quand même vous donner les chips, alors qu'à dix-huit mois il vous donnera les brocolis. À trois ans, l'enfant voit la boîte à bonbons pleine de crayons et dit que Nicky va penser qu'il y a des crayons dans la boîte ; à quatre ans, il dit que Nicky va se tromper et penser que la boîte contient des bonbons.

Il semble que des enfants de trois mois, un an et quatre ans qui regardent le même évènement ne pensent pas du tout la même chose. On dirait qu'ils transforment les ondes sonores et lumineuses en représentations différentes et qu'ils n'utilisent pas non plus les mêmes règles pour manipuler ces représentations. Il semblerait que, loin de posséder un programme unique et définitif, les enfants passent spontanément d'un programme à un autre, chaque fois plus performant. Cela les rend très différents de nos ordinateurs. Et cela rend notre travail d'archéologues version *Star Trek* bien plus difficile.

Comment expliquer ces changements ? Peut-être ne sont-ils que le résultat de la croissance, comme lorsque la chenille se transforme en papillon et que le corps change à la puberté ? Ils se produiraient alors selon un certain calendrier génétique. Le programme permettant à une petite fille de comprendre ses erreurs d'opinion apparaîtrait vers quatre ans, de la même manière que sa poitrine se forme vers douze ans. Après tout, on ne dit pas que la chenille « apprend » comment devenir un papillon. La petite fille n'apprend pas à avoir de la poitrine : alors, pourquoi penser qu'elle apprenne à comprendre les erreurs d'opinion ?

Un autre type d'explication consiste à dire que l'idée que nous avons du monde change à mesure que nous accumulons de l'information à son sujet. Nous finissons par faire des rapprochements. Nous entendons la cloche du dîner et la nourriture arrive : au bout d'un moment, nous faisons le lien entre la cloche et le repas. Nous donnons une certaine réponse à la question de l'expérimentateur et nous recevons des compliments : après quoi nous essayons de donner ce type de réponse. Les bébés connecteraient donc un à un les intrants entre eux, pour ensuite les relier à un certain extrant.

Le développement : à bord du bateau d'Ulysse

Selon nous, aucune de ces deux explications ne rend compte des réalités du développement de façon satisfaisante. Sans doute une partie du programme des bébés mûrit-elle, tandis qu'ils apprennent d'autres choses en associant certains intrants et en faisant le lien entre des intrants et des extrants. Mais cela ne saurait tout expliquer, loin de là. Il suffit d'avoir passé un peu de temps face à des bébés et de jeunes enfants pour trouver l'analogie de la chenille peu convaincante ; et celle de la cloche du repas ne l'est guère davantage. Les psychologues du développement ont des théories très différentes sur la manière dont la compréhension que les enfants ont du monde évolue, et divergent également sur les influences respectives de la maturation et de l'expérience.

Nous pensons quant à nous que la conception globale que les enfants ont des autres gens, des objets et des mots change du tout au tout au cours de leurs trois premières années. Elle change parce que les enfants découvrent le monde. Nous avons déjà dit que, dès la naissance, ils disposent de représentations du monde complexes, abstraites et cohérentes, et qu'ils s'en servent selon certaines règles. Ils utilisent ces représentations et ces règles pour donner du sens à leur expérience, mais également pour faire des prévisions sur ce que sera le monde dans le futur. Après quoi ils peuvent comparer ce dont ils font l'expérience à ce qu'ils avaient anticipé. S'ils constatent des différences, ils peuvent modifier leurs règles et représentations. Quand ils identifient de nouveaux schémas dans leurs expériences, ils peuvent créer de nouvelles règles et représentations pour les prendre en compte. Il semble que, souvent, ils remplacent brutalement de nombreuses règles et représentations par d'autres. Les nouvelles conduisent à de nouvelles expériences et à de nouvelles prévisions, et le processus consistant à concevoir et tester des idées recommence. Nos expériences interagissent avec ce que nous savons déjà, augmentant ainsi nos connaissances, ce qui à son tour nous permet de faire de nouvelles expériences et de formuler et de tester de nouvelles prédictions, ce qui augmente notre savoir, et ainsi de suite.

Le philosophe Otto Neurath a comparé le savoir à un bateau que nous reconstruirions tandis que nous naviguons à son bord. Pour se maintenir à flot durant ses trente années de mer, Ulysse a dû constamment réparer et reconstruire son navire. Chaque orage et chaque accalmie entraînaient des modifications dans sa conception. À la fin du voyage, il ne devait presque plus rien rester du bâtiment d'origine. Cette métaphore convient bien à notre conception du développement cognitif. Dès le départ, nous avons de nombreuses idées relatives au monde extérieur, et ces idées nous permettent de comprendre ce qui se passe autour de nous et d'agir – elles nous permettent de naviguer. Ce faisant, nous recevons de nouvelles informations qui nous conduisent à modifier nos idées, ce qui à son tour change nos façons de comprendre et d'agir.

Ce type d'évolution se retrouve dans des domaines très divers du développement des enfants. Les bébés commencent par faire le lien entre leurs sentiments et les expressions des autres gens et ce lien leur permet d'imiter et de flirter : ainsi se tisse le doux cocon dans lequel bébés et parents se retrouvent. Mais cette représentation initiale change à mesure que les enfants découvrent le monde. À dix-huit mois, ils en ont déjà construit une image bien différente, plus compliquée, qui intègre les gens et les choses. Ils comprennent que, tout en étant semblables, les gens diffèrent les uns des autres – ce qui, de génies de l'intimité qu'ils étaient, les transforme en créatures plus compliquées, en monstres de perversité comme en anges de compassion. À trois ou quatre ans, leurs représentations changent encore. Ils commencent à expliquer ce que font les gens par les idées et opinions que ces derniers ont du monde, et ils découvrent que ces idées et opinions peuvent être très différentes selon les gens. Cette découverte, à son tour, donne aux enfants une aptitude nouvelle à la tromperie et au scepticisme. Elle leur permet aussi de vraiment comprendre le point de vue de quelqu'un d'autre.

Les bébés commencent par penser qu'il existe des similarités profondes entre ce qui se passe dans leur tête et ce qui se passe dans celle des autres – ce qui leur donne un bon départ pour comprendre la question dite d'autrui. Mais, durant leurs trois premières années, ils observent aussi les différences qui existent entre les gens, tant dans ce qu'ils disent que dans ce qu'ils font. Ces différences viennent de ce qu'il ne se passe en fait pas exactement la même chose dans toutes les têtes. Les bébés et les tout jeunes enfants regardent et écoutent très attentivement lorsque leur mère refuse de les laisser toucher au cordon de la lampe ou que leur grand frère leur explique qu'ils ont tort. Ces nouveaux éléments leur permettent de rectifier leurs croyances initiales.

De la même manière, les bébés savent dès leur naissance que les objets ont trois dimensions et bougent de façon prévisible. Ils essaient même d'en attraper certains et d'en éviter d'autres. À dix-huit mois, en regardant et en manipulant les objets qui les entourent, en jouant à cache-cache et en formant des piles distinctes, ils voient ces objets faire des choses inattendues, et ils cherchent à expliquer ce qu'ils voient. Ils apprennent que des objets mouvants et tridimensionnels continuent d'exister même s'ils disparaissent de leur vue, et qu'ils se divisent en catégories. Dès trois ou quatre ans, ils ont transformé ces premières catégories en espèces biologiques et « catégories naturelles », en comprenant que les chatons deviennent des chats et que les tigres ont des entrailles alors que les pierres n'en ont pas.

Enfin, les bébés commencent par pouvoir faire toutes les distinctions possibles entre les sons des différentes langues. Véritables citoyens du monde, les nouveau-nés américains sont capables d'identifier les sons distinctifs du kikuyu aussi bien que de l'anglais. À douze mois, ayant entendu les sons de leur langue maternelle de façon répétée, les bébés forment de nouvelles représentations qui reflètent les catégories de sons de cette langue. À un an, les petits Américains ne peuvent plus distinguer les sons du kikuyu, mais ils distinguent mieux les catégories de sons anglais et leurs gazouillis de bébés ressemblent à de l'anglais.

Dans chaque cas, ce que pensent déjà les bébés influence l'étape suivante de leur développement, déterminant ce qui va les intéresser, les problèmes auxquels ils vont s'attaquer, les expériences qu'ils vont mener, et même les mots qu'ils vont écouter. Ce qu'ils pensent va ensuite changer au vu de ce qu'ils apprennent.

Les bébés disposent d'une autre aptitude qui manque à nos ordinateurs : ils peuvent agir. Pour eux, il ne s'agit pas seulement d'apprendre passivement ce qui se passe dans le monde, mais aussi d'y prendre une part active. Regardez un bébé de un an attraper son nouveau canard en plastique, le porter à sa bouche, taper avec sur le bord de la baignoire, tout éclabousser en le jetant dans l'eau, et observer les réactions de son père. Un aspect crucial de l'idée que nous nous faisons du développement est que les bébés s'investissent activement dans la découverte de schémas sous-jacents au monde qui les entoure, la vérification d'hypothèses et la recherche d'explications. Ce ne sont pas de simples masses amorphes marquées du sceau de l'évolution ou modelées par leur environnement ou les adultes qui les entourent.

Au chapitre III, nous avons décrit la façon dont les enfants éprouvent le besoin irrépressible de déchiffrer le monde dans lequel ils vivent – ils ont une sorte d'énorme appétit d'explications. Cet appétit les pousse à agir de façon à obtenir l'information dont ils ont besoin ; il les conduit à explorer et à expérimenter. Les activités apparemment gratuites que nous appelons leurs jeux semblent dans bien des cas en être la conséquence. Les bébés qui essaient de comprendre ce qui se passe dans la tête des autres gens jouent à imiter ; ceux qui s'intéressent à la façon dont on voit les objets jouent à cache-cache ; ceux qui explorent les sons du langage babillent. Ce sont là des jeux très sérieux.

Nos fouilles archéologiques dans les programmes des enfants nous apprennent que les ordinateurs biologiques façon *Star Trek* ont un fonctionnement bien différent des ordinateurs que nous fabriquons. Si l'on voulait prendre à rebours les programmes des ordinateurs biologiques, il faudrait donner à nos informaticiens des instructions très rigoureuses.

Les « bébés-ordinateurs » sont dès le départ programmés pour traduire les intrants qu'ils reçoivent en représentations fidèles du monde, puis en prévisions et en actions. Mais ce qui est intéressant chez ces ordinateurs, c'est qu'ils ne s'arrêtent pas là. Ils se reprogramment. Ils interviennent de façon active dans le monde extérieur pour accumuler davantage d'intrants et les confronter à leurs prévisions. Ce qu'ils découvrent alors les amène à construire de nouvelles représentations, bien différentes des précédentes, et à élaborer de nouvelles règles de transformation des intrants en représentations, tout aussi différentes des précédentes. Si nous voulons pouvoir construire un ordinateur aussi performant, voilà ce à quoi il faudra parvenir.

Les grands enfants

Si nous avons raison, et que c'est bien de cette manière que les bébés et les jeunes enfants fonctionnent, alors peut-être les adultes fonctionnent-ils de même ? Nous ne sommes après tout que de grands enfants, des bébés qui ont vieilli. Peut-être que nous aussi sommes à bord du vaisseau d'Ulysse, partant de ce que nous connaissons, récoltant davantage d'information ssur le monde alentour, et modifiant nos conceptions à la lumière de ce que nous découvrons.

En fait, cette manière générale d'envisager le développement vaut assez largement. Nous avons déjà observé qu'elle s'applique aussi bien à la découverte du langage qu'à celle du monde. Elle est aussi pertinente pour des modes d'apprentissage que l'on qualifierait plutôt de « perceptuels » (comme de savoir choisir parmi des sons ceux qui appartiennent à la langue maternelle), que pour ceux que l'on qualifierait de « conceptuels » (comme l'apprentissage lié aux objets). Elle vaut pour des mécanismes d'apprentissage presque totalement inconscients (c'est en grande partie le cas pour ce qui touche au langage) comme pour ceux qui semblent plus volontaires (par exemple, découvrir ce qui se passe dans la tête des autres).

Et on peut l'appliquer dans ses grandes lignes aux adultes. La création picturale, poétique et musicale fonctionne selon ce modèle. Les artistes, eux aussi, élaborent des représentations du monde complexes, abstraites et cohérentes – ce, même dans l'art non figuratif. Ces représentations dépassent ce que nous voyons pour atteindre quelque chose que nous pensons être vrai. Ces représentations naissent d'œuvres qui existent déjà, mais prolongent et bousculent les traditions, introduisant de nouvelles méthodes pour résoudre de nouveaux problèmes. Les artistes passent leur temps à expérimenter, et modifient ce qu'ils font à la lumière de ce qu'ils découvrent. Enfin, bien sûr, les nouvelles réalisations artistiques changent notre manière de voir le monde – parfois littéralement.

Il est également possible que cette conception s'applique à la façon dont se prennent les décisions morales et politiques. Partant d'idées simples sur la manière dont les gens devraient se traiter les uns les autres et dont la société devrait être organisée, nous faisons l'expérience de nouvelles manières de penser en la matière, des manières qui nous paraissent susceptibles de mieux marcher. Nous observons ce qui fait que certains peuples et certaines sociétés prospèrent tandis que d'autres périclitent. Nous modifions nos conceptions au vu de ce que nous apprenons, notamment à la lumière des résultats de nos expériences politiques concrètes.

Le scientifique comme enfant : la théorie des théories

L'apprentissage humain peut donc souvent se comparer au vaisseau d'Ulysse. Mais un mode spécifique d'apprentissage adulte s'apparente *particulièrement* au mode d'apprentissage des enfants. Un certain nombre de psychologues du développement ont récemment avancé que ce que font les enfants ressemble singulièrement à ce que font les scientifiques. Comme les chercheurs, les enfants élaborent des théories qu'ils modifient ensuite. Cette idée pourrait très bien expliquer certains types de développements cognitifs. Nous l'appelons « théorie des théories » (la théorie en question étant que les enfants ont des théories sur le monde qui les entoure).

Nous pensons qu'il existe de très fortes similarités entre certains types d'apprentissage chez l'enfant (en particulier en ce qui concerne les objets et ce qui se passe dans la tête des gens) et les processus de validation/réfutation des théories scientifiques. En fait, selon nous, ils sont plus que similaires : ils sont identiques. Non seulement les bébés-ordinateurs et les « scientifiques-ordinateurs » possèdent la même structure générale – comme les modes d'apprentissage perceptuel, artistique et politique peuvent avoir une structure générale commune –, mais les uns et les autres utilisent les mêmes mécanismes. Les scientifiques sont des grands enfants. S'ils apprennent tant de choses, c'est qu'ils utilisent les aptitudes cognitives que l'évolution a conçues à l'usage des enfants.

La science, elle non plus, ne cadre ni avec l'image de la chenille qui se métamorphose, ni avec celle de la cloche du dîner et des associations d'idées. Il semble très peu probable que la théorie de la relativité ait été inscrite dans nos gènes et qu'elle soit arrivée précisément à maturité dans le cerveau d'Einstein en 1905. Nous savons aussi depuis longtemps que les scientifiques ne se contentent pas d'observer le monde et de noter ce qu'ils voient.

Comme les enfants, les scientifiques disposent de représentations du monde riches, complexes, abstraites et cohérentes. Ils ont des théories. Ces théories transforment des intrants (les données qu'ils accumulent) en une représentation plus abstraite de la réalité.

De même que les enfants ne tiennent pas compte des faits qui contredisent leurs représentations, ou les réinterprètent, les scientifiques commencent souvent par ne pas tenir compte de ce qui contredit leurs théories, ou les réinterprètent. Ce qui n'est pas forcément un mal. Il ne faudrait pas avoir à reformuler toutes les lois de la physique chaque fois qu'un étudiant se mélange les pinceaux dans le laboratoire de la faculté et arrive à un résultat bizarre ! En fait, pour les enfants comme pour les scientifiques, avoir une théorie permet de savoir ce qui doit retenir l'attention.

En outre, les théories vont plus loin que les faits sur lesquels elles sont basées. Cela signifie qu'elles permettent aux scientifiques de faire des prévisions quant à de nouveaux phénomènes, tout comme les représentations des enfants. Ces prévisions permettent aux enfants et aux scientifiques d'agir sur le monde de façon plus efficace.

De même que les bébés jouent avec le monde, testant leurs hypothèses sur les objets qui les entourent, les scientifiques font des expériences. Bien entendu, leurs jouets sont nettement plus chers. Tout ce dont les bébés ont besoin pour faire des découvertes sur les objets, c'est d'un assortiment de saladiers ; pour découvrir quoi que ce soit sur les neutrinos, il faut carrément une nouvelle loi.

De même que les enfants finissent par revoir et même remplacer ce qu'ils savent en fonction de ce qu'ils découvrent, les scientifiques finissent par abandonner leurs anciennes théories, même celles auxquelles ils tiennent le plus, pour de nouvelles. Il est vrai que ça leur est beaucoup plus difficile qu'aux enfants, mais peut-être le prix de leurs jouets y est-il pour quelque chose.

Il se trouve que les deux modèles les plus réussis d'apprentissage humain sont très proches. Quand il s'agit d'apprendre, les enfants et les scientifiques sont imbattables, et ils fonctionnent de façons similaires, voire identiques, qui ne ressemblent en rien à celles par lesquelles procèdent nos ordinateurs, même les plus puissants. Ils ne partent jamais de zéro : ils modifient et remplacent ce qu'ils savent déjà afin d'acquérir de nouvelles connaissances. Ils ne se figent jamais dans le dogmatisme – ce qu'ils savent (ou croient savoir) est toujours susceptible d'être remis en question.

L'idée que les scientifiques sont comme les enfants peut surprendre au départ, mais elle permet de comprendre bien des choses étranges. Après tout, les scientifiques ont les mêmes cerveaux que tout le monde. Et si la science convainc, c'est parce que, d'une façon ou d'une autre, nous reconnaissons tous l'intérêt qu'il y a à comprendre ce qui nous entoure et à prévoir l'avenir. Et pourtant, nous n'utilisons nos cerveaux pour faire de la science de façon organisée que depuis cinq cents ans. Pourquoi, détenteurs de telles capacités à apprendre, ne les avons-nous pas utilisées au Pléistocène ? D'où viennent-elles ? Et pourquoi les ressemblances sont-elles si fortes entre les scientifiques, grands et puissants magiciens, et les humbles petites Dorothys que nous étudions ?

Notre réponse est que ces capacités se sont développées progressivement, à l'usage exclusif des bébés et des jeunes enfants. Au premier chapitre, nous avons décrit la corrélation, en termes d'évolution, entre l'immaturité prolongée et la souplesse cognitive, les inconvénients de l'une étant compensés par les avantages de l'autre. Chez l'espèce humaine, la capacité à apprendre est en effet la plus adaptative qui soit, nous permettant de composer avec les environnements les plus variés. Dans tous les débats sur la question de savoir s'il y a eu une ou plusieurs dispersions des premiers hommes à partir de l'Afrique, personne ne remet en cause le fait qu'il y a eu dispersion (alors que nos cousins primates les plus proches sont, eux, restés sur place). Nous sommes extrêmement sensibles à l'appel du train qui siffle au loin. Pour le meilleur et pour le pire, nous avons peuplé la planète entière et sommes même partis dans l'espace. Nous survivons parce que nous adaptons notre comportement aux particularités de l'environnement dans lequel nous nous trouvons. Nous sommes capables d'appréhender les particularités d'une banquise, d'un désert ou d'une zone industrielle abandonnée, et de modifier notre façon d'être et d'agir pour subsister dans ces environnements hostiles.

De toutes les espèces, nous avons également la progéniture la plus dépendante, et celle qui reste immature le plus longtemps. Peut-être les parents dont les enfants habitent toujours à la maison après le bac envient-ils parfois les mamans chattes et les papas oiseaux, qui chassent leurs petits sans ménagements après deux mois. Mais nous savons bien que nous serions incapables d'être aussi impitoyables, et que nos bébés n'y survivraient pas (pour les grands ados, c'est bien sûr une autre histoire). Le bébé humain est la créature qui reste le plus longtemps dépendante des autres pour sa survie, et l'adulte humain celle qui accepte la charge de cette dépendance le plus longtemps et avec la plus grande bienveillance.

Ces traits évolutifs sont cohérents avec l'idée que les êtres humains possèdent une faculté d'apprentissage extraordinairement souple et puissante. Ils la mettent à profit dans cet Éden protégé et prolongé qu'on appelle l'« enfance ». Pendant notre période d'immaturité, rien ne nous oblige à adopter certains comportements pour survivre : les adultes s'occupent de nous. Cela nous donne tout loisir d'expérimenter encore et encore et d'apprendre précisément ce qu'il faut faire dans le monde qui est le nôtre. Durant l'enfance, nous pouvons nous consacrer à apprendre ce que nous devons savoir sur notre environnement physique et social, ce en toute sécurité. Nous pouvons faire de la recherche pure, les adultes nous fournissent les fonds et la technologie nécessaires.

À peu près de tout temps, cet apprentissage s'est, pour la plupart des adultes, presque totalement arrêté quand ils ont atteint la maturité et ont été confrontés aux quatre thèmes centraux de l'évolution : se nourrir, fuir, se battre et se reproduire. Nous avons appris tout ce que nous avons besoin de savoir bien avant le jardin d'enfants. Adultes, nous sommes capables de survivre dans un environnement donné, parce qu'enfants, nous avons appris comment cet environnement fonctionne.

Mais la persistance de cette faculté permet parfois à certains d'entre nous de continuer à apprendre des choses sur le monde qui les entoure. Quand on donne aux adultes du temps, de l'argent et des problèmes intéressants à résoudre, ils parviennent presque à être aussi intelligents que les bébés. À travers l'histoire, certains adultes ont, selon nous, continué à apprendre, notamment quand ils étaient confrontés à des problèmes de survie. Ce qui expliquerait par exemple la « botanique populaire » des chasseurs-cueilleurs et la géographie des Aborigènes australiens. Voilà cinq siècles, les conditions historiques ont permis à un plus grand nombre de continuer à apprendre ; on a inventé des institutions recréant les conditions de l'enfance – du temps, de la sécurité et des jouets appropriés. On appelle « science » ces institutions.

Il y a cinq cents ans, une activité enfantine naturelle a donc été transformée en une activité adulte organisée. Bien entendu, il existe des différences entre ce que font enfants et adultes. La plus importante d'entre elles tient peut-être à ce que les enfants privilégient les théories qui touchent aux objets courants, proches d'eux, de taille moyenne (y compris les gens) ; par conséquent, ils sont pour ainsi dire immergés dans les données leur permettant d'affirmer ou d'infirmer leurs théories ; ils ont tout ce qu'ils ont besoin de savoir à portée de main. Les scientifiques, quant à eux, formulent souvent des théories sur des objets très petits ou très gros, cachés, difficiles à trouver ou très éloignés – des étoiles à des milliards d'années-lumière ou des maladies rares, par exemple – et ils n'ont pas beaucoup de matière à disposition. Cette différence apparemment mineure a de grandes conséquences cognitives et sociales.

Il semble que les jeunes enfants élaborent tous des théories similaires, à peu près au même âge.

Certains psychologues du développement y voient la confirmation de la théorie de la croissance façon chenille. Mais c'est aussi précisément ce à quoi il faudrait s'attendre si les enfants disposaient tous des mêmes théories pour commencer, des mêmes mécanismes pour les corriger et (*grosso modo*) des mêmes données pour les vérifier. Dans le monde entier, les bébés naissent effectivement avec les mêmes idées sur les gens et les choses, et leurs expériences des gens et des choses vont être similaires. Dans n'importe quelle culture, les individus ont parfois des conceptions et des désirs différents, et les objets continueront à exister, même cachés. Ces événements de tous les jours fournissent le matériau qui permet à tous les enfants de modifier leurs théories de départ.

Il n'en va pas de même pour les scientifiques – comme d'ailleurs pour des gens qui appartiendraient à des cultures ou à des époques différentes –, parce qu'ils n'auront peut-être pas du tout le même matériau à confronter à leurs théories sur les étoiles ou les maladies, voire pas de matériau du tout. Ils seront donc susceptibles de tirer des conclusions très différentes. Mais quand les scientifiques commencent avec les mêmes théories, s'attaquent aux mêmes problèmes et disposent du même type de matériau permettant de prouver leurs théories – quand ils sont dans la même situation que les bébés –, ils aboutissent à peu près au même moment à des théories similaires. Ce qui explique tous ces prix Nobel partagés.

Une bonne partie de la structure institutionnelle de la science est consacrée à l'organisation de la recherche de preuves, et à leur évaluation. L'activité scientifique implique un partage des tâches complexe, parce que trouver les bonnes données demande énormément de travail. S'il est vrai que les bébés et les jeunes enfants profitent de l'aide des autres gens pour résoudre certains problèmes, le matériau de base dont ils ont besoin est disponible partout, alors qu'au sein d'un labo, il faut parfois des mois à l'armée de post-docs, de jeunes chercheurs et d'assistants pour trouver les données permettant d'infirmer ou de confirmer telle hypothèse.

Le partage des tâches repose également sur des mécanismes sociaux complexes et parfois fragiles. Les enfants partent du principe qu'ils peuvent croire ce que dit leur mère. Les scientifiques doivent non seulement faire confiance à leurs étudiants et à leurs assistants, mais aussi à des concurrents travaillant pour d'autres laboratoires.

Au début du XVIe siècle s'est développée une société industrielle, avec de grandes avancées en matière d'échanges et de techniques. C'est sans doute ce qui a permis le type de partage des tâches que nous évoquions. Il est devenu possible de libérer certaines personnes des obligations de la vie quotidienne pour qu'elles puissent se consacrer à découvrir de nouvelles choses sur le monde. En Italie, Galilée a pu utiliser les données recueillies par Tycho Brahe au Danemark et les principes mathématiques formulés par Johannes Kepler en Allemagne. Tous disposaient de télescopes. Ces changements sociaux et technologiques ont permis l'émergence d'une nouvelle théorie des planètes.

Les scientifiques mettent également au point de nouvelles procédures cognitives pour résoudre des problèmes auxquels la nature ne nous a pas préparés. Pour les bébés et les jeunes enfants, la question n'est pas tant d'évaluer la fiabilité des données que de comprendre ces dernières : ils cherchent surtout à expliquer ce qu'ils ont observé, non à déterminer s'ils peuvent faire confiance à ce matériau. Cette question de la fiabilité des données est souvent cruciale pour les chercheurs adultes – et il ne leur est pas facile d'y répondre : il leur faut élaborer des protocoles expérimentaux très précis pour s'assurer que des chercheurs dispersés aux quatre coins du monde arriveront aux mêmes résultats, ainsi que des outils statistiques qui permettront d'évaluer les données en termes de probabilités. Les scientifiques doivent décider dans quels cas une certaine donnée est recevable, et dans quels cas le scepticisme s'impose. Les enfants peuvent se permettre d'être beaucoup plus crédules.

Ces différences entre les enfants et les scientifiques ne sont pas négligeables, mais nous pensons qu'ils possèdent les mêmes mécanismes cognitifs de base : ils ont des programmes similaires et se reprogramment de la même manière. Ils formulent des théories, font des prédictions et les mettent à l'épreuve, cherchent des explications, mènent des expériences et revoient ce qu'ils savent à la lumière de leurs nouvelles découvertes.

Bien sûr, tout le monde possède ces capacités, même si tout le monde n'en fait pas usage de la même façon. Selon nous, elles font partie de ce que nous a légué l'évolution. Elles permettent de découvrir la vérité du monde parce que c'est pour cela que l'évolution les a conçues. Les outils ingénieux et complexes que sont nos yeux ont été créés pour nous permettre de comprendre le monde ; il en va de même de nos cerveaux.

L'explication comme orgasme

Une autre différence fondamentale entre les « ordinateurs biologiques » et ceux que nous fabriquons, est que, contrairement aux seconds, les premiers ont des émotions et des motivations. Les archéologues façon *Star Trek* que nous sommes peuvent étudier les émotions et motivations des ordinateurs biologiques terriens, et formuler certaines hypothèses quant au possible lien entre ces émotions et motivations et leurs aptitudes d'ordinateurs.

Il nous semble même que bébés et scientifiques partagent peut-être certaines émotions et motivations. Qui sait s'ils ne ressentent pas la même chose ? Les bébés ne sont pas seulement capables d'explorer et d'expliquer le monde qui les entoure, ils semblent poussés à le faire par un irrépressible besoin, qui doit être satisfait quels qu'en soient les risques, fût-ce celui de la colère maternelle suprême. Comme d'autres désirs humains, ce désir d'expliquer s'accompagne de certaines émotions : un profond mécontentement quand ils n'arrivent pas à comprendre, une joie éclatante quand ils y parviennent. Ces émotions sont parfaitement visibles sur leur visage. Ils pincent les lèvres et froncent les sourcils quand on les confronte à un problème de permanence des objets ou de conviction erronée, et affichent un grand sourire (non dénué d'autosatisfaction) bien avant de donner la bonne réponse. (Pour nos expériences, nous avons longtemps recruté des bébés par l'intermédiaire de la Leche League, un groupe qui prône l'allaitement. Souvent, quand on confrontait les bébés à un problème particulièrement difficile, ils commençaient par froncer les sourcils, puis se tournaient vers leur mère pour un petit en-cas réconfortant : ragaillardis, ils retournaient alors au problème posé – ce qui pourrait expliquer le recours aux cigarettes et aux bonbons tard le soir au labo.)

Même les adultes affairés que nous sommes, attelés aux versions modernes des activités de base de la survie (obtenir une augmentation, intimider les ennemis professionnels, ruser avec ceux qu'on ne peut pas intimider, flirter à la machine à café) connaissent la satisfaction liée à la résolution d'un problème. C'est ce plaisir que l'on éprouve indirectement en lisant des ouvrages de vulgarisation scientifique qui décryptent ce qui paraissait étrange.

Certes, les chercheurs peuvent être en partie motivés par l'appât du gain, l'ambition, l'anxiété et la concupiscence (rien de changé sous le soleil), mais le désir de comprendre joue aussi son rôle. Selon le physicien Steven Weinberg : « La nature semble jouer pour nous le rôle d'une machine à apprendre. Quand un scientifique parvient à une meilleure compréhension de la nature, il ou elle ressent un grand plaisir. Sur le long terme, de telles expériences nous apprennent à reconnaître quel type de théorie scientifique va nous procurer ce plaisir. » Les chercheurs de la Nasa qui ont mené des expériences sur Mars ont exprimé leur joie en disant qu'ils avaient l'impression d'être redevenus gamins. Aucun d'entre eux n'a dit que c'était comme s'il avait été augmenté.

L'explication est à la cognition ce que l'orgasme est à la reproduction : une expérience éminemment agréable qui marque l'heureux aboutissement d'un désir naturel. Comme l'a dit le philosophe Thomas Hobbes, au XVIIe siècle : « Parce que la volupté se poursuit dans l'acquisition continue et infatigable du savoir, la concupiscence de l'esprit l'emporte sur la brève impétuosité du plaisir charnel » (peut-être est-ce légèrement exagéré). Selon nous, ces émotions cognitives ô combien humaines – le martyre de l'incompréhension et l'extase de la solution – révéleraient le système cognitif naturel qui nous permet d'apprendre lorsque nous sommes enfants.

Il peut nous sembler que nous élaborons des théories sur le monde parce que nous voulons des explications, de même que nous avons des relations sexuelles parce que nous voulons des orgasmes, mais du point de vue de l'évolution, c'est le contraire. Les orgasmes sont la garantie que nous continuerons à avoir des relations sexuelles, et notre joie à comprendre est la garantie que nous continuerons à essayer de bâtir des théories plus justes. En matière d'évolution, comprendre le monde, comme avoir des rapports sexuels, nous donne un avantage sur le long terme. Les désirs et les émotions transforment cet avantage lointain en motivations immédiates. Tout le monde est stimulé par ces émotions cognitives à un moment ou à un autre : les scientifiques le sont très souvent, et les bébés, qui ont tant à apprendre, le sont pratiquement tout le temps.

L'étude des bébés nous montre que là encore, les ordinateurs biologiques diffèrent des ordinateurs que nous construisons. Ils ne se contentent pas de calculer, d'apprendre, de raisonner et de savoir : en faisant cela, ils obéissent à un besoin compulsif, et sont conçus pour y prendre un plaisir intense.

Les autres gens

Une autre différence tient au fait que les « ordinateurs biologiques » influent directement sur les programmes de leurs semblables. Ils sont conçus pour fonctionner comme éléments d'un réseau social complexe. Quelles en sont les conséquences sur notre façon d'apprendre ? Dans quelles proportions respectives les enfants apprennent-ils tout seuls et bénéficient-ils de l'enseignement d'autrui ?

Les parents, et notamment les auteurs de ce livre, ont tendance à osciller entre la certitude mégalomaniaque que tout dépend d'eux et un sentiment d'impuissance déprimant au possible. La psychologie du développement a connu la même hésitation. Certaines théories récusent l'influence des autres gens. C'est notamment le cas de celle de la chenille : si l'essentiel de ce que nous savons est le produit d'un plan génétiquement préétabli, alors il n'y a guère de place pour l'influence de qui que ce soit. La théorie de Piaget a aussi tendance à minimiser l'impact des autres : guidé par son souci de mettre en valeur le rôle de l'enfant dans son propre développement, Piaget a sous-estimé celui des adultes. (Quand il a pris la direction de l'école de Genève, Piaget en a fait changer le logo, remplaçant l'image d'un adulte menant un enfant par la main par celle d'un enfant guidant un adulte.)

En face, d'autres traditions, comme le béhaviorisme, ont fait la part belle aux parents et aux autres adultes s'occupant des enfants. On leur imputait à la fois tout ce qui allait bien et tout ce qui allait mal chez les enfants. Peut-être ce type de point de vue continue-t-il à séduire parce qu'il absout les enfants devenus adultes de toute responsabilité (il peuvent toujours dire que c'est la faute de maman) et donne aux parents un sentiment de pouvoir.

La culture comme nature

Ces théories et ces débats postulent une séparation profonde entre un savoir « naturel », biologiquement déterminé, venant des gènes, et un savoir « culturel », socialement déterminé, venant des parents. Une dichotomie que la recherche récente en matière de développement remet en cause. L'interaction entre enfants et adultes est aussi naturelle et profondément enracinée que nos autres composantes.

Prenez quelque chose d'aussi simple que le fait que les bébés soient incroyablement mignons. Il s'agit là d'un fait profondément biologique, qui nous concerne tout autant que les bébés eux-mêmes. Une partie du phénomène est purement physique : les traits d'un visage de bébé – le large front bombé, les grands yeux, la minuscule bouche et le petit menton – provoquent automatiquement une réaction positive chez l'adulte. Ils suscitent de l'amour, non seulement chez les mères – ne sont-elles pas réputées aimer des visages que seule une mère pourrait aimer ? –, mais chez presque tout le monde. Si l'on crée ce que les biologistes appellent un « super-stimulus » de bébé, c'est-à-dire si l'on fabrique un visage où tous ces traits sont exagérés, la réaction des gens sera encore plus positive : ils le trouveront supermignon.

Hollywood exploite inconsciemment ce phénomène. Malgré son apparence étrange et dérangeante, E.T. l'extraterrestre est en fait un super-stimulus : ses traits sont une exagération de ceux d'un bébé. Il en va de même des Ewoks dans *La Guerre des étoiles.* Cette concordance entre l'apparence des bébés et ce que les adultes trouvent adorable est un trait de notre évolution : elle pousse les adultes à procurer aux bébés un environnement dans lequel ils peuvent s'épanouir.

Mais le charme des bébés n'est pas seulement physique. Pensez à l'imitation : nous avons observé que même de tout jeunes bébés savent imiter les expressions des adultes. Dans *E.T.*, Elliott, le petit garçon qui est le héros du film, est immédiatement attiré par l'extraterrestre en découvrant son adorable bouille (comme le sont les spectateurs), mais le véritable lien se crée quand E.T. commence à imiter ce que fait Elliott. Cette interaction indique à ce dernier que E.T. est une créature qui réfléchit, une créature qui, d'une certaine façon, est comme lui et nous.

Voir un petit bébé vous imiter a le même effet. Soudain, vous êtes sur la même longueur d'onde, reliés, connectés. Vous commencez à comprendre ce petit être étrange. Mais l'imitation n'est pas un jeu auquel on peut jouer seul. Il faut être deux. Les adultes imitent aussi plus ou moins inconsciemment les bébés. Ainsi les mamans ouvrent-elles la bouche quand elles approchent la cuillère de celle de leur enfant.

Andy a également découvert que les bébés savent quand les adultes les imitent, et qu'ils aiment cela. L'idée lui est venue grâce à un classique des Marx Brothers : Chico se tient d'un côté de l'encadrement d'une porte qui ressemble à un miroir et imite tout ce que fait Groucho. Andy a donc fait l'expérience suivante : il a placé un bébé et un adulte face à face, en demandant à l'adulte de faire tout ce que faisait le bébé, de tenir le rôle d'un miroir humain, en quelque sorte. Si le bébé tapait sur la table, l'adulte tapait aussi ; si le bébé levait le bras, l'adulte levait le sien. Un autre adulte avait pour instruction de faire quelque chose de différent de ce que faisait le bébé : si le bébé levait le bras, l'adulte tapait sur la table, par exemple. Les bébés de un an préféraient systématiquement regarder l'adulte qui les imitait. Qui plus est, comme Groucho dans le sketch, ils faisaient des « tests » : ils choisissaient d'agir bizarrement juste pour voir ce que ferait l'adulte.

Là encore, adultes et bébés semblent biologiquement conçus pour s'adonner à l'imitation mutuelle. Mais il existe une différence intéressante entre ce phénomène et celui lié à l'attrait des visages de bébés. Ce dernier est ordonné par la nature : c'est une sorte d'instinct, et les visages mêmes des bébés sont bien sûr déterminés par leurs gènes. Mais l'imitation, elle, conduit les bébés à se comporter de manières *non* déterminées génétiquement, et à agir comme les adultes qui les entourent. L'imitation est le moteur de la culture. En imitant ce que font les adultes de leur entourage immédiat, les jeunes enfants apprennent comment se comporter dans l'univers social de leur famille, de leur communauté, de leur culture. C'est ainsi qu'ils apprennent à dessiner un arc ou à habiller une poupée, ou même à se plier à certains rituels étranges comme de passer un morceau de plastique denté dans leurs cheveux le matin et une brosse rigide sur leurs dents le soir.

L'imitation permet aussi aux enfants de faire des découvertes importantes quant au fonctionnement du monde physique alentour. Au chapitre II, nous avons vu que les bébés de un an qui observent un adulte appuyer son front sur une boîte pour qu'elle s'allume vont faire de même. Quand un bébé voit un adulte utiliser un outil d'une certaine façon, il apprend à utiliser lui-même cet outil. En reprenant le geste du bébé, souvent avec certaines variations d'adulte, ce dernier peut montrer au bébé ce qu'il devrait faire. L'imitation est un mécanisme inné permettant d'apprendre des adultes : c'est un instinct culturel. Des recherches récentes ont d'ailleurs montré que la plupart des autres animaux n'apprennent pas de cette manière.

Le « parler maternant » est un autre exemple de la façon dont les adultes sont conçus pour aider les bébés. Nous l'avons vu, inconsciemment, les adultes adoptent un langage bien particulier quand ils s'adressent à des bébés. Ce langage retient l'attention des bébés, lesquels semblent conçus pour trouver du plaisir à l'écouter. Il rend aussi la structure sonore de la langue maternelle particulièrement claire. Souvenez-vous que les mères suédoises, anglaises et russes produisent des voyelles différentes, qui indiquent bien la structure sonore de leur langue. C'est comme si les bébés étaient conçus pour tirer inconsciemment parti de cette information pour déchiffrer le code du langage. De la même manière que l'imitation aide les enfants à apprendre les modes de fonctionnement particuliers à leur culture, le « parler maternant » des adultes semble les aider à apprendre les sons propres à leur langue.

Ce langage apprend aussi aux enfants des choses sur les gens et les objets. On a vu que les mères coréennes mettent en valeur les actions quand elles parlent à leurs enfants, tandis que les mères anglophones insistent sur les objets. Or, les bébés sont sensibles aux différences en termes de sons, mais aussi en termes de contenus. Les bébés coréens semblent se concentrer sur les actions tandis que les bébés anglophones accordent plus d'attention aux objets. La manière dont les adultes s'adressent aux enfants conduit donc ces derniers à se faire de nouvelles idées sur le monde.

Les recherches récentes ont montré que ces influences viennent des gens en général, et pas seulement des mères – un point important. Dans la pratique, bien sûr, ce sont essentiellement les mères qui assument la tâche d'élever leurs enfants, et c'est pourquoi la recherche s'est concentrée sur elles. Mais aucun des phénomènes dont nous avons parlé ne leur est exclusif, ni même des adultes. En général, quiconque parle à un bébé se met à jouer à des jeux d'imitation et à « parler maternant ». Andy a observé que les bébés imitent les autres enfants tout autant que les adultes. Même les enfants de quatre ou cinq ans « parlent maternant » à leurs petits frères et sœurs. Nous avons d'ailleurs vu que les aînés jouent un rôle parfois plus important que les parents : les enfants ayant des grands frères ou des grandes sœurs découvrent plus vite que les autres les différences qu'il peut y avoir entre ce qui se passe dans leur tête et ce qui se passe dans celle des autres.

Un autre point important est que les comportements les plus significatifs semblent presque totalement inconscients. Les parents ne décident pas d'imiter les bébés ou de leur « parler maternant » : cela leur vient naturellement. C'est la combinaison de nos comportements instinctifs envers les bébés et des comportements instinctifs des bébés envers nous qui permet aux bébés d'apprendre autant.

Enfin, il semble que l'influence des autres gens s'accorde aux capacités à apprendre des enfants. Les nouveau-nés imitent les expressions faciales, mais seuls des bébés bien plus âgés imitent les actions sur les objets. Les bébés n'imitent pas des actions complexes qu'ils ne comprennent pas. Les enfants de tout juste trois ans commencent par maintenir qu'ils ont dit qu'il y avait des stylos dans la boîte même quand on leur dit que c'est faux. Les bébés n'intègrent ce qu'on leur dit qu'à partir du moment où cela devient logique à leurs yeux.

Les autres gens ne façonnent pas purement et simplement les comportements des bébés ; les parents ne les programment pas. C'est plutôt qu'eux-mêmes sont programmés pour fournir la bonne information au bon moment pour aider les enfants à se reprogrammer.

Les Klingons et les Vulcains

Les questions relatives au savoir des enfants s'inscrivent dans un questionnement plus large sur le savoir en général. De même qu'il y a débat sur les poids respectifs de l'inné et de l'acquis, les avis divergent sur l'estimation des contributions de l'individu et de la société au développement du savoir, en particulier du savoir scientifique.

Nombre de philosophes ont d'abord essayé de définir la façon dont le scientifique idéal concevrait le monde. Pour eux, la science était une entreprise objective et idéalisée, usant de procédés logiques pour découvrir la vérité. Pourtant, confronté à la réalité, cet idéal laissait place à un maelström d'intrigues universitaires, d'alliances et d'inimitiés intellectuelles, et de pure ambition. Historiens et sociologues des sciences ont mis en évidence les réseaux complexes de pouvoir et d'influence dans l'évolution du savoir scientifique. Dans la réalité, la science rappelle davantage les sombres machinations des Klingons que la logique vulcanienne d'un Monsieur Spock.

En réaction, des théories « postmodernistes » soutinrent que la science n'approchait nullement la vérité : cette dernière n'était que ce que quelques scientifiques parmi les plus puissants définissaient comme telle. Le raisonnement était que si les avancées scientifiques dépendaient d'interactions sociales, alors, pour cette raison même, la science ne pouvait prétendre à la vérité. Or non seulement le nihilisme d'une telle approche est violemment contraire à l'intuition, mais il pose aussi un gros problème. Si la science ne nous apprend rien sur le monde alentour et n'est qu'une convention sociale, un spectacle de marionnettes, pourquoi les explications scientifiques sont-elles convaincantes ? Et, de façon plus spectaculaire, comment se fait-il qu'on puisse les utiliser pour envoyer des fusées sur la Lune, la vraie ?

Si les scientifiques sont comme les enfants, alors ils ne ressemblent ni aux Vulcains idéalisés et pétris de logique de la légende philosophique, ni aux méchants Klingons en blouse de laboratoire du mythe postmoderniste. Les sociologues avaient raison de dire que la science est une entreprise sociale – nous sommes une espèce fondamentalement sociale, et le succès de tous nos projets dépend de notre collaboration avec d'autres. Mais les philosophes avaient aussi raison de penser que la science est une entreprise logique – l'espèce humaine est tout aussi intrinsèquement à la recherche de la vérité et elle dispose de puissantes facultés de raisonnement pour y parvenir.

Ces deux aspects de notre nature entrent parfois en conflit, mais la plupart du temps, et particulièrement pendant l'enfance, ils s'accordent parfaitement. Les bébés sont dépendants des autres gens pour une grande partie de l'information qu'ils recueillent sur le monde, mais loin de les desservir, cette dépendance leur permet d'être plus en phase avec le monde qui les entoure. Elle leur assure une information plus abondante et de meilleure qualité que s'ils devaient aller la chercher eux-mêmes. Enfants, nous sommes tributaires des autres pour recevoir l'information accumulée par les centaines de générations qui nous ont précédés. Ensemble, les enfants et les adultes (et les autres enfants) qui s'occupent d'eux constituent une espèce de système pour atteindre la vérité.

Dans le meilleur des cas, la science fonctionne de la même façon. Les scientifiques, comme les enfants, sont dépendants de leurs capacités individuelles à construire des théories et d'un réseau social de partage d'informations. Mais, n'en déplaise aux postmodernes, c'est là un atout et non un obstacle dans la quête scientifique de la vérité.

Les débats sur la façon dont les bébés et les scientifiques apprennent sont similaires à ceux sur l'art et la politique. On y trouve des arguments comparables quant à savoir s'il existe des principes politiques ou artistiques universels et éternels, ou si ces valeurs ne sont que relatives à une culture particulière. Il est bien sûr important de s'inscrire dans une tradition ou une communauté artistique ou politique : l'artiste génial et seul dans sa chambre de bonne et le leader héroïque et solitaire relèvent du mythe, tout autant que le génie scientifique isolé dans son labo. Ce qui ne signifie pas que la valeur artistique ou politique ne soit que ce que les artistes en vogue ou les hommes politiques influents en disent.

Dans le même bateau

Revenons au problème initial : comment les enfants résolvent-ils si bien et si vite l'antique problème de la connaissance ? Nous pouvons déjà répondre que les enfants sont des ordinateurs d'un type particulier, cela nous permet de les comprendre d'une manière neuve et d'apprécier à sa juste valeur la sophistication de leurs capacités intellectuelles. À peine nés, les bébés possèdent déjà de puissants programmes leur donnant la possibilité d'interpréter le monde.

Cela nous permet en retour de considérer les ordinateurs sous un nouveau jour. Contrairement aux ordinateurs 100 % silicium, les bébés peuvent changer leurs programmes. Ils ont des émotions et des désirs qui les poussent à explorer le monde et à en apprendre toujours plus. En outre, ils reçoivent une grande partie de leurs informations d'autres gens, qui se trouvent être programmés pour ce faire.

Si les bébés ont ces capacités, nous les avons aussi. On le voit bien quand nous autres adultes avons l'occasion de nous adonner au type d'apprentissage qui caractérise les bébés et les jeunes enfants, et notamment quand nous faisons des sciences.

Ainsi l'étude des bébés et des jeunes enfants nous offre-t-elle une nouvelle façon d'envisager la manière dont, en tant qu'adultes, nous arrivons à comprendre le monde, et dont un nouveau type d'ordinateur qui serait capable de comprendre le monde aussi bien que nous pourrait être conçu. Ce n'est là qu'une perspective, et il reste beaucoup de travail, mais les grandes lignes commencent à émerger. Nous avons en nous au départ certaines représentations du monde et, avec l'aide des gens qui nous entourent, nous les modifions et précisons. Ce processus ne s'arrête pas à un certain moment de la vie. Les scientifiques spécialistes du développement et les enfants qu'ils étudient, les parents et les enfants qu'ils aiment, tous sont embarqués dans le bateau d'Ulysse. C'est peut-être un voyage difficile, dangereux et plein de frustration, et on s'y sent souvent dépassé, mais on ne pourrait en tout cas rêver meilleure compagnie.

Chapitre VI

Ce que les scientifiques ont appris sur le cerveau des bébés

Tout ce que nous avons décrit jusqu'à présent – ce qui se passe dans notre tête, nos connaissances, nos perceptions, nos prévisions, nos pensées et nos émotions –, tout cela dépend finalement de moins de deux kilos de matière grise et gélatineuse. Cette gelée a suscité beaucoup d'attention ces derniers temps. Tout d'un coup, le cerveau est devenu « sexy » (ce qui tendrait à montrer que, parfois, la taille et l'apparence extérieure ne comptent pas tant que ça). Les articles de magazines parlent de « périodes critiques » pour le développement cognitif, de « mort des cellules » et d'« élagage synaptique » dans le cerveau de l'enfant. Quand Pat donne des conférences sur le langage, elle doit inévitablement répondre à des questions telles que : « Si je ne fais pas maintenant avec mon enfant les bonnes expériences de langage, ne sera-t-il pas trop tard pour que son cerveau les assimile ? », ou : « Est-ce que je peux faire quelque chose pour empêcher la destruction de cellules dans le cerveau de mon bébé ? »

À vrai dire, on en sait bien davantage sur le développement de la pensée que sur le cerveau lui-même. Certains considèrent que tout changement dans le cerveau entraîne nécessairement un changement dans ce que nous savons, par exemple qu'à dix-huit mois, un changement physique intervient, qui fait que les bébés comprennent les choses différemment. Mais il serait tout aussi juste de renverser les choses : le cerveau des bébés change parce que leur connaissance du monde évolue. Étudier ce qui se passe dans la tête des bébés, avec la méthode décrite jusqu'à présent, revient à étudier leur cerveau – c'est même la méthode la plus efficace que nous connaissions. Comprendre comment on pense aide au moins autant, sinon plus, à comprendre le cerveau, que comprendre le cerveau n'aide à comprendre comment on pense. C'est d'ailleurs en reliant les apports de la physiologie et ce que l'on sait des processus mentaux que les neuroscientifiques ont vraiment progressé dans la connaissance du cerveau.

De même, on pense aussi souvent que quelque chose qui est gravé dans le cerveau est forcément déterminé génétiquement. Quelques secondes de réflexion suffisent pour s'apercevoir que ce n'est pas possible. Si tout ce qui nous arrive change ce qui se passe dans notre tête, cela change aussi nécessairement notre cerveau. Vous en conviendrez, ce n'est pas grâce aux changements qui interviennent dans leur gros orteil que les bébés apprennent. Les progrès des neurosciences révèlent comment, et dans quelle mesure, notre cerveau change, et dans quelle mesure ces changements sont dus à notre expérience du monde. Nous ne savons toujours pas grand-chose de la manière dont les programmes évoqués au chapitre précédent sont physiquement inscrits dans notre cerveau ; mais nous commençons à mieux comprendre comment le cerveau adulte fonctionne et combien le cerveau des bébés se modifie.

Le cerveau adulte

Pat frissonne encore au souvenir de ses années d'étudiante, passées au service de neurologie d'un hôpital militaire. Elle redoutait particulièrement les jeudis matin : à sept heures commençait l'étude de tranches de cerveaux donnés par des personnes récemment décédées. Autant vous dire qu'elle faisait l'impasse sur le petit déjeuner.

Beaucoup de ces cerveaux provenaient de patients qu'elle avait suivis et qui étaient atteints d'un trouble du langage appelé « aphasie ». Le but de ces séances était de déterminer quelle partie du cerveau avait été endommagée. Pat se souvient notamment d'un neurochirurgien pour enfants très brillant qui avait eu une attaque particulièrement grave. Il n'avait rien perdu de sa vivacité de pensée et parvenait à communiquer un peu grâce à des gestes et à des expressions faciales, mais il ne pouvait plus parler. La fonction langage avait disparu. Tout ce qu'il pouvait dire, c'était « ta, ta, ta ». Un jeudi matin, son cerveau, proprement découpé en tranches de un millimètre d'épaisseur, faisait partie du lot.

De telles études anatomiques ont montré que le cerveau adulte est fait de parties très spécialisées. En cas de lésion d'une aire spécifique, le patient perd la faculté mentale correspondante. Chez les droitiers, la partie gauche du cerveau est le siège de ce qui touche au langage, la partie droite perçoit les visages et la musique, et la partie arrière est responsable de la vision. Le cerveau du neurochirurgien muet avait subi des lésions à un endroit particulier de l'hémisphère gauche. Les aires intactes de son cerveau lui permettaient de penser, de ressentir et de se souvenir normalement, mais le dommage lui avait fait perdre la faculté de parler.

Les cerveaux morts observés lors de telles études ne sont, par définition, pas à même de montrer un grand dynamisme. Aujourd'hui, les nouvelles technologies nous permettent d'étudier des cerveaux vivants, révélant une spécialisation du cerveau à une autre échelle. L'étude anatomique de cerveaux lésés a montré que des aires particulières déterminaient le fait que l'on puisse parler, voir ou reconnaître les gens. Or, au niveau des cellules mêmes, on constate que chaque neurone est réceptif à des types particuliers d'information.

Dans ces études, les scientifiques « écoutent » le cerveau au travail. Pour ce faire, ils insèrent une petite électrode (c'est indolore) dans une cellule du cerveau d'un animal, et l'électrode enregistre l'activité de la cellule tandis que l'animal regarde des objets ou écoute des sons. Quand une cellule « affectionne » un stimulus particulier, elle se met à produire des pulsions électriques qui sonnent comme des parasites radiophoniques. Plus l'activité électrique est grande, plus le bruit est fort. Les scientifiques passent des heures à écouter les cellules leur dire ce qu'elles aiment voir et entendre.

Certaines cellules ne réagissent qu'aux visages, ou seulement à certains visages, ou encore à n'importe quel visage mais orienté d'une certaine façon (de profil par exemple). D'autres ne réagissent qu'aux mouvements effectués dans une direction donnée, ou à des formes d'un certain type. Certaines cellules du cortex auditif réagissent à des notes d'une fréquence particulière, et le réglage est très précis. D'autres encore réagissent aux sons ayant un certain volume, ou aux sons qui changent de fréquence, grimpant dans les aigus ou plongeant vers les graves.

Quand une cellule entend ou voit le type de stimulation qui la fait réagir, cela suscite chez elle une poussée d'activité électrique qui communique l'information aux autres parties du cerveau. Fonctionnant de la sorte, cette cellule et ses consœurs peuvent se comparer aux circuits d'un ordinateur. Chaque groupe de cellules traduit l'information reçue par les sens en des catégories ou des symboles plus abstraits. Les cellules de la rétine réagissent à la lumière et envoient un motif visuel au cerveau, comme une image vidéo. D'autres cellules situées plus haut dans le cerveau réagissent à certains de ces motifs, mais pas à d'autres. C'est comme si elles indiquaient : « Voici un visage », ou : « Voici un objet en mouvement. » Avant de transmettre une information plus abstraite à d'autres parties du cerveau. De tels circuits cellulaires permettraient aux bébés de repérer les visages, de faire la différence entre un objet en mouvement et un objet immobile, ou encore d'intégrer le fait que leurs propres expressions faciales ressemblent à celles qu'ils voient chez les autres.

D'autres méthodes permettent d'étudier des cerveaux humains en plein fonctionnement.

On leur doit ces photos spectaculaires où les cerveaux « s'allument » de différentes couleurs tandis que leur propriétaire pense. Grâce à elles, on peut étudier le cerveau de personnes non seulement vivantes, mais conscientes, capables de décrire la gymnastique intellectuelle à laquelle elles se livrent tandis qu'on scrute leur cerveau.

Ces nouvelles techniques donnent aux chercheurs la possibilité d'observer de larges pans du cerveau, plutôt que des cellules isolées, et donc de voir un travail d'ensemble. Elles montrent quelle partie du cerveau est active quand une personne se souvient de l'air de *Yesterday*, entend un commentaire sur les championnats de base-ball, contemple une reproduction des *Nymphéas* ou pense à sa mère.

On peut suivre à distance l'activité électrique du cerveau grâce à la magnétoencéphalographie (MEG), l'électroencéphalographie (EEG), et la technique des potentiels évoqués (ou ERP : *Event-Related Potentials* [dans cette dernière technique, les signaux électriques obtenus pas EEG sont corrélées à la présentation répétée d'un stimulus donné]). Dans ces expériences, le sujet porte un énorme casque (qu'on qualifie parfois de « sèche-cheveux infernal ») comportant de vingt à deux cents électrodes pour capter les ondes cérébrales. Tandis qu'il pense à quelque chose ou regarde une certaine image, on enregistre l'activité électrique de son cerveau. Cette méthode fonctionne même avec de tout jeunes bébés. Leurs casques ressemblent à de petits bonnets mous et ne comportent que vingt électrodes – ce qui est suffisant pour enregistrer l'activité de nombreuses aires du cerveau des bébés.

Pat teste des bébés qui écoutent des sons liés à la parole à travers des écouteurs. Les bébés ne se doutent pas qu'on est en train d'enregistrer ce qui se passe dans leur cerveau pendant qu'ils écoutent.

D'autres techniques, comme la tomographie par émission de positrons (TEP) ou l'imagerie fonctionnelle par résonance magnétique (IRMf), mesurent l'activité cérébrale *in situ.* La TEP repose sur le fait que les aires du cerveau les plus actives consomment plus de glucose (un sucre qui est le carburant du cerveau) que les aires moins actives, tout comme un muscle plus sollicité consomme davantage de calories qu'un autre dont on se sert moins. Pour une scanographie par TEP, on injecte dans le cerveau du glucose radioactif et on peut alors suivre ce traceur pour déterminer dans quelles parties du cerveau il est consommé. Cette technique est surtout utilisée chez de futurs opérés : elle permet de localiser les structures capitales auxquelles il ne faudra pas toucher pendant l'opération. L'IRMf permet quant à elle de déterminer quelles sont les régions du cerveau les plus actives en fonction du débit sanguin cérébral et de l'oxygénation. Cette technique ne requiert aucune injection de substance radioactive et peut être utilisée chez les enfants.

La TEP et l'IRMf donnent une vue de l'activité cérébrale plus directe et plus détaillée que les méthodes qui enregistrent de l'extérieur du cerveau. Tandis que le sujet écoute des sons, regarde des images ou se contente de penser, on peut identifier les parties du cerveau qui travaillent. Des parties différentes sont actives quand nous pensons à des choses différentes.

Comme on pouvait s'y attendre au vu des études menées *post mortem* sur des cerveaux lésés, le langage active l'hémisphère gauche, les visages l'hémisphère droite et les motifs visuels l'arrière du cerveau.

Les études les plus récentes montrent aussi l'interaction complexe qui existe entre les aires du cerveau et la façon dont elle opère tandis que nous voyons, entendons et pensons. La moindre de nos expériences nécessite la coordination de différentes aires : quand vous voyez une vache en train de meugler, les aires visuelles de votre cerveau s'éclairent en prenant acte de sa couleur, celles dévolues au langage et aux phénomènes auditifs s'illuminent quand vous l'entendez meugler et pensez : « C'est une vache », et les parties consacrées au goût et à l'odorat s'activent quand vous pensez à du lait et à l'odeur d'une vache et d'une ferme. En une fraction de seconde, le cerveau décompose le stimulus et le recompose aussitôt.

Deux points se dégagent de ces études. Le cerveau adulte est une machine hautement spécialisée qui répond de manière spécifique à des stimulations précises. Certaines parties du cerveau – il peut même s'agir d'une seule cellule – sont conçues pour réagir d'une façon déterminée à une information provenant du monde extérieur et pour renvoyer l'information vers d'autres parties du cerveau. De ce point de vue, le cerveau fonctionne comme un ordinateur classique. Mais c'est aussi un système dynamique et actif : ses diverses parties sont en constante interaction et il est fréquent que de nombreuses régions – et *a fortiori* d'innombrables cellules – soient impliquées simultanément dans le traitement d'une information, fût-elle simple. Contrairement à la plupart des ordinateurs, le cerveau ne recèle pas d'endroit unique où les décisions seraient prises et toute l'information stockée.

Comment se construisent les cerveaux

D'où vient cette structure spécialisée ? On pourrait bien sûr envisager qu'elle soit là dès le départ – ce serait le pendant neurologique de la théorie de la chenille. S'il est clair qu'une partie de la structure est en place dès la naissance, il semble aussi que le cerveau change radicalement en réagissant aux expériences de la vie : cela s'est confirmé à mesure que les techniques d'étude du cerveau se perfectionnaient. Par le passé, on pensait que la structure physique du cerveau se développait selon un planning déterminé, plus ou moins indépendant de ce qui arrivait dans le monde du bébé. On sait aujourd'hui qu'il n'y a pas de « plan génétique » qui permette de cocher une à une les étapes du développement cérébral.

Nos ordinateurs ne marchent qu'une fois construits, qu'une fois que l'on a assemblé des puces et des circuits selon des schémas très précis et que tous les branchements ont été faits. Le hardware de l'ordinateur ne change pas au fur et à mesure qu'on l'utilise – pas plus que la guirlande lumineuse d'un sapin de Noël ne change quand on appuie sur l'interrupteur.

Le cerveau humain fonctionne de façon bien différente. Une fois « allumé », il réaménage en permanence sa propre installation électrique, et les circuits installés dépendent fortement de l'expérience : tout ce qu'un bébé voit, entend, goûte, touche et sent influence la manière dont son cerveau se connecte. Ce, dès la naissance.

Si l'ordinateur posé sur notre bureau fonctionnait comme un cerveau, plus on le laisserait marcher, plus on taperait de mots, et plus il deviendrait performant dans le traitement de texte. Après quelques années, nous n'aurions plus qu'à taper « Écrire *Comment pensent les bébés ?* », et il ferait le reste (si seulement !). Si on regardait alors à l'intérieur, on verrait que l'organisation des puces et des circuits n'aurait plus rien à voir avec celle qui existait au moment de l'achat.

Parce que nous contribuons à la construction de notre cerveau, et parce qu'en termes d'expérience chacun de nous a une histoire propre, chaque cerveau est unique. Le cerveau adulte finit par devenir un taillis de connexions, dont on estime le nombre à un quadrillion (soit un million de fois un milliard). C'est l'organisation de ces connexions, le circuit particulier qu'elles composent, qui définit chacun de nous individuellement. C'est comme si chacun de nous possédait un programme fait sur mesure : Pat Kuhl 99 ou Alison Gopnik 43.5. Chez les personnes atteintes de la maladie d'Alzheimer, le taillis de connexions se défait, les capacités mentales du cerveau s'amenuisent et, malheureusement, les personnes commencent elles aussi à diminuer.

C'est l'étude des animaux qui donne la preuve la plus spectaculaire que le cerveau fonctionne bien de la sorte. Il y a trente ans, lors des premières expériences en ce domaine, les neuroscientifiques ont découvert que des rats de laboratoire élevés dans un environnement « riche » développaient des cerveaux plus épais que des rats élevés seuls, sans jouets ni compagnons. Si on transposait ces derniers dans l'environnement riche, deux semaines suffisaient pour que les régions de leur cerveau liées à la perception sensorielle épaississent de 16 %.

Les rats dotés de cerveaux plus épais étaient aussi plus intelligents. Ils arrivaient plus rapidement que les autres à sortir de labyrinthes et à trouver de la nourriture. À l'inverse, le cerveau des rats isolés rapetissait. On constatait même un effet sur la génération suivante : les femelles ayant passé leur grossesse dans un environnement stimulant donnaient le jour à des nouveau-nés au cortex plus épais que ceux des rats nés de mères placées en environnement pauvre.

Il est important de noter que dans cette expérience, l'environnement riche du laboratoire se rapprochait en fait de l'environnement du rat en liberté. Un rat qui vit dans les égouts de New York survit en déterminant où se trouvent les meilleurs déchets, en se battant et en s'accouplant avec d'autres rats et en échappant avec ingéniosité aux exterminateurs. Ce n'est peut-être pas la belle vie, en tout cas, ce n'est pas la stimulation qui manque ! Plutôt que de dire qu'un surplus de stimulation conduit à un cerveau plus épais, mieux vaut donc décrire le résultat de ces expériences comme l'indication qu'un environnement normal donne des cerveaux plus épais qu'un environnement appauvri.

Il semble que le même principe s'applique aux bébés humains. Le nouveau courant de recherche ne prétend pas que les parents doivent fournir à leurs enfants des expériences « enrichissantes » en plus de celles de la vie quotidienne. Il dit juste qu'un environnement très appauvri peut causer des dégâts.

Certaines expériences ont donné des résultats encore plus précis et spécifiques. Les prix Nobel David Hubel et Torsten Wiesel ont étudié des chatons à qui ils avaient recouvert un œil dès la naissance. Les petits chats ont continué à faire tout ce que font leurs congénères, mais avec un œil au lieu de deux. Après plusieurs mois, les chercheurs ont retiré le cache et observé les circuits reliant les deux yeux au cerveau. Ils ont eu la surprise de découvrir que si l'œil avait été recouvert au-delà d'un certain laps de temps, il était aveugle – en ce sens qu'il n'était pas relié au cerveau. Cela bien qu'il fût parfaitement normal d'un point de vue optique.

N'ayant reçu aucune stimulation de cet œil, le cerveau avait réorganisé son circuit pour ne recevoir ses informations que de l'autre œil, demeuré ouvert. Il s'était opéré une sorte de prise de contrôle : toutes les cellules de cette portion du cerveau avaient été accaparées par un seul œil, ne maintenant aucune connexion avec l'autre.

Ces recherches initiales ont établi un fait important : un cerveau peut s'étendre, se contracter ou se modifier en fonction de l'expérience du sujet. Les neurosciences ont fait beaucoup de progrès dans l'explication de ce phénomène.

L'établissement du réseau de connexions : parle-moi

Un cerveau adulte compte environ cent milliards de cellules nerveuses, les neurones, soit à peu près autant qu'il y a d'étoiles dans la Voie lactée. Un bébé naît avec presque tous les neurones qu'il aura jamais. Le nombre de cellules nerveuses reste à peu près stable de la naissance à bien au-delà de soixante-cinq ans. Or le cerveau du nouveau-né ne pèse à peu de chose près qu'un quart du poids d'un cerveau adulte. Comment cela se fait-il ?

Les neurones grandissent, ce qui explique une partie de la différence ; mais le changement principal provient du réseau compliqué qui relie les cellules, du circuit que forment ces connexions. Ce circuit permet à une cellule d'interagir de façons précises avec d'autres cellules. C'est ainsi qu'une certaine cellule du cortex réagira uniquement quand les cellules de la rétine lui enverront l'image d'un visage.

Ce circuit complexe dépend à la fois de l'activité et de l'expérience. On peut l'envisager en ces termes : les cellules se développent dans des parties différentes du cerveau ; pour agir les unes sur les autres, il faut qu'elles se parlent ; la communication est difficile car les distances sont grandes (à l'échelle des neurones). Quand on désire parler à des gens qui sont loin, que faisons-nous ? Nous sommes obligés d'avoir recours à une connexion longue distance – un coup de téléphone par exemple. Les neurones établissent l'équivalent d'un réseau téléphonique pour communiquer entre eux et agir les uns sur les autres. Au lieu d'attendre, comme dans l'ordinateur passif, qu'un technicien fasse les branchements, ils développent physiquement leurs propres connexions.

Les neuroscientifiques ont mis à profit de nouvelles techniques pour examiner de plus près ces cellules au stade embryonnaire de leur développement, c'est-à-dire au moment où le cerveau commence à mettre en place son circuit. Ils ont constaté que cette mise en place est « liée à l'activité », selon la formule scientifique : les cellules du cerveau se connectent en envoyant des signaux électriques. Dès avant la naissance, elles émettent de façon spontanée, comme si elles essayaient de se faire signe *via* ces décharges électriques. Des groupes de cellules envoient des salves de signaux pour essayer de joindre d'autres cellules. Les cellules qui envoient des signaux simultanément établissent une connexion.

Après la naissance, quand l'expérience du monde extérieur pénètre par tous les organes sensoriels, les cellules continuent à essayer d'établir des connexions. Ce qui ne va pas sans mal. Les cellules nerveuses de l'œil, par exemple, doivent communiquer avec le nerf optique et les centres dévolus à la vision, tout à l'arrière du cerveau – elles doivent pour cela passer outre les centres régissant l'ouïe et le toucher. Comme si l'on voulait poser des câbles téléphoniques entre des maisons sises dans des villes différentes.

Si le schéma de croissance et de connexion des cellules ne se fait pas totalement au hasard, il est loin d'être prédéterminé. Des études menées sur des animaux ont montré que les gènes contiennent certaines instructions (l'équivalent des grands axes de câblage entre les villes) : les cellules de la rétine envoient bien des connexions vers les aires liées à la vision à l'arrière du cerveau, plutôt qu'aux centres responsables du langage sur les côtés. Mais, à part cela, l'établissement du réseau dépend de l'activité (les axes principaux sont posés, mais les branchements particuliers d'une maison à l'autre manquent encore).

À mesure que les cellules s'envoient des signaux, elles établissent des connexions plus durables. C'est comme si un câble poussait spontanément entre votre maison et celle de votre voisin si vous appeliez ce dernier suffisamment souvent. Au début, les cellules tentent frénétiquement de se connecter avec autant d'autres cellules que possible. Comme en télémarketing, on appelle tout le monde en espérant que quelqu'un dira oui. Quand une autre cellule répond, et répond suffisamment souvent, un lien plus permanent s'établit.

Telle est la raison de vivre des neurones. En mûrissant, ils lancent de multiples branches pour tenter d'établir des connexions. Certaines, appelées « axones », conduisent les informations de la cellule vers l'extérieur, tandis que d'autres, les « dendrites », apportent l'information de l'extérieur à la cellule. Le but est de connecter un axone d'une cellule à une dendrite d'une autre ; cette connexion s'appelle une « synapse ». Quand un axone rejoint une dendrite, il établit une forme de communication particulière : la neurotransmission. Les deux neurones peuvent alors échanger des flux chimiques. La connexion est achevée, la communication établie.

Puisque les synapses sont les connexions qui, sur le long terme, permettent aux cellules de communiquer, leur nombre donne une estimation du stade auquel est parvenu le bébé dans la construction des circuits de son cerveau. Souvenez-vous que l'activité des cellules nerveuses cérébrales, tout comme celle des muscles, fait appel à du carburant : en mesurant la consommation de glucose dans le cerveau, on peut évaluer combien de synapses sont en activité à divers moments du développement.

Figurez-vous que le cerveau des bébés est bien plus actif que le nôtre. À trois mois, les aires cérébrales dévolues à la vision, à l'ouïe et au toucher ont une consommation croissante de glucose. À environ deux ans, la consommation totale du cerveau atteint le niveau observé chez les adultes. À trois ans, le cerveau des enfants est deux fois plus actif que celui des adultes, et cette activité trépidante se maintient jusque vers neuf ou dix ans. Elle commence alors à décliner mais ne retrouve le niveau adulte que vers dix-huit ans.

Qu'y a-t-il derrière cette folle activité ? Le cerveau est occupé à établir des connexions. À la naissance, chaque neurone du cortex cérébral possède environ deux mille cinq cents synapses. Ce nombre atteint son plafond vers deux ou trois ans, avec environ quinze mille synapses par neurone – soit bien plus que dans un cerveau adulte. Les enfants en âge préscolaire ont un cerveau plus actif, plus « connecté », et bien plus souple que le nôtre. Du point de vue neurologique, ce sont vraiment des génies extraterrestres.

L'élagage synaptique : quand perdre signifie gagner

Qu'advient-il de toutes ces connexions lorsque nous vieillissons ? Le cerveau n'engrange pas indéfiniment les connexions. Il en établit bien plus qu'il n'en a besoin, puis il se débarrasse d'une grande partie d'entre elles. Car effacer d'anciennes connexions est tout aussi important qu'en établir de nouvelles : les synapses qui transmettent le plus de messages se renforcent et survivent, tandis que des connexions synaptiques plus faibles sont éliminées.

Ce processus s'apparente à l'émondage d'un arbre fruitier ou à la taille d'un géranium. Empêcher la croissance de certaines branches renforce celle de leurs voisines et transforme le dessin général de la plante. Le cerveau peut renforcer de la sorte une connexion fréquemment utilisée en élaguant celles qui ne le sont pas. C'est l'expérience qui détermine le traitement réservé à chacune : les connexions les plus fréquemment activées seront préservées. Entre l'âge de dix ans environ et la puberté, le cerveau va détruire sans pitié les connexions les plus faibles, n'épargnant que celles dont l'expérience a prouvé qu'elles étaient utiles.

La perte de connexions cérébrales qui inquiétait tant le public de Pat est donc en fait une très bonne chose. Le cerveau est très souple – il possède une grande « plasticité » selon le terme neuroscientifique. Le processus d'établissement puis d'élagage des connexions lui permet de s'adapter à son environnement : voilà comment nos ancêtres ont pu survivre dans la savane aussi bien que dans la forêt, comment nous-mêmes parvenons à survivre dans nos jungles modernes, et comment nos petits-enfants pourront peut-être survivre dans l'espace.

Ce cycle de croissance physique et d'élagage pourrait être lié aux changements survenant dans le savoir des enfants tels que nous les avons décrits. Souvenez-vous de ce qu'il advient du discernement des sons du langage lors de la première année : à la naissance, le bébé a un cerveau de citoyen du monde et distingue tous les sons dans toutes les langues ; mais pour pouvoir acquérir un langage particulier, son cerveau doit se structurer de sorte à accentuer les distinctions de sa langue maternelle et à méconnaître les autres.

Les connexions foisonnantes de la petite enfance permettraient le discernement de tous les sons. Au fur et à mesure que des mots et des phrases provenant d'un certain langage pénètrent en permanence le cerveau du bébé, la manière qu'a le bébé de percevoir les sons en général se modifie. On peut envisager que cela se fasse par l'élagage des connexions qui ne servent jamais et le renforcement de celles qui sont souvent stimulées. Il est certain qu'en jouant avec les bébés de trois mois, en gazouillant avec eux et en racontant nos petites idioties, produisant de la sorte des milliers de « a » et de « ou », on transforme le cerveau des bébés.

Quelques expériences tendent même à prouver que les changements dans la façon dont les bébés entendent les sons sont effectivement liés à des changements dans leur cerveau. Dans une étude de potentiels évoqués, on a constaté qu'aux premiers stades, le cerveau ne présentait aucune différence de réaction aux sons, que ce soient ceux de la langue maternelle ou ceux d'une langue étrangère. Mais quelques mois plus tard, les mêmes bébés présentaient des motifs personnalisés d'activité cérébrale dans l'hémisphère gauche quand ils entendaient des sons typiques de leur langue maternelle. Le cerveau change donc physiquement à mesure que les enfants apprennent le langage de leur environnement.

De façon plus abstraite, on peut concevoir que le même type de processus intervienne dans les changements de théorie, par exemple. Changer une théorie suppose d'ajouter de nouveaux liens entre des idées et de se débarrasser d'idées antérieures qui se sont révélées erronées.

S'il est un temps où nous sommes prêts à tout apprendre (sinon tout, du moins beaucoup de choses), nous nous spécialisons avec l'âge : nous devenons moins prompts à apprendre quelque chose de nouveau, plus ancrés dans nos habitudes. Mais nous devenons également plus habiles et plus compétents – nous faisons ce que nous savons faire plus rapidement et plus aisément, qu'il s'agisse de parler, de lire, de nouer ses lacets ou d'écrire des livres.

Le cerveau jette ce qui ne marche pas et garde le reste. Le processus d'élagage rend le cerveau adulte bien plus spécialisé que celui du bébé – certaines activités cérébrales étant confinées à certaines aires ou compartiments. C'est cette structure hautement spécialisée qui nous permet de faire tout ce que, en tant qu'adultes, nous pouvons faire.

Le processus d'établissement de nouvelles connexions, d'élagage des anciennes et de génération de nouveaux neurones se poursuit à l'âge adulte. Il nous permet d'enregistrer de nouvelles choses comme d'en oublier d'anciennes, d'apprendre de nouvelles techniques et d'élaborer de nouvelles idées. Nous espérons d'ailleurs que lire ce livre vous conduira à effacer quelques vieilles connexions et à en établir de nouvelles.

Y a-t-il des périodes clefs ?

Tous cela est cohérent avec l'idée que l'enfance est la période où l'on apprend le plus, et où le cerveau et la pensée sont le plus ouverts aux nouvelles expériences. Nous avons vu que c'est également ce qu'indiquent les études de psychologie du développement. Les bébés et les jeunes enfants passent leur temps à explorer et à expérimenter, à tester de nouvelles théories et à modifier les anciennes quand ils découvrent quelque chose de nouveau. Même si ce processus ne cesse pas à l'âge adulte, il est avéré qu'il ralentit.

Mais certains chercheurs ont proposé une version plus radicale de cette idée. Le cerveau du bébé ne serait perméable aux expériences d'un certain type qu'à certaines périodes délimitées dans le temps. Comme s'il y avait une porte d'entrée au cerveau et que l'expérience s'y engouffrait à certains moments cruciaux, mais que la porte se refermait ensuite brusquement – ou comme si on ne pouvait venir faire des dépôts à la banque du cerveau que jusqu'à cinq heures, heure de fermeture du guichet. Le cerveau n'apprendrait que pendant ces périodes clefs.

Les questions relatives au développement du cerveau et au « timing » de l'expérience sont importantes pour les neuro-scientifiques, mais préoccupent au-delà de ce cercle. Si les enfants ne sont pas exposés au bon type de langage avant d'aller à l'école, seront-ils capables d'apprendre à parler normalement ? Et ceux qui grandissent dans des orphelinats seront-ils émotionnellement marqués à vie ?

Tout le monde est d'accord pour dire que la mise en place des circuits neuronaux des premières phases du développement est unique et a une incidence profonde sur la suite du développement. La question est de savoir s'il existe un « horaire » précisant à quel moment chaque expérience sera utile. Dans quelle stricte mesure les occasions d'apprendre sont-elles (dé)limitées dans le temps ?

On trouve chez les animaux de nombreux exemples où l'expérience doit effectivement intervenir à un moment précis pour être prise en compte. Comme s'il y avait une horloge biologique et que, le délai expiré, cette horloge sonnait et que la porte se refermait brutalement. L'expérience ne sert alors plus à rien.

Des expériences ont par exemple été faites sur des oiseaux. Elles consistaient à leur passer, à divers moments de leur développement, des cassettes de chants d'oiseaux. Chez le bruant à couronne blanche, le créneau pour apprendre un chant n'est que d'une trentaine de jours (entre vingt et cinquante jours après la naissance). Si le mâle n'entend pas le bon chant durant cette période, il sera incapable de chanter normalement, donc d'attirer une femelle et de se reproduire. Entendre le chant plus tard ne lui est d'aucune aide.

Un autre exemple frappant est celui mentionné précédemment sur les chatons : l'expérience est nécessaire à l'établissement de connexions entre les deux yeux et le cerveau. Hubel et Wiesel ont découvert que la stimulation des yeux doit intervenir entre trente et quatre-vingts jours après la naissance. Si un œil est ouvert durant cette période, il sera correctement connecté au cerveau. Si l'œil n'est découvert qu'après le quatre-vingtième jour, il sera trop tard : l'autre œil aura tout accaparé et l'œil inutilisé jusque-là restera aveugle pour le reste de la vie de l'animal.

Bien que ces exemples semblent impliquer l'existence d'une horloge biologique, de nouvelles découvertes montrent que dans d'autres cas, un autre phénomène intervient. L'expérience précoce les influence encore profondément et durablement, mais ces cas ne sont pas entièrement soumis à l'horloge biologique. Que la maturation marque le terme de la période d'apprentissage ouvert n'explique pas tout.

Il se peut que l'expérience elle-même change nos cerveaux de sorte qu'ensuite, nous percevions et interprétions le monde d'une certaine façon. Une fois les circuits neuronaux établis, il est difficile d'interpréter le monde de façon différente. À partir du moment où nous disposons d'une représentation qui fonctionne, et que les éléments venant la confirmer s'accumulent, il devient de plus en plus difficile d'en changer. Quand nous sommes persuadés que quelque chose est vrai, nous sommes moins susceptibles, voire moins capables, de changer d'avis à son propos. Pourquoi n'en irait-il pas de même avec nos représentations neuronales ? Selon le point de vue traditionnel comme dans la nouvelle perspective, les gens apprennent plus facilement à un âge qu'à un autre. Reste à savoir si cela est dû à une horloge biologique ou aux structures cérébrales déjà en place.

Ces deux interprétations donnent lieu à des débats passionnés en matière d'apprentissage du langage. Certains scientifiques estiment qu'il y a une période critique pour l'acquisition du langage humain – une horloge biologique interrompant notre capacité à apprendre à partir d'un certain moment. La preuve la plus spectaculaire en serait donnée par les tristes expériences naturelles qui créent des « enfants sauvages » – des enfants qui ne sont pas exposés au langage quand ils sont petits.

Il y a trente ans, fut découverte en Californie une jeune fille de quatorze ans prénommée Genie, que son père avait depuis toujours maintenue attachée sur une chaise dans une petite pièce, coupée du monde. Si elle haussait la voix au-dessus d'un murmure, il la battait. Genie fut incapable d'apprendre l'usage normal du langage, même après avoir été sauvée. Cependant, au vu des traitements inhumains qu'elle avait subis, il est difficile d'isoler les facteurs précis qui ont affecté sa fonction langage.

D'autres exemples, moins dramatiques, vont dans le même sens. Pour la plupart des gens, il est beaucoup plus difficile d'apprendre une deuxième langue à l'âge adulte que leur langue maternelle, enfants. Les immigrants s'efforcent d'apprendre la langue de leur nouveau pays, mais leurs enfants sont bien meilleurs qu'eux. Quand on visite un pays étranger pendant un certain temps, nos enfants semblent très bien se débrouiller pour parler aux autres enfants sur l'aire de jeu, tandis que nous en sommes encore à chercher péniblement des phrases toutes faites dans notre guide. Quand on apprend une deuxième langue après la puberté, on la parle avec un accent étranger – en d'autres termes avec une phonétique, des intonations et une accentuation tonique qui ne sont pas les bonnes. On a aussi plus de mal avec la compréhension orale et la grammaire. La puberté semble être une période cruciale. Un immigrant qui ne parle plus que la langue de son pays d'accueil à partir de l'âge de treize ans gardera peut-être pour toujours un fort accent ; un autre arrivé à l'âge de quatre ans n'en aura probablement pas la moindre trace.

Les enfants qui apprennent une deuxième langue quand ils sont très jeunes – entre trois et sept ans – réussissent certains tests aussi bien que d'autres dont c'est la langue maternelle. S'ils l'apprennent après huit ans, leurs résultats décroissent graduellement mais systématiquement, particulièrement durant la puberté. Quand on apprend une deuxième langue après la puberté, il n'y a plus de corrélation entre l'âge et les aptitudes linguistiques, qui sont toujours moindres que celles de l'enfance : les sujets de vingt ans ne réussissent pas mieux les tests que ceux de quarante. Cela s'applique même au discernement de sons simples : souvenez-vous des collègues japonais de Pat essayant d'entendre et de prononcer des « r » et des « l » anglais.

Pourquoi la difficulté d'apprendre une nouvelle langue croît-elle avec l'âge ? Selon la théorie traditionnelle des périodes clefs, le temps est la variable déterminante. Si l'on n'a pas entendu de « r » et de « l » anglais avant la puberté, on ne sera pas capable de les distinguer plus tard – comme les oiseaux incapables d'apprendre un chant au-delà de cinquante jours ou les chatons aveugles au-delà de quatre-vingts jours.

L'alternative est de considérer que l'apprentissage lui-même joue un rôle. Comme nous l'avons déjà vu, les bébés qui, dans leur petite enfance, sont en contact avec une langue particulière, forment des prototypes, c'est-à-dire des représentations décrivant le système de sons de cette langue. La construction de ces représentations affecte la perception que le bébé a de la parole : il devient pour lui impossible de distinguer certains sons de certains autres. Aux premières étapes du développement, nous sommes capables d'apprendre les prototypes de nombreuses langues différentes, mais le temps d'arriver à la puberté, et les représentations mentales des sons de notre langue usuelle se sont affirmées et sont devenues plus rigides, rendant moins aisée la perception des nuances de sons propres à une langue étrangère. Les représentations déjà acquises interfèrent avec celles du nouveau langage.

Si c'est à cause de ce type d'interférence que les adultes n'apprennent pas aussi facilement, le problème pourrait être résolu par l'émission d'un signal qui neutraliserait l'interférence. L'étude des enfants dyslexiques que nous avons décrite plus haut laisse supposer que c'est effectivement peut-être la solution. En plus d'autres problèmes plus généralement liés au langage, les enfants dyslexiques d'âge scolaire ont du mal à distinguer certains sons, comme les « p » et les « d ». Certaines études montrent que ces enfants font des progrès si on les aide à séparer les catégories sonores. Ils s'améliorent après avoir écouté des enregistrements modifiés par ordinateur qui amplifient les différences entre les sons. Ce langage « exagéré » que les enfants dyslexiques écoutent dans le cadre de leur traitement agit un peu comme le parler maternant. Cela laisse espérer que l'on puisse aider les Japonais adultes à apprendre l'anglais en leur faisant écouter des enregistrements qui amplifient la différence entre « l » et « r » : ce langage court-circuiterait l'interférence des représentations japonaises déjà développées. Il semble donc que les adultes aussi puissent tirer profit de l'écoute du parler maternant.

Le cerveau social

Une autre révélation surprenante des études récentes sur la plasticité du cerveau est que des facteurs sociaux peuvent modifier radicalement la manière dont les animaux apprennent. Nous l'avons vu, les bruants à couronne blanche peuvent apprendre le chant de leur espèce à partir d'une cassette entre leur vingtième et leur cinquantième jour. Or cette période critique semble s'assouplir en milieu social : face à un professeur en plumes et en os, un vrai oiseau qui chante devant eux, ils peuvent apprendre au-delà de leur cinquantième jour. L'interaction avec un oiseau plus âgé aide l'oisillon à apprendre.

Chez certaines espèces, la stimulation sociale est une condition nécessaire à l'apprentissage. Les pinsons zébrés, par exemple, n'apprennent pas bien avec une cassette : ils ont besoin d'échanger avec un « professeur » d'une cage voisine pour apprendre une chanson. Ils n'apprendront pas s'ils l'entendent seulement : il faut qu'ils puissent interagir avec lui de la manière habituelle aux pinsons zébrés pères et fils (les pinsons se bécotent et font leur toilette au lieu de faire du catch, et ils peuvent se retrouver dans le noir). Un pinson zébré apprendra le chant « étranger » d'un pinson bengali qui lui sert de père nourricier, même s'il entend d'autres adultes mâles chanter le bon chant non loin de lui. Les pinsons semblent partager la sagesse de Salomon (du moins en partie) : leur père est celui qui partage leur vie, et pas seulement leurs gènes.

Qu'en est-il des bébés ? Ont-ils besoin d'interagir avec des gens pour apprendre le langage ? Pourraient-ils apprendre à partir d'une cassette ou d'une télévision seulement ? Bien entendu, on ne peut pas séparer des bébés de leurs parents pour en faire l'expérience ; mais les bébés qui sont en pleine discussion et en plein flirt avec les gens qu'ils aiment semblent très impliqués et très attentifs ; ils semblent aussi très heureux, ce qui pourrait en partie expliquer pourquoi ils apprennent si vite.

Le cerveau dans le bateau

L'image qui émerge des nouvelles recherches en neurosciences est cohérente avec celle qui ressort des nouvelles perspectives de la psychologie. Il est évident que dès la naissance, une grande partie de la structure neurologique est en place. Mais il est tout aussi clair que le cerveau change radicalement au cours des premières années de la vie, et qu'il change en réaction à l'expérience. En d'autres termes, le cerveau apprend. Et cet apprentissage est loin d'être passif : le cerveau cherche activement à établir les bonnes connexions, et il se débarrasse de celles qui servent trop peu. Le cerveau se reprogramme.

De plus, les représentations résultant de l'apprentissage influencent le traitement par le cerveau des nouvelles expériences. L'expérience change le cerveau, et ces changements mêmes modifient la façon dont de nouvelles expériences vont affecter le cerveau. L'ordre dans lequel s'effectue le développement semble très important : les premiers choix détermineront grandement ceux qui seront ensuite possibles.

Les autres gens jouent sans doute aussi un rôle particulièrement important dans le façonnement du cerveau. Même les cerveaux des oiseaux semblent particulièrement réceptifs à leurs congénères, notamment aux oiseaux nourriciers. Tout simplement, le fait qu'une si grande partie de notre cerveau soit dévolue au traitement du langage et au déchiffrement des visages tend à suggérer que l'information provenant de nos semblables est primordiale. En d'autres termes, il semble que le cerveau aime apprendre des autres.

Ce que nous savons du cerveau confirme aussi l'idée que les bébés et les enfants aient des capacités et une motivation à apprendre très puissantes et que, de fait, ils apprennent bien davantage que les adultes. L'état des connaissances en neurologie et en psychologie conduit inévitablement à penser que les bébés sont bien plus intelligents que nous – en tout cas si l'intelligence se définit par la capacité à apprendre de nouvelles choses. L'avantage qu'ont les adultes vient précisément du fait qu'ils ont un jour été des bébés : ils peuvent utiliser les mécanismes mentaux hautement affinés, spécialisés et bien rodés qu'ils ont construits quand ils étaient petits pour faire toutes sortes de choses dont les bébés ne sont pas capables.

Andy et Alison ont un jour imaginé un monde de science-fiction où l'on pourrait donner instantanément aux bébés toutes les informations à la disposition des scientifiques, et les regarder résoudre à vitesse grand V nos problèmes les plus ardus. Dans un autre de leurs fantasmes, les grands génies de la science seraient les bénéficiaires d'une légère mutation dans l'échelonnement temporel de leur développement : ils garderaient leur cerveau de bébé un peu plus longtemps que le commun des mortels. Bien sûr, il ne s'agit là que de délires de l'imagination – qui recèlent cependant un fond de vérité. Les « instruments » de la culture – notre capacité à communiquer et à transmettre à chaque nouvelle génération les découvertes des précédentes – contribuent aussi à la façon miraculeuse dont les bébés apprennent ; et, adultes, nous conservons parfois quelque chose de nos capacités d'enfant à apprendre.

Nous ne sommes peut-être pas aussi intelligents que les bébés, mais la recherche récente suggère que nous le sommes plus que nous ne le pensons parfois. Si nous n'apprenons pas davantage, c'est justement peut-être parce que nous avons déjà tellement appris. De façon littérale aussi bien que métaphorique, les circuits que nous avons construits dans l'enfance nous fournissent l'essentiel de ce que nous avons besoin de savoir ; ils marchent remarquablement bien la plupart du temps, et nous sommes faits de sorte que leurs programmes très efficaces soient difficiles à changer. Mais même les adultes, quand ils sont confrontés à de nouveaux problèmes, à des environnements imprévus ou à des données inhabituelles semblent capables de remodifier ces circuits.

Comme le savoir, le cerveau lui-même ressemble au bateau d'Ulysse, tel que nous l'avons évoqué au chapitre précédent. Il se transforme de multiples façons en réponse à ce qui se passe autour de lui. En outre, des changements survenus au début du voyage peuvent déterminer quels changements surviendront plus tard. Si l'on décide de transformer une rame en mât, on ne pourra pas plus tard s'en servir comme d'une ancre. Il semble que les modifications les plus importantes surviennent au début du voyage ; à mesure que la navigation devient plus facile et le bateau plus efficace, les changements sont de moins en moins nécessaires. Mais on n'en a jamais vraiment fini de bricoler. Notre cerveau s'active jusqu'à la toute fin du voyage, quand nous, comme lui, ne sommes plus que des tranches inertes sous le microscope de neuroscientifiques. Même alors, notre bateau de savoir devient l'héritage de la génération suivante, qui a la charge de le reconstruire et de le réparer à son tour. Après tout, nos cerveaux ont été connectés aux leurs, même si le réseau transporte cette fois des chansons, des mots et des visages plutôt que de l'électricité, et même si les message sont transmis par la lumière, le son et le toucher plutôt que par des synapses. Et cette connexion demeure, même sous le microscope.

Chapitre VI

En traînant des nuées de gloire

« Nous n'avons pas complètement oublié,
Et nous ne sommes pas entièrement nus,
C'est en traînant des nuées de gloire
que nous venons… »
William Wordsworth,
Ode : pressentiments d'immortalité venant des souvenirs de la petite enfance

Que faire ?

En mars 1997, Pat était au téléphone quand sa secrétaire lui glissa ce mot : « La Maison-Blanche veut vous parler : ligne n°1. » Elle prit *illico presto* l'appel. Le secrétaire de Mme Clinton lui demandait d'intervenir lors d'une conférence prévue en avril à la Maison-Blanche sur le thème « L'apprentissage des bébés et le cerveau ». La question du développement cognitif des tout-petits était devenue l'objet d'un débat politique tellement passionné que le président Clinton et son épouse avaient organisé une rencontre sur le sujet. Six experts, dont Pat, devaient présenter l'état de la recherche concernant les trois premières années de la vie. Cette conférence donna lieu à des kilomètres d'articles dans la presse et à des tas de photos d'adorables bébés en couverture de magazines et à la télévision. Le bureau de Pat fut inondé de demandes de conseils, d'autorisations de réimpressions et d'interviews en tous genres.

Que dire au président ? Que dire aux parents qui demandaient comment ils devaient parler à leur bébé ? Le contenu entier de ce livre est une réponse possible. Il faut certes rendre compte d'une masse considérable de travaux scientifiques mais l'essentiel est relativement facile à comprendre. Or les gens pour qui les bébés sont importants devraient pouvoir se documenter sur la science du développement ailleurs que dans des revues techniques ou les pages « conseils » des magazines. Mais il n'est jamais facile de convertir la science en décision politique, que ce soit à l'échelle de parents confrontés à une « terreur de deux ans », ou à celle du gouvernement.

Élever des enfants est, par essence, une tâche difficile et incertaine, pour des raisons auxquelles la science ne peut rien. Pour la plupart des parents, rien n'est aussi important que le bien-être de leurs enfants. S'il y a une chose pour laquelle nous serions prêts à donner notre vie, c'est bien nos enfants. Et d'une certaine façon, moins mélodramatique, c'est ce que nous faisons : pendant quinze ou vingt ans, l'énergie quotidienne, la liberté individuelle, les revenus, l'attention, les préoccupations des parents, tout cela est donné aux enfants. Il n'y a rien de tel dans le reste de l'expérience humaine.

Dans le même temps, ce sérieux, cet engagement – ce but moral – s'accompagnent d'une profonde, et nécessaire, absence de contrôle. Un Premier Ministre anglais a déclaré un jour que la presse voulait « le pouvoir sans la responsabilité, ce qui, de tout temps, a été la prérogative de la courtisane ». Peut-être est-il logique que la prérogative de la mère (et bien sûr aussi celle du père) soit à l'exact opposé : les parents ont la responsabilité sans le pouvoir. Les pères et les mères sont à la merci d'innombrables incidents – quant au mélange génétique aléatoire composant le caractère et l'aptitude de leur progéniture, quant à la façon dont ce mélange va réagir à leurs propres caractères et aptitudes, quant à ce que se trouve être leur vie lors des quelques années que constitue une enfance, quant à ce que le reste du monde peut offrir à leurs enfants.

Que nous, parents, ayons moins de contrôle que de responsabilité peut aussi se comprendre de la façon suivante. Le but de l'« exercice », après tout, est de créer un sujet autonome : une personne qui pourra nous quitter, choisir de faire de graves erreurs et décider d'être parfaitement malheureuse. C'est comme tomber éperdument amoureux tout en sachant que dans vingt ans, l'objet de notre affection nous quittera pour d'autres amours. C'est d'ailleurs là notre tâche : faire en sorte que cet être cher nous abandonne pour d'autres. Dans le meilleur des cas, nos enfants deviennent des gens « bien », des adultes autonomes, qui nous considèrent avec une affection tolérante et amusée – qu'ils continuent à nous traiter avec l'attachement passionnel de l'enfance relèverait de la pathologie. Lorsqu'on élève un enfant, tout, des décisions lourdes de conséquences aux préoccupations quotidiennes – puis-je la laisser traverser la route ?

peut-il aller à l'école tout seul ? est-ce que je devrais regarder dans le tiroir de sa commode ? – tourne autour de la question du contrôle : comment y renoncer plutôt que le renforcer, comment céder le pouvoir plutôt que le conserver.

Il ne faut guère s'étonner que les parents soient tiraillés entre leur besoin d'être guidés et leur sentiment de n'avoir de conseils à recevoir de personne.

Ni que nombre de charlatans, d'escrocs et de petits chefs aient été et soient encore trop heureux de donner leur avis, en invoquant souvent l'autorité de la science. Il y a une longue histoire, en général pas très reluisante, de conseils « experts » qui ne s'appuient sur aucune observation empirique ou recherche expérimentale ; une histoire d'ordres donnés aux mères par des « experts » du sexe dit « fort », édictés sur la base d'une science qu'elles étaient censées être incapables de comprendre. Mais ce n'est pas tout. Pour le comprendre, nous vous proposons un petit détour par l'histoire de la médecine.

La maladie est une préoccupation si urgente pour les êtres humains qu'ils ont longtemps été prêts à accepter presque n'importe quels conseils et traitements, édictés au nom de n'importe quels savoir ou autorité, des sorts des chamans jusqu'aux saignées. Depuis une centaine d'années, on a commencé à intégrer de la « vraie » science à tout cela, mais la tâche demeure ardue. Au fond, peu nous importe que nos médecins comprennent l'écheveau complexe des facteurs responsables de nos cancers, de nos migraines, de nos crises d'angoisse : tout ce que nous voulons, c'est qu'ils nous guérissent.

Il en va de l'histoire des conseils aux parents comme de l'histoire de la médecine. Nous voulons des certitudes, et c'est la porte ouverte à l'escroquerie. Pendant des années, les mères se sont interdit de bouger la nuit quand leur bébé pleurait, parce que les « experts » disaient de ne pas prendre l'enfant et de ne pas le nourrir hors des horaires habituels. Elles auraient aussi bien pu opter pour une bonne saignée.

Ce qu'il y a de bien quand on sait ce que dit vraiment la science, c'est qu'on dispose alors d'une sorte de scepticisme protecteur qui devrait rendre très suspecte toute entreprise proposant une formule magique pour rendre les bébés plus intelligents ou plus savants, de certains jeux pseudo- éducatifs aux cassettes de Mozart en passant par les instituts pour futurs surdoués. Tout ce que nous savons des bébés suggère qu'au mieux, ces interventions artificielles sont inutiles, et qu'au pire, elles distraient des interactions normales entre adultes et enfants. Les bébés sont déjà aussi intelligents qu'ils peuvent l'être, ils savent ce qu'ils ont besoin de savoir et ils sont efficaces et sélectifs quand il s'agit d'obtenir les informations dont ils ont besoin. Ils sont conçus pour apprendre comment fonctionne le monde qui les entoure, et ils apprennent en jouant avec ce qu'ils trouvent dans cet environnement, et notamment avec les gens qui les aiment. Un des avantages, et non le moindre, de posséder un minimum de connaissance scientifique est qu'il immunise contre la pseudo-science.

Mais la science elle-même a-t-elle quelque chose à dire ? Son enseignement le plus important est qu'il faut donner aux parents, et aux adultes en général, le temps et l'énergie d'exercer leur capacité naturelle à aider les enfants à apprendre. Elle nous dit, entre autres choses, que la nature nous a conçus pour éduquer les enfants, tout comme elle a conçu les enfants pour profiter de cette éducation. S'occuper de bébés ou de jeunes enfants revient toujours à leur apprendre quelque chose. Le mieux est sans doute de combiner nos réponses instinctives aux bébés et les fruits d'une longue tradition d'observation et d'expériences pratiques. C'est précisément cette combinaison qu'offrent les vrais experts, comme Berry Brazelton, Benjamin Spock ou Penelope Leach. Ce que la recherche scientifique prescrit de faire, c'est précisément ce que nous faisons quand nous sommes avec nos bébés – parler, jouer, faire des grimaces, s'intéresser à eux. Il nous faut juste le temps nécessaire.

La science suggère également que ni les bébés ni les adultes ne sont figés dans des façons d'apprendre et d'enseigner, des réflexes établis par l'évolution à l'ère du Pléistocène et à jamais immuables. Au contraire, la souplesse du système cognitif humain est aussi impressionnante que sa richesse initiale. Nous sommes des créatures nées pour découvrir de nouveaux endroits et nous adapter à ce que nous y trouvons. Bien sûr, il y a ce que l'on pourrait appeler l'« effet beurre » : nous gardons certains traits (par exemple notre passion pour les graisses animales) qui nous ont été très utiles au Pléistocène mais qui ne sont plus adaptés à notre environnement actuel. Cependant, un instinct plus fort encore conduit à ce que l'on pourrait appeler l'« effet vélo d'appartement ». Les êtres humains aiment les explications autant que les gâteaux et la brioche ; notre besoin de comprendre peut nous aider à découvrir de nouvelles choses sur nous-mêmes ; nous pouvons donc remarquer que nous sommes irrésistiblement attirés par les graisses animales, prendre conscience des dangers d'une telle attraction et inventer de nouveaux outils pour y faire face. Nous pouvons refaçonner notre monde, tout au moins y ajouter des vélos d'appartement. Cette réaction est aussi naturelle que celle que nous avons face au beurre.

Cela vaut aussi quand on élève des enfants. De tout temps, les êtres humains ont adapté leur façon d'élever leurs enfants à l'environnement dans lequel ils se trouvaient. Dans certaines circonstances tragiques, où les ressources étaient insuffisantes, il leur a parfois fallu apprendre à ne pas prendre soin de leurs bébés. À de sombres époques, les parents ont même dû abandonner leurs enfants, toujours au prix d'un terrible déchirement. Les anthropologues s'appuient parfois sur cela pour affirmer qu'il n'y a pas d'aptitude naturelle, innée, à prendre soin des petits. Mais un tel raisonnement ne vaut que si l'on pense que la nature nous a uniquement dotés de façons d'agir préétablies et rigides. La recherche actuelle tend à montrer que les êtres humains suivent une inclination naturelle en s'occupant de leurs enfants, mais que leur manière de suivre cette inclination peut être très différente selon les environnements.

Pour en revenir à aujourd'hui, on peut penser que notre environnement a radicalement changé, et que nous n'avons pas encore trouvé comment modifier nos comportements en réaction. Il y a cent ans, très peu de mères américaines – et à peine plus de pères – travaillaient hors de leur foyer. La plupart des Américains étaient des fermiers, et les familles de fermiers – hommes, femmes et enfants – travaillaient et vivaient, enseignaient et apprenaient au même endroit. Les femmes ont quitté leur foyer pour travailler presque en même temps que les hommes (les hommes politiques ne s'y entendant pas très bien en histoire, cela explique sans doute pourquoi on n'entend pas d'appels enjoignant les hommes de quitter leur travail et de rentrer s'occuper de leur foyer). Ce changement dans notre environnement, à savoir le passage d'une économie agricole de cueilleurs-chasseurs à une économie industrielle, a évidemment eu d'importantes conséquences sur la manière d'élever des enfants.

Les économistes disent souvent que le revenu des familles n'a pas diminué depuis 1973. C'est sans tenir compte du fait capital que désormais les parents travaillent tous les deux – souvent plus et plus durement – pour fournir le revenu qu'un seul parent obtenait il y a trente ans. Les enfants, dont les biens les plus précieux sont le temps, l'énergie et la compagnie des adultes, y ont beaucoup perdu. Il faut pourtant bien que quelqu'un s'occupe d'élever les enfants – ce que faisaient les femmes il y a trente ans, et les hommes, les femmes, et la famille au sens large il y a cent ans. La morale scientifique n'est pas que nous ayons besoin d'« experts » pour nous dire comment nous occuper de nos enfants. Ce dont nous avons besoin, c'est de temps, d'espace et d'occasions de faire ce que nous ferions de toute façon. C'est précisément ce que nous sommes en train de perdre.

Soyons optimistes. Pourquoi les êtres humains ne finiraient-ils pas, là encore, par adapter leurs comportements et leurs traditions culturelles aux nouvelles données du monde alentour ? Même dans cette ère postindustrielle, nous pouvons continuer à procurer à nos enfants ce dont ils ont besoin pour exercer spontanément leurs capacités à apprendre. L'invention de l'école publique est un exemple de réponse à l'évolution de l'environnement. Nous ne sommes pas prêts de retourner dans nos fermes, et les sombres et diaboliques usines de l'ère industrielle ont déjà cédé la place aux bureaux bien éclairés (et peut-être tout aussi diaboliques) de la société de l'information. Nous devons déterminer comment élever nos enfants ici et maintenant. Il nous faut faire preuve d'inventivité et de volonté pour permettre aux bébés et aux petits enfants d'exercer leur capacité innée à apprendre, et aux adultes (pas seulement aux mères, mais à nous tous) d'exercer leur capacité, tout aussi innée, à les aider.

Cette tâche, nous ne devons pas seulement l'accomplir dans nos vies personnelles. Nous devons nous y atteler au-delà de nos foyers, au niveau national : dans les régions, les villes, les universités et les entreprises. [Les propositions qui suivent doivent être replacées dans le contexte américain, où l'aide étatique en matière sociale est moins développée qu'en France.] Nous franchirions déjà un grand pas en accordant une aide publique aux crèches et aux jardins d'enfants. Cette aide existe pour l'école, parce que nous savons que l'éducation des enfants relève de l'intérêt général. Elle existe aussi en matière de santé parce que nous savons qu'il existe des périodes de la vie où l'on est particulièrement vulnérable et où l'on a besoin que l'on prenne soin de nous. Il en va de même pour les bébés et les jeunes enfants. Pour eux, être en compagnie d'adultes qui leur consacrent du temps et de l'attention, c'est déjà être à l'école. Cette aide publique pourrait prendre diverses formes : elle permettrait de rémunérer correctement le personnel des crèches, elle pourrait être adressée aux parents sous la forme d'allocations substantielles ou de réductions d'impôts. Pourquoi ne pas imaginer un système de bons que les parents pourraient utiliser pour payer la crèche ou acheter du temps de vacances ?

On pourrait aussi dès à présent changer l'organisation du travail afin de créer des emplois à temps partiel offrant les mêmes avantages et le même salaire qu'un emploi à temps complet, et d'assouplir les horaires et les plans de carrière. Notre propre lieu de travail, l'université, fournit à la fois de bons et de mauvais exemples. Pendant des années, les professeurs ont travaillé chez eux et organisé leurs propres emplois du temps, sans perte de productivité. Mais le déroulement de nos carrières est en profonde contradiction avec les impératifs de l'évolution – les années où les universitaires doivent travailler le plus sont précisément celles où les femmes peuvent avoir des enfants.

Notre attitude envers les bébés est si naturelle qu'elle doit être facilement combinable avec d'autres activités, comme c'était certainement le cas au Pléistocène. Peut-être le télétravail – un foyer équipé de tous les outils de communication modernes, le berceau à côté du fax – sera-t-il l'équivalent moderne du bébé accroché dans le dos de sa mère ou du père labourant à côté de ses enfants ? Peut-être le cercle des collègues et des amis remplacera-t-il le groupe familial ? Car grands-parents, oncles et tantes ont eux aussi disparu de la vie des enfants au moment précis où ceux-ci auraient eu le plus besoin d'eux, et petits-enfants, neveux et nièces ont également malheureusement disparu de nos vies. Peut-être construirons-nous des institutions permettant aux gens dont les enfants ont grandi, ou qui n'ont pas d'enfants, de s'occuper de ceux des autres ?

La science du développement peut jouer un rôle en apportant l'information nécessaire à l'adaptation de nos outils. Mais si nous sommes dans le vrai, cette capacité à imaginer de nouvelles possibilités comme celles que nous venons de proposer, cette capacité à expliquer, réfléchir et changer n'est pas réservée aux scientifiques, qu'ils soient spécialistes du développement ou d'autre chose. La meilleure façon de conjuguer science et politique est d'avoir des citoyens bien informés. Les femmes, en particulier, ont appris que le meilleur moyen de se comporter de façon responsable quant à leur santé était de comprendre ce que disait la biologie et ce qu'elle ne disait pas (qu'il s'agisse du cancer du sein, des œstrogènes ou de l'accouchement), et de prendre leurs propres décisions. Un de nos objectifs, en écrivant ce livre, est de permettre à des non-scientifiques de comprendre les sciences du développement. Du reste, l'une des conclusions des recherches en sciences du développement est précisément que les non-scientifiques *peuvent* comprendre la science, cette dernière n'étant qu'une extension de notre compréhension quotidienne du monde. Les décisions que nous prenons sont toujours basées sur ce que nous savons, et la science est l'une des composantes de ce savoir. Être informé sur les sciences du développement peut aider à prendre des décisions en connaissance de cause ; mais ces décisions appartiennent à chacun.

Les nuées

L'une des raisons pour lesquelles les bébés nous intéressent est que nous sommes responsables de ce qui leur arrive. Une autre raison, tout aussi importante, de s'intéresser au développement tient, non au fait que les bébés deviendront un jour des adultes, mais au fait que nous, adultes, avons un jour été bébés. En étudiant les enfants, nous nous étudions nous-mêmes ; en observant comment ils se développent, nous voyons comment nous sommes devenus ce que nous sommes. La recherche en développement apporte de nouvelles solutions empiriques à d'antiques questions philosophiques, telle la question de la connaissance. On comprend comment on en arrive à savoir que les autres gens sont eux aussi des consciences intelligentes, qu'il y a un monde à l'extérieur de nous-mêmes, que les sons ont un sens. On voit comment notre savoir émerge des idées que nous avons au départ, de notre capacité à apprendre et de nos interactions avec d'autres gens. Ces explications sont en outre d'une très large application : elles valent pour ce que font les bébés, mais aussi pour ce que font les scientifiques – peut-être même pour ce que font les artistes et les hommes politiques.

Les bébés, qui sont les êtres les plus doués de l'Univers pour apprendre, peuvent aussi nous inspirer d'autres types d'apprentissage. La métaphore de l'ordinateur nous a aidés à comprendre ce qui se passe dans le cerveau des bébés, laquelle compréhension va à son tour nous permettre de construire de nouveaux modèles d'ordinateurs, plus puissants. Les bébés peuvent nous aider à créer des machines qui ne se contenteraient pas d'appliquer des programmes prédéterminés, mais qui interagiraient avec le monde extérieur et en tireraient des enseignements. La compréhension de la façon dont les bébés décodent le langage nous a déjà permis de construire des ordinateurs qui comprennent ce qu'on leur dit. Comprendre la manière dont les bébés apprennent nous aide à comprendre non seulement la manière dont nous-mêmes apprenons, mais également les mécanismes qui rendent l'apprentissage possible, quel que soit le système physique – l'ordinateur posé sur notre bureau aussi bien que celui logé dans notre crâne.

Mais, au final, la véritable raison est tout simplement que les bébés et les jeunes enfants sont, intrinsèquement, infiniment précieux et intéressants. Quand on observe attentivement, soigneusement et en s'interrogeant les choses qui nous entourent, elles se révèlent toujours plus intéressantes, plus structurées, plus compliquées, plus étranges et plus remarquables qu'on ne l'avait imaginé. C'est ce qui s'est passé quand Kepler s'est mis à observer les étoiles, Darwin les pinsons et Marie Curie un morceau de pechblende. C'est aussi ce qui s'est passé quand Jane Austen a observé un village de province et Proust une petite madeleine, quand Vermeer a regardé une dentellière et Juan Gris une tasse de café.

C'est ce qui s'est passé quand des psychologues du développement ont observé attentivement, soigneusement et en s'interrogeant ce qui se passait dans la tête des bébés et des jeunes enfants. L'idée d'une grande chaîne du savoir qui commencerait avec des bébés ignares et cheminerait à travers l'enfance jusqu'aux adultes ordinaires pour culminer avec les génies scientifiques et artistiques est une aberration. Ce qui se passe dans la tête des bébés est aussi riche, abstrait, complexe et puissant que ce qui se passe dans la nôtre. Les bébés pensent, raisonnent, apprennent et connaissent tout autant qu'ils agissent et ressentent. Certes, ce qu'ils pensent est souvent radicalement différent de ce que nous pensons. Les enfants sont à la fois étonnamment semblables à nous, et étonnamment dissemblables.

Cette nouvelle façon de considérer les bébés et les jeunes enfants n'est pas sans implications morales. Les mesures éducatives esquissées plus haut s'inscrivent dans un questionnement plus général : comment transformer les bébés et les enfants en adultes responsables ? Or, ce qu'indiquent les recherches actuelles, c'est que les bébés et les jeunes enfants sont déjà des êtres humains à part entière. Nous n'avons peut-être guère de contrôle sur ce qu'ils deviendront, mais nous avons un pouvoir énorme sur leurs vies d'enfants, et ces vies sont tout aussi importantes que des vies d'adultes. Les enfants ne sont pas seulement précieux en tant que futurs adultes, mais aussi en tant qu'individus à part entière, qui pensent et ressentent.

Jusqu'à très récemment, les médecins n'utilisaient pas d'analgésiques pour opérer les jeunes bébés, parce qu'ils pensaient que leur cerveau était trop primitif pour ressentir de la douleur ou s'en souvenir. C'est un exemple particulièrement frappant, mais il est vrai qu'on sous-estime souvent la douleur des enfants par rapport à celle des adultes. Battre un enfant n'est pas condamnable parce que cela en fera un adulte névrotique, mais simplement parce que c'est faire du mal à un enfant. Divorcer ne risque pas de produire de futurs adultes qui auront du mal à avoir une vie sentimentale stable, mais bien de meurtrir les enfants. Si les parents sont importants, ce n'est pas parce qu'ils façonnent la personnalité adulte de leurs enfants, mais parce qu'ils influencent de la façon la plus cruciale la vie de leurs enfants tant qu'ils sont enfants.

Observer attentivement les bébés conduit à les traiter différemment. Mais les implications en sont bien plus profondes : cela nous permet de comprendre d'où vient cette capacité à observer attentivement. Le trait le plus intéressant chez les bébés est justement qu'ils s'intéressent à tout ; leur capacité à l'émerveillement est bien la chose la plus merveilleuse chez eux.

Le grand psychologue du développement John Flavell nous a confié un jour qu'il échangerait volontiers tous les prix et récompenses qu'il avait reçus contre quelques minutes pendant lesquelles il retrouverait ses yeux d'enfant. Les poètes romantiques du début du XIXe siècle comme Wordsworth ou Blake avaient la même ambition. Ils pensaient que l'enfance était l'époque de la vie où l'on voit l'univers le plus clairement et où l'on en fait l'expérience la plus intense – « Un temps où champs, bosquets, ruisseaux, la terre, toutes choses communes, pour moi était baignées d'une lumière céleste ». L'époque où l'on voyait « un monde dans un grain de sable et un paradis dans une fleur sauvage ». Wordsworth et Blake avaient aussi compris qu'il arrivait parfois aux adultes de retrouver cette clarté et cette intensité dans leur appréhension du monde. Ils savaient que ces instants faisaient partie de l'expérience de la création, qu'ils permettaient de faire de la poésie.

Nous pensons que Wordsworth et Blake avaient raison en cela. En revanche, ils avaient tort de penser que ces expériences s'opposent à celles de la raison, de la réflexion, de la déduction logique et de l'expérimentation – en un mot, à la science. Ils avaient tort de croire que le savoir des enfants s'oppose au savoir des scientifiques. Blake avait fait de Newton son grand ennemi symbolique, mais ils se ressemblaient en fait bien plus qu'ils ne s'opposaient (jusque dans leur tendance commune à se comporter parfois comme des fous tout droit échappés de l'asile). La science n'est pas l'activité froide et détachée de la légende populaire, mais une aventure parfois aussi extatique que la poésie romantique (jusqu'aux nuits blanches et aux cheveux en bataille). Dans leurs grands moments, les scientifiques voient eux aussi ce qu'il y a de « splendeur dans l'herbe » et de « magnificence dans la fleur ». Eux aussi connaissent par éclairs cette forme de lucidité qui marie vérité et beauté.

Si notre conception des bébés est romantique, c'est, nous l'espérons, au sens poétique du terme : *Ode : pressentiments d'immortalité* et *Augures d'innocence* nous semblent décrire exactement ce que c'est qu'être un enfant. Ce dont le monde avait l'air quand notre cerveau comptait quinze mille synapses par neurone et consommait deux fois plus de glucose. C'est encore parfois la façon dont, adultes, nous percevons le monde, même si ce n'est que sous forme de pressentiments et de présages. Cela se vérifie en tout cas en matière de création, qu'elle soit artistique ou scientifique, qu'on en soit l'acteur ou le spectateur.

La recherche contemporaine va plus loin. Au-delà de ces pressentiments de vérité, de cette sensation d'être en phase avec le monde, nous approchons effectivement la vérité : nous sommes véritablement en phase avec le monde, nous le comprenons vraiment. La nature nous a conçus capables de la comprendre. Nos yeux ont évolué de sorte à pouvoir nous donner une image exacte du monde, de même pour notre cerveau. Mais, contrairement aux yeux, le cerveau ne se contente pas de nous donner une réponse par question : nous sommes conçus pour créer une série d'images du monde et pour les remettre constamment à jour. C'est ce que nous faisons quand nous faisons de la science ou une activité artistique ; c'est ce que nous faisons presque en permanence lorsque nous sommes très jeunes.

Un aspect de la sensibilité romantique – aspect que nous partageons inévitablement, dans une certaine mesure – consistait à se lamenter sur la perte de cette lucidité de l'enfance et sur son remplacement par les devoirs et obligations plus terre à terre de l'âge adulte. Reçu puis perdu, le lot de nos pouvoirs ; ce que nous avons vu, disparu dans le soir. L'accession à l'âge adulte équivaudrait à une perte, à une déchéance, ce que démentiraient occasionnellement quelques génies.

Ce serait méconnaître l'autre versant de la question, le privilège exclusif des adultes. Quand nous endossons la responsabilité de nous occuper d'enfants, nous ne renonçons pas au projet romantique, nous y participons. Du simple fait que nous les regardions. Pensez au trajet le plus ordinaire et le plus ennuyeux qui soit, celui qui mène au magasin du coin de la rue. Faire ce même trajet avec un enfant de deux ans, c'est comme d'aller acheter du lait avec William Blake. Cette rue d'une affligeante banalité devient une sorte de cirque. Il y a des portes qui ne s'ouvrent que dans un sens, mais peut-être dans les deux si l'on sait s'y prendre, des murets sur lesquels on peut marcher, en faisant très attention ; des bouches d'égout recouvertes de dessins réguliers et fascinants ; des bouts de publicités colorées pour des livraisons de pizzas ; des étrangers bizarres que l'on peut examiner caché derrière la jambe protectrice d'un parent ; tout un zoo de créatures, depuis les minuscules punaises et vers de terre jusqu'à ce gros chien terriblement excitant (ou terriblement terrifiant) qui aboie. La course devient mille fois plus intéressante, même si, bien sûr, elle prend mille fois plus de temps. Regarder les enfants réveille notre propre capacité à l'émerveillement et à la connaissance.

Mais nous sommes plus que des témoins du génie romantique en pleine action. En prenant soin de nos enfants, nous aidons l'espèce humaine à trouver la vérité et à comprendre le monde. Il est vrai que cela implique de passer beaucoup de temps à changer des couches, moucher des nez et faire des tartines. Beaucoup de soucis et de fatigue aussi. Mais cette vaste entreprise est aussi pour une grande part – et c'est la meilleure – faite de bisous et de petits noms, de jeux et de rires. Nous n'avions guère de raisons de penser que flirter avec les bébés pouvait aider à résoudre la question des autres, que jouer à cache-cache avait quoi que ce soit à voir avec la métaphysique, ou que parler maternant était la clef au problème du sens. C'est pourtant précisément ce que les sciences cognitives du développement ont découvert. Nous autres, êtres humains, sommes faits pour réaliser nos plus grands projets en recherchant les petits bonheurs du quotidien.

Notes

Chapitre I

24-25. Nature et utilités de l'immaturité : Bruner, 1972 ; Gould, 1977.

27. *Le Ménon* : Platon, 1999.

28-29. La « grande chaîne du savoir » : Locke, 1972 ; Rousseau, 1961 ; Itard, 1962.

29. L'esprit comme « *tabula rasa* » : Locke, 1972.

30. Wordsworth, 1997.

28-31. Les façons de percevoir les enfants à travers les âges : Ariès, 1960.

32. Le sens de l'observation d'Aristote : Russell, 1948.

32. Autobiographie de Piaget : Piaget, 1952. Ses livres incontournables sur les premières étapes du développement de la pensée : Piaget, 1936, 1937, 1945. L'analyse de sa théorie : Flavell, 1963.

36. Biographie et œuvre de Vygotski : Wertsch, 1985 ; Vygotski, 1997.

39. Freud et Skinner : Les positions freudiennes ont incité d'autres chercheurs à adopter une approche expérimentale pour étudier les bébés et les jeunes enfants : Bowlby, 1969, 1973 ; Winnicott, 1975 ; Ainsworth *et al.*, 1978 ; Stern, 1985. De la même manière, le travail de Skinner sur le conditionnement a posé les fondations de techniques d'expérimentation actuellement utilisées pour étudier les bébés : voir les chapitre II à IV.

42. Le nouveau domaine des sciences cognitives : Gardner, 1985 est un compte rendu très intéressant et accessible de l'émergence de ce domaine de recherche.

CHAPITRE II

45. Ce que comprendre ce qui se passe dans la tête des autres signifie en termes d'évolution : Byrne et Whiten, 1988 ; Povinelli et Preuss, 1995 ; Povinelli et Eddy, 1996 ; Tomasello et Call, 1997.

49-50. Techniques permettant de repérer ce que distinguent et préfèrent les bébés : Franz, 1963 ; Kagan, 1970 ; Gottlieb et Krasnegor, 1985 ; Mehler et Fox, 1985 ; Gibson, 1987 ; Salapatek et Cohen, 1987 ; Kellman et Arterberry, 1998.

50. Quand les bébés s'ennuient, « s'habituent » : Cohen, 1979 ; Slater, Morison et Rose, 1984 ; Hood *et al.*, 1996 ; Quinn et Eimas, 1996 ; voir aussi la note précédente.

50-51. La préférence des nouveau-nés pour a) la voix et le langage de leur mère : De Casper et Fifer, 1980 ; Mehler *et al.*, 1988 ; Moon, Cooper et Fifer, 1993. ; b) l'odeur de leur mère : Macfarlane, 1975 ; porter *et al.*, 1991 ; c) le visage de leur mère : Field *et al.*, 1984 ; Bushnell, Sai et Mullin, 1989 ; Walton, Bower et Bower, 1992 ; Pascalis *et al.*, 1995.

51. La compréhension qu'ont les bébés des émotions liées aux expressions faciales : Nelson, 1987 ; Walker-Andrews, 1997.

51. Savoir comment les gens bougent : Bertenthal et al., 1985 ; Bertenthal, Profitt and Kramer, 1987 ; Bertenthal, 1993.

52. Le développement de la vision chez les bébés : Banks, 1980 ; Atkinson, 1984 ; Aslin, 1987 : Kellman et Banks, 1998.

52. Imitation des expressions faciales : Meltzoff et Moore, 1977, 1983, 1992, 1994. Pour des comparaisons avec d'autres cultures, des analyses de pourquoi et comment les bébés imitent autrui, et un compte-rendu de ce qu'ils apprennent ce faisant, voir Meltzoff et Moore, 1997, et Nadel et Butterworth, 1999.

54. La manière ingénieuse qu'a la nature de nous aider, tout bébés, à résoudre le problème dit d'autrui : Meltzoff et Gopnik, 1993 ; Gopnik et Meltzoff, 1994 ; Meltzoff et Moore, 1995.

54. Les bébés sont en phase avec les autres êtres humains : Watson, 1972 ; Brazelton, Koslowski et Main, 1974 ; Bruner, 1975 ; Trevarthen, 1979 ; Brazelton et Tronick, 1980 ; stern, 1985 ; Muir et Hains, 1993 ; Braten, 1999.

56. Un changement frappant dans la façon d'interagir avec les autres gens : Trevarthen et Hubley, 1978 ; Campos et Stenberg, 1981 ; Baldwin et Moses, 1994 ; Carpenter, Nagell et Tomasello, 1998.

57. Comprendre ce que signifie montrer du doigt : Desrochers, Morissette et Ricard, 1995 ; Franco et Butterworth, 1996 ; Butterworth, 1997 ; O'Neill, 1996.

58. Regarder une boîte avec l'air dégoûté et l'autre avec l'air ravi : Repacholi, 1998.

58. Les bébés apprennent à utiliser de nouveaux objets en observant les adultes : Meltzoff, 1888a, b ; Klein et Meltzoff, 1999 ; ils apprennent aussi en regardant des adultes à la télévision : Meltzoff, 1988c.

59. Les jeunes enfants comme êtres de culture : Meltzoff, 1988d ; Bruner, 1990 ; Rogoff, 1990 ; Tomasello, Kruger et Ratner, 1993 ; Meltzoff et Moore, 1999a.

61-62. Les désirs contradictoires dans l'affaire des chips délicieuses contre les immondes brocolis : Repacholi et Gopnik, 1997.

62. Les « petites terreurs » de deux ans : Gopnik et Meltzoff, 1997 ; Repacholi et Gopnik, 1997.

64-65. Empathie : Brothers, 1989 ; Harris, 1989 ; Zahn-Waxler *et al.*, 1992.

65. Changer de point de vue et être capable de comprendre celui de quelqu'un d'autre : Maskanglay *et al.*, 1974 ; Lempers, Flavell et Flavell, 1977 ; Flavell *et al.*, 1981 ; Gopnik, Slaughter et Meltzoff, 1994 ; Gopnik, Esterly et Meltzoff, 1995.

68. Le grenier à conversations et Childes : MacWhinney et Snow, 1985, 1990. Les analyses des premières utilisations de termes désignant des états mentaux et les exemples sont tirés de Bartsch et Wellman, 1995.

70. Les mystifications de la pensée : Brentano, 1944 ; Fredge, 1952 ; Flavell *et al.*, 1981 ; Leslie, 1987 ; Forguson et Gopnik, 1988 ; Wellman, 1990 ; Perner, 1991.

72-73. Walter Scott, les bonbons, les « boîtes pièges » et les croyances erronées : Wimmer et Perner, 1983 ; Flavel, Green et Flavel, 1986 ; Perner, Leekam et Wimmer, 1987 ; Astington, Harris et Olson, 1988 ; Gopnik et Slaughter, 1991 ; Astington, 1999 ; Taylor, 1996 ; Flavell et Miller, 1998.

74. Les jeunes enfants ne se souviennent pas

comment ils ont appris quelque chose : Gopnik et Graf, 1988 ; Wimmer, Hogrefe et Perner, 1988 ; O'Neill et Gopnik, 1991 ; O'Neill, Astington et Flavell, 1992.

74. Même de tout jeunes enfants se souviennent longtemps de certaines choses : Meltzoff, 1995b.

76. Les bébés passionnés de Freud : Freud, 1991.

76. Les bébés oies de Lorenz : Lorenz, 1937.

76-77. L'attachement entre la mère et l'enfant : Klaus et Kennell, 1982 ; Klaus, 1998.

77-79. Les modèles internes opérants, les théories de l'attachement, et ce que l'amour a à voir là dedans : Bretherton et Waters, 1985 ; Main, 1991 ; Waters et al., 1995 ; Werner et Smith, 1998.

79-80. Les enfants sont de mauvais menteurs : Chandler, Fritz et Hala, 1989 ; Sodian, 1991 ; Sodian *et al.*, 1991 ; Peskin, 1992 ; Russel, Jarrold et Potel, 1994.

80. La politesse, masquer ses émotions : Harris, 1989.

81. Pourquoi la « vraie » école commence vers cinq ou six ans : Rogoff *et al.*, 1975 ; Gardner, 1991 ; Taylor, Esbensen et Bennet, 1994 ; Astington et Pelletier, 1996 ; Bruner, 1996.

81. L'amnésie infantile : Nelson, 1990 ; Gopnik, 1993 ; Newcombe et Fox, 1994 ; Meltzoff, 1995b ; Perner et Ruffman, 1995.

83-86. L'autisme ou être aveugle aux autres : Hobson, 1993 ; Baron-Cohen, 1995 ; Grandin, 1996 ; Happé, 1995 ; Sachs, 1995 ; Sigman et Capps, 1997 ; Dawson *et al.*, 1998 ; Baron-Cohen, Tager-Flusberg et Cohen, 1993, 1999.

86. Devenir un psychologue : Wellman, 1990 ; Perner, 1991 ; Gopnik, 1993 ; Gopnik et Wellman, 1994 ; Bartsch et Wellman, 1995 ; Flavell et Miller, 1998 ; Meltzoff, Gopnik et Repacholi, 1999.

87. Les enfants apprennent en scientifiques : Slaughter et Gopnik, 1996.

89. Résultats différents aux test de QI et tempéraments différents entre aînés et cadets : Dunn et Plomin, 1990 ; Sulloway, 1999.

89-90. Les aînés influencent le développement de leurs cadets : Perner, Ruffman et Leekam, 1994 ; Brown, Donelan-McCall et Dunn, 1996 ; Jenkins et Astington, 1996 ; Ruffman *et al.*, 1998.

CHAPITRE III

94. Les spectacles de magie ou voir le monde avec les yeux d'un bébé : Gopnik et Meltzoff, 1997.

95. Le chemin sinueux qui mène du monde au cerveau : Aristote, 1994 ; Descartes, 1996 ; Berkeley, 1969.

96. La réponse moderne : Marr, 1982 ; Pinker, 2000 ; Palmer, 1999.

98. L'attrait des rayures : Haith, 1980.

100. L'importance du mouvement et du principe du « destin commun » : Bower, 1982 ; Kellman et Spelke, 1983 ; Slater, Morison et Rose, 1984 ; Hofsten et Spelke, 1985 ; Spelke *et al.*, 1993 ; Kellman et Arterberry, 1998.

101. Prédire où les objets vont apparaître : Moore, Borton et Darby, 1978 ; Bower, 1978 ; Baillageon et Graber, 1987 ; Spelke *et al.*, 1992 ; Munakata *et al.*, 1997 ; Haith, 1998 ; Meltzoff et More, 1998.

102. Berkeley pensait que le toucher informait la vision : Berkeley, 1969.

102-103. Notion de distance et perception tridimensionnelle chez les bébés : Bower, 1978 ; Yonas et Owsley, 1987.

103-104. Constance de taille : Bower, 1978 ; Grandrud, 1987 ; Slater, Mattock et Brown, 1990.

104. Locke et le problème d'un aveugle de naissance qui recouvrerait la vue : Locke, 1972. Voir Sachs, 1995, pour l'exemple récent d'une opération chirurgicale de la cataracte chez un aveugle, et Meltzoff, 1990b, sur la question de la coordination entre la vue et le toucher dans le cadre d'un développement normal.

104. Des tétines pour résoudre le problème de Locke : Meltzoff et Borton, 1979 ; Gibson et Walker, 1984 ; Kaye et Bower, 1994. Voir aussi Bryant *et al.*, 1972 pour des recherches sur des bébés légèrement plus âgés.

105. Rapport son/vision. Localisation dans l'espace : Wertheimer, 1961 ; synchronie dans le temps : Spelke, 1979, 1987 ; Bahrick, 1987 ; Lewkowicz et Lickliter, 1994.

105. « aaah » – les bébés lisent sur les lèvres : Kuhl et Meltzoff, 1982, 1984 ; voir aussi MacKain *et al.*, 1983 ; Walton et Bower, 1993.

109. L'appréhension de la disparition des objets dans les six premiers mois de la vie suscite un énorme débat au sein de la communauté scientifique : Bower, 1978 ; Baillargeon, 1993 ; Gopnik et Meltzoff, 1997 ; Munakata *et al.*, 1997 ; Haith, 1998 ; Meltzoff et Moore, 1998, 1999b ; Spelke, 1998.

108-109. Le fait de retrouver des objets cachés chez les bébés de huit à vingt-quatre mois : Piaget, 1937 ; Bower, 1978 ; Butterworth et Jarrett, 1982 ; Harris, 1987 ; Moore et Meltzoff, 1999.

110. La causalité selon Hume : Hume, 1973.

110-111. Les bébés présument certaines relations de causalité entre leurs actions et certains événements : Lipsitt, 1969 ; Lipsitt et Werner, 1981 ; Papousek, 1969 ; Papousek et Papousek, 1984 ; Watson, 1972 ; Rovee-Collier et Lipsitt, 1982 ; Bower, 1989.

111. Attacher un ruban au pied du bébé : Rovee-Collier et Gegoski, 1979 ; Rovee-Collier *et al.*, 1980 ; Rovee-Collier, 1990.

112-113. La pensée magique et irrationnelle chez les enfants et les adultes : Piaget, 1937 ; Evans-Pritchard, 1972 ; Atran, 1990 ; Shweder, 1991 ; Boyer, 1994 ; D'Andrade, 1995 ; Cole, 1996 ; Shore, 1996 ; Sperber, 1996 ; Shweder *et al.*, 1998 ; Lillard, 1998.

114. Le fait de tirer sur la couverture et la causalité : Willatts, 1984, 1989.

115. L'utilisation du râteau comme… râteau : Piaget, 1937 ; Uzgiris et Hunt, 1975 ; Gopnik et Meltzoff, 1986.

116. La causalité du type « boule de billard » : Leslie, 1984 ; Leslie et Keeble, 1987 ; Oakes et Cohen, 1995. Pour Leslie, les bébés de six mois comprennent les relations causales du type « boule de billard » alors que, selon Oakes et Cohen, cette compréhension n'émerge que vers dix mois. Pour une étude des racines de la causalité psychologique, voir Gergely *et al.*, 1995 ; Meltzoff, 1995a ; Woodward, 1998.

116. Les enfants continuent à apprendre sur la causalité et commencent à donner les bonnes explications causales : Bullock et Gelman, 1979 ; Gelman, Bullock et Meck, 1980 ; Kalish, 1988 ; Wellman, Hickling et Schult, 1997.

117. L'amour platonique, les pois de senteur et les différentes sortes de choses : Platon, 2003a ; 2003b.

117-118. La catégorisation des objets sur la base de leur similarité : Kripke, 1975 ; Goodman, 1983.

119. La catégorisation des objets d'après leur essence : Putnam, 1975 ; Kripke, 1980 ; Keil, 1989 ; Gelman et Wellman, 1991 ; Wellman et Gelman, 1992, 1998.

120. Les transformations magiques d'objets : Moore, Borton et Darby, 1978 ; Bower, 1978 ; Xu et Carrey, 1996 ; Meltzoff et Moore, 1998.

121. Évolution de la compréhension de la catégorisation : Ricciuti, 1965 ; Sugarman, 1983 ; Gopnik et Meltzoff, 1987, 1992 ; Mervis et Bertrand, 1994.

121. Rhinocéros et tricératops : Gelman et Markman, 1987 ; Markman, 1989 ; Gelman et Coley, 1991.

122. Les détecteurs de « bliquets » : Gopnik et Sobel, 1997.

122. La surface des choses et ce qu'il y a à l'intérieur : Spinger et Keil, 1989, 1991 ; Gelman et Wellman, 1991 ; Springer, 1996.

122-123. Les rudiments de biologie : Spinger et Keil, 1989, 1991 ; Wellman et Gelman, 1992 ; Hickling et Gelman, 1995 ; Springer, 1996.

123. Le syndrome de Williams : Bellugi, Wang et Jernigan, 1994 ; Johnson et Carey, 1998 ; Mervis et Bertrand, 1997.

125. L'appétit d'explications : Gopnik et Meltzoff, 1997 ; Gopnik, 1998 ; Keil et Wilson, 1998.

129. La boîte qui meugle : Baldwin, Markman et Melartin, 1993.

129. Les adultes comme enseignants : Bruner, 1983, 1996 ; Rogoff, 1990, 1998 ; Nelson, 1996.

130-131. Les parents parlant anglais et les parents parlant coréen : Gopnik et Choi, 1990 ; Choi et Gopnik, 1995 ; Gopnik, Choi et Baumberger, 1996 ; Tardif, Shatz et Naigles, 1997 ; Gelman et Tardif, 1998.

132. L'hypothèse de Whorf : Carroll, 1956.

Chapitre IV

136. Soixante-quinze mille mots et un nombre infini de combinaisons : Chomsky, 1980 ; Levelt, 1989 ; Pinker, 1999 ; Miller, 1996.

137. Le langage comme cryptogramme : Liberman *et al.*, 1967.

138. Parler avec un ordinateur : « Mr Gates builds his brain trust » [M. Gates constitue son groupe d'experts], *Fortune*, 8 décembre 1997, p.83-98 ; « Let's talk ! Speech technology is the next big thing in computing » [Parlons ! la technologie de la parole est le prochain grand défi en matière d'ordinateurs], *Business Week*, 12 février 1998, p.60-72.

138. Bill Gates au sujet de la compréhension de la parole par les ordinateurs : « Microsoft : Beyond

talking Barney. It's tedious work, but the software giant dearly wants PCs to gab » [Microsoft : au-delà de la dispute. C'est un travail fastidieux, mais le géant du logiciel tient absolument à ce que les PC jacassent.], *Business Week*, 12 février 1998, p.80.

138-139. Spectrogrammes : Stevens, 1998.

139. Des voix, des débits et des contextes différents, ou pourquoi le langage est si difficile à décoder : Kuhl, 1994a.

139. Les sons utilisés dans les langages humains : Ladefogede et Maddieson, 1996 ; Crystal, 1997.

140. Parler… très… lentement… à un ordinateur : l'un des premiers programmes de reconnaissance vocale, DragonDictate, fonctionnait correctement quand le locuteur parlait lentement. Bamberg et Mandel, 1991.

141. Reconnaissance vocale permettant la dictée en continu : Kurzweil, 1999, décrit les nouveaux logiciels utilisés pour la dictée. Il fait également d'intéressantes prévisions sur les capacités futures des ordinateurs.

142. Nommer les choses : la solution de saint Augustin : saint Augustin, 1998

142. Les objets imaginaires de Bertrand Russell : Russell, 1905.

143. Wittgenstein et les intentions de celui qui parle : Wittgenstein, 1961.

143. Quine et l'espace autour de la chose que l'on nomme : Quine, 1999.

143. La révolution de Chomsky : Chomsky, 1959, 1971, 1980.

145. Langage et évolution : Bickerton, 1981,

1990, 1995 ; Kuhl, 1998 ; Lieberman, 1991 ; Pinker, 1999 ; Hauser, 1996 ; Deacon, 1997.

146. La source du système linguistique : Brown, 1973 ; Bates *et al.*, 1979 ; Bruner, 1983 ; Markman, 1989 ; Bloom, 1993 ; Hirsh-Pasek et Golinkoff, 1996 ; Nelson, 1996 ; Gopnik et Meltzoff, 1997.

147. Des communautés différentes parlent des langues différentes : Slobin, 1992-1997.

148. Les différentes langues façonnent les sons différemment : Lisker et Abramson, 1964, pour le thaïlandais ; Abramson et Lisker, 1970, pour l'espagnol ; Miyawaki et al., 1975, pour le japonais.

149. La perception catégorielle : Studdert-Kennedy *et al.*, 1970.

149. La distinction entre les sons « r » et « l » par des auditeurs japonais : Goto, 1971 ; Strange et Dittmann, 1984 ; Logan, Lively et Pisoni, 1991.

150. Des cerveaux qui diffèrent : Kuhl, 1994b.

151-152. Les techniques pour tester les bébés de moins de quatre mois : Jusczyk, 1985.

152. La distinction des sons langagiers chez les bébés : Kuhl, 1987 ; Jusczyk, 1997.

153. Les bébés, qu'ils soient kikuyus, français ou chinois, sont des « citoyens du monde » : Eimas *et al.*, 1971 ; Eimas, 1975 ; Lasky, Syrdal-Lasky et Klein, 1975 ; Streeter, 1976.

153. Les bébés font la distinction entre les sons quelle que soit la personne qui parle : Kuhl, 1985a.

154. Les techniques permettant de tester des bébés âgés de six à douze mois : Kuhl, 1985a.

154. Que se passe-t-il entre six et douze mois ? : Werker et Tees, 1984 ; Werker, 1991 ; Kuhl *et al.*,

1992 : Kuhl, 1998. Pour la différentiation des sons à quatorze mois : Stager et Werker, 1997.

155. Les sons prototypiques : Kuhl, 1991, 1994b ; Kuhl et Iverson, 1995.

156. Les prototypes de notre langue « filtrent » les sons de manière à nous masquer certaines distinctions propres aux autres langues : Rips, 1975 ; Rosch, 1975 ; Mervis et Pani, 1980 ; Mervis et Rosch, 1981 ; Weber et Crocker, 1983 ; Miller, 1994 : Nygaard et Pisoni, 1995 ; Iverson et kuhl, 1995 ; Kuhl, 1998.

156-157. Isoler les mots du flot continu de la parole : Cutler et Butterfield, 1992 ; McQueen, Norris et Cutler, 1994.

157. Intégrer les règles générales de sa langue maternelle : Jusczyk, Cutler et Redanz, 1993 ; Jusczyk *et al.*, 1993 ; Saffran, Aslin et Newport, 1996.

158-160. Les bébés qui babillent : Ferguson, Menn et Stoel-Gammon, 1992 ; Kent, 1992 ; Locke, 1993. Les bébés sourds babillent avec leurs mains : Petitto, 1993.

160. Pourquoi utiliser « maman » et « papa »? : Murdock, 1959 ; Jakobson, 1960.

162-163. « Parti », « voilà » et d'autres mots ne désignant pas des objets [mais plutôt des actions] : Bloom, 1973 ; Gopnik, 1982, 1984, 1988b ; Nelson, 1985 ; Tomasello et Merriman, 1995.

164. Quand le postier est gratifié d'un « papa » : Clark, 1974 ; Bowerman, 1989 ; Naigles et Gelman, 1995.

165. Passion frénétique pour l'activité de nommer : Nelson, 1985; Reznik and Goldfield,

1992; Feson *et al.*, 1994; Woodward, Markman and Fitzsimmons, 1994.

165. « Cartographie rapide » ou « *fast mapping* » : Carey, 1978 ; Mervis et Bertrand, 1994.

165. Le langage est autant inventé qu'appris : Mervis, 1987.151. S'appuyer sur des suppositions pour décoder le langage : Markman, 1989 ; Golinkoff, Mervis et Hirsh-Pasek, 1994.

166. Déchiffrer les intentions d'autrui : Tomasello et Barton, 1994 ; Meltzoff, 1995a ; Meltzoff, Gopnik et Repacholi, 1999 ; Baldwin *et al.*, 1996 ; Tomasello, Gopnik et Repacholi, 1996.

166-167. Les pommes, les poires et les « dax » : Baldwin, 1993a, b ; Baldwin et al., 1996.

167. Assembler les mots : Brown, 1973 ; Bates, Bretherton et Snyder, 1987 ; Bloom, 1991 ; Fletcher et MacWhinney, 1995 ; Hirsch-Pasek et Golinkoff, 1996.

169. Parler le klingon ou le vulcain : Nelson, 1981.

170. Apprendre les règles de formation du pluriel : Berko, 1958 ; Mervis et Johson, 1991.

171. Les enfants qui apprennent plusieurs langues : Slobin, 1992-1997.

171. Les enfants dyslexiques : Tallal, Miller et Fitch, 1993 ; Studdert-Kennedy et Mody, 1995.

172. Les troubles du langages d'origine génétique : M. Gopnik, 1990 ; M. Gopnik et Crago, 1991.

174. Les bébés entendent des centaines de milliers de voyelles : Chapman et al., 1992 ; Kuhl, 1994b.

174. Élaborer des prototypes mentaux par un processus d'abstraction : Posner et Keele, 1970 ;

Goldman et Homa, 1977 ; Strauss, 1979 ; Bomba et Siqueland, 1983 ; Medin et Barsalou, 1987 ; Kuhl, 1991, 1994b ; Estes, 1993 ; Nygaard et Pisoni, 1995 ; Iverson et Kuhl, 1996. Les prototypes sont à l'œuvre quand il s'agit de la parole, des visages et des motifs à base de points ; ils pourraient être le résultat d'un processus d'abstraction sommaire que mènent les bébés quand ils sont exposés à plusieurs représentations, ou être des traces mémorielles de ces représentations.

176-177. Apprendre à former les sons de sa langue maternelle : Kent, 1992 ; Oller et Lynch, 1992 ; de Boysson-Bardies, 1993 ; Vihman et de Boysson-Bardies, 1994.

177. Les liens entre le langage et la pensée chez les nourrissons : « parti » et la permanence des objets : Gopnik, 1984 ; Gopnik et Meltzoff, 1984, 1986. « ouh-ah » et le recours aux outils : Gopnik et Meltzoff, 1986. Les noms des objets et la catégorisation : Gopnik et Meltzoff, 1987, 1992. Pour une théorie du lien entre langage et pensée dans la petite enfance, voir Gopnik et Meltzoff, 1997. Pour d'autres travaux autour de ce thème, voir aussi Bloom, 1973 ; Tomasello et Farrar, 1986 ; Lifter et Bloom, 1989.

180. Les doux sons du « *motherese* » ou « parler maternant » : Stern *et al.*, 1983 ; Fernal et Simon, 1984 ; Fernald, 1992 ; Aslin, 1993.

181. Les pères aussi « parlent maternant» : Jacobson *et al.*, 1983.

182. Les bébés raffolent du « parler maternant » : Fernald, 1985 ; Fernald et Kuhl, 1987.

183. Le « parler maternant » est universel : Ferguson, 1964 ; Blount et Padgug, 1977 ; Grieser et Kuhl, 1988 ; Fernald *et al.*, 1989.

183. Des phrases plus courtes et plus simples : Ferguson, 1964 ; Snow, 1977 ; Snow et Ferguson, 1977.

184. Les parents parlent plus distinctement quand ils utilisent le « *motherese* » : Kuhl *et al.*, 1997.

185. Le « *bootstrapping* » ou « auto-amorçage » : Pinker, 1984, 1987 ; Morgan et Demuth, 1995.

CHAPITRE V

188. La réponse de Descartes : Descartes, 1996.

189. « Le fantôme dans la machine » : Ryle, 1978.

189. Les ordinateurs se situent à mi-chemin entre l'esprit et le bureau, au sens propre comme au sens figuré : Turing, 1950 ; Haugeland, 1989, 1997 ; Pinker, 2000. Pour des opinions opposées : Searle, 1985 ; Dreyfus, 1992.

190-191. Les programmes, les représentations et les règles : Fodor, 1975 ; Dennett, 1978 ; Block, 1990.

191-192. La découverte fondamentale qui a conduit à la mise au point des ordinateurs : Ritchie, 1986 ; Herken, 1988.

192. Sélection de développements sur l'idée de base des sciences cognitives : Haugeland, 1981, 1989 ; Pylyshyn, 1984 ; Pinker, 2000. L'invention de nouveaux programmes informatiques « connexionnistes » a provoqué un débat sur les règles et les représentations mentales : Clark, 1993 ; Haugeland, 1997.

193. Des programmes d'un type particulier : la traduction d'images vidéo en description d'objet : Hildreth et Ullman, 1989 ; Haralick et Shapiro, 1992 ; Pinker, 2000. Le diagnostic médical : Miller, Pople et Myers, 1982 ; Middleton, Shwe et Heckerman, 1991. L'analyse de roches prélevées sur Mars : Glymour, Ramsey et Roush, 1999.

194. L'épistémologie androïde : Ford, Glymour et Hayes, 1995.

196. La conscience et la phénoménologie : Churchland, P.M., 1999 ; Dennett, 1993 ; Carruthers, 1996 ; Chalmers, 1996 ; Lycan, 1996.

196. L'opinion des philosophes sur le fait que les enfants pourraient penser : Davidson, 1993.

200-201. Étonnantes découvertes en matière de développement, évolution des mentalités et histoire de la Conférence Internationale pour l'Etude des Nourrissons : Lipsitt, 1978, 1998.

206. Aujourd'hui, les chercheurs ne soutiennent pas les stricts tenants des théories de la maturation ou de l'expérience : Pour un panorama des opinions actuelles, voir Karmiloff-Smith, 1992 ; Kagan, 1998 ; Elman *et al.*, 1996 ; Gopnik, 1996a, b ; Nelson, 1996 ; Gopnik et Meltzoff, 1997 ; Pinker, 2000 ; Gelman et Williams, 1998 ; Kuhl, 1998 ; Siegler, 1998 ; Spelke et Newport, 1998 ; Wellman et Gelman, 1998 ; Flavel, 1999 ; Meltzoff et Moore, 1998, 1999b.

207-208. Le bateau d'Ulysse : Neurath, 1959. Si elle peut globalement sembler similaire au constructivisme de Piaget, notre théorie en est en fait fort distincte, notamment en ce qui concerne le pouvoir du système initial de représentations. Voir Gopnik et Meltzoff, 1997.

212. Pour les enfants, jouer, c'est apprendre : Piaget, 1945 ; Vygotski, 1997 ; Bruner, 1973.

215. La théorie des théories : En philosophie : Morton, 1980 ; Stich, 1983 ; Churchland, 1981, 1995. En psychologie : Gopnik, 1988a ; Karmiloff-Smith et Inhelder, 1974 ; Carey, 1985, 1988 ; Keil, 1989 ; Wellman, 1990 ; Gopnik et Wellman, 1994 ; Gopnik et Meltzoff, 1997.

216-217. Les similarités entre les enfants et les scientifiques : Gopnik, 1996b ; Gopnik et Meltzoff, 1997.

220. L'immaturité et la souplesse cognitives et l'apprentissage : Bruner, 1972 ; Bennett et Harvey, 1985 ; Bjorklund, 1997.

221. La « botanique populaire » des chasseurs-cueilleurs et la géographie des Aborigènes : Lewis, 1976 ; Atran, 1990.

223. Le partage des tâches et la « science organisée » : Kitcher, 1993.

225-228. Les orgasmes de la pensée : Gopnik, 1998.

225. Les émotions des bébés, notamment quand ils ne parviennent pas à comprendre quelque chose : Moore et Meltzoff, 1999.

226. « La nature semble jouer pour nous le rôle d'une machine à apprendre » : Steven Weinberg : « La révolution qui n'a pas eu lieu », *The New York Review of Books*, 8 octobre 1998.

227. « Il y a une volupté dans la pensée » : Hobbes, 1921.

228. Le rôle des parents et de toute personne s'occupant d'enfants dans la tradition du béhaviorisme : Watson, 1928, 1930 ; Skinner, 1948, 1992.

230. Pourquoi les bébés sont-ils si incroyablement mignons ? Lorenz, 1943 ; Fullard et Reiling, 1976.

231. Les bébés aiment que les adultes les imitent : Meltzoff, 1990a ; Meltzoff et Moore, 1999a. Ils aiment aussi jouer à des jeux d'imitation avec d'autres enfants : Nadel-Brulfert et Baudonnière, 1982.

232. L'imitation est le moteur de la culture : Meltzoff, 1988d ; Meltzoff et Moore, 1999a ; Tomasello, Kruger et Ratner, 1993.

234. L'influence sociale des pairs, et pas seulement des mères : à la crêche et au jardin d'enfants, les bébés apprennent des autres enfants et les imitent : Hanna et Meltzoff, 1993. Même des enfants de quatre ans utilisent le parler maternant pour s'adresser à des plus jeunes : Shatz et Gelman, 1973.

235. Le scientifique idéal : Hempel, 2002 ; Popper, 1985 ; Kitcher, 1993.

235. Histoire et sociologie de la science : Kuhn, 1972.

235. Les théories postmodernistes de la science : Feyerabend, 1979.

237. Du génie et du leadership : Gardner, 1995, 1996.

237. De la politique : Habermas, 1979

CHAPITRE VI

241. Deux kilos de matière grise et gélatineuse : Edelman, 1996 ; Kosslyn et Andersen, 1992 ; Shumeiko, 1998.

242. La pensée dépend du cerveau : P. S. Churchland, 1999 ; P. M. Churchland, 1995.

243. L'aphasie, un trouble du langage : Caplan, 1992 ; Goodglass, 1993.

244. La spécialisation du cerveau : Geschwind, 1979 ; Nasse et Gazzaniga, 1985 ; Geschwind et Galaburda, 1987.

244-245. Les cellules individuelles du cerveau produisent des pulsions électriques en réaction 1- aux sons : Morel, Garraghty et Kaas, 1993 ; 2- aux visages : Desimone et al., 1984 ; Perrett, Mistlin et Chitty, 1987 ; Perrett et al., 1992 ; 3- aux signaux sociaux : Perrett et al., 1990 ; 4- au langage : Ojeman, 1983.

246. Magnétoencéphalographie (MEG) et potentiels évoqués (ERP) pour enregistrer les signaux produits par le cerveau quand le sujet écoute quelqu'un parler : Eulitz *et al.*, 1996 ; Näätänen *et al.*, 1997.

247. Scanographie par TEP : Petersen *et al.*, 1990 ; Zatorre *et al.*, 1992 ; Petersen et Fiez, 1993 ; Morris *et al.*, 1996.

247. L'imagerie fonctionnelle par résonance magnétique (IRMf) et le langage : Bavelier *et al.*, 1997 ; Kim *et al.*, 1997.

247. Repérage des différentes aires du cerveau avant une opération chirurgicale : Gallen *et al.*, 1995 ; Ganslandt *et al.*, 1997.

248. Illuminer le cerveau en train de penser : Damasio et Damasio, 1992 ; Posner et Raichle, 1998.

249. La construction du cerveau de la naissance à six ans : Shankle *et al.*, 1998 ;

250. L'établissement du réseau de connexions : Shatz, 1992.

250. Le cerveau des personnes atteintes de la maladie d'Alzheimer : Frey, Minoshima et Kuhl, 1998 ; Mielke et Heiss, 1998.

251. Les rats élevés dans un environnement « riche » : Diamond, Krech et Rosenzweig, 1964 ; Greenough, Volkman et Juraska, 1973.

252. Le circuit reliant les yeux au cerveau. L'expérience des chatons : Hubel et Wiesel, 1963, 1965, 1970.

254. Les cellules qui envoient des signaux simultanément établissent une connexion : Shatz, 1990.

255. Établissement de connexions durables : Huttenlocher, 1979, 1990 ; Huttenlocher et de Courten, 1987 ; Chugani, 1998.

255. Synapses et dendrites : Simonds et Scheibel, 1989 ; Jacobs, Schall et Sheibel, 1993 ; Jones *et al.*, 1997.

257. L'élagage synaptique : Chugani, Phelps et Mazziotta, 1987 ; Chugani, 1994 ; Huttenlocher, 1994.

258-259. Les cerveaux des bébés reconnaissant les prototypes langagiers de leur langue maternelle : Cheour *et al.*, 1998.

260. Les cerveaux adultes continuent à établir des connexions et à produire de nouvelles cellules cérébrales : Nottebohm, Nottebohm et Crane, 1986 ; Kirn et Nottebohm, 1993 ; Erikson *et al.*, 1998 ; Gould *et al.*, 1998.

261. Périodes critiques chez les animaux : Nottebohm, 1969 ; Hubel et Wiesel, 1970 ; Merler,

1970a ; Konishi, 1985 ; Brainard et Knudsen, 1998 ; Knudsen, 1998.

263. Des périodes critiques pour l'apprentissage du langage : Dennis et Whitaker, 1976 ; Snow, 1987 ; Newport, 1990 ; Duchowny *et al.*, 1996 ; Vargha-Khadem *et al.*, 1997.

263. Genie et autres « enfants sauvages » : Fromkin *et al.*, 1974 ; Lane, 1976 ; Curtiss, 1977.

264. La difficulté d'apprendre une deuxième langue après la puberté : Johnson et Newport, 1991 ; Newport, 1991.

264. Parler une langue étrangère avec un accent : Oyama, 1976 ; Flege, 1988 ; Newport, 1991.

265. Des parallèles entre les périodes critiques chez les oiseaux et chez les bébés : Marler, 1970b ; Kuhl, 1989 ; Doupe et Kuhl, 1999.

265. Réexamen des périodes critiques au vu de l'apprentissage antérieur et des représentations prototypiques : Kuhl, 1998.

265. Les différences cérébrales chez les personnes dyslexiques : Eden et Zeffiro, 1998 ; Horwitz, Rumsey et Donohue, 1998.

266. Le « langage exagéré » pour les enfants dyslexiques : Merzenich *et al.*, 1996 ; Tallal *et al.*, 1996 ; Tallal *et al.*, 1998.

266-267. Les influences du milieu social sur l'apprentissage chez les oiseaux : Eales, 1985 ; Baptista et Petrinovich, 1986.

CHAPITRE VII

273. Conférence de la Maison Blanche sur l'apprentissage des bébés et le cerveau : « Les études

montrent que parler avec les tout petits façonne leurs futures capacités de pensée », *The New York Times*, 17 avril 1997 ; « Les experts font état des derniers résultats des recherches sur l'apprentissage des tout petits », *The Washington Post*, 18 avril 1997.

274. Que dire à ceux qui décident des orientations politiques ? Comment traduire les découvertes scientifiques en recommandations politiques ? De nombreux groupes, aux États-Unis et ailleurs, y travaillent. Outre l'Institut National de la Santé américain et la Fondation Nationale pour les Sciences, on peut trouver des informations auprès de la *Carnegie Foundation* (P.O. Box 753, Waldorf, MD 20604, Etats-Unis), la *Education Commission of the States* (707 17th St, Suite 2700, Denver, CO 80202, Etats-Unis), la *Dana Alliance for Brain Initiatives* (745 Fifth Avenue, Suite 700, New York, NY 10151), le *Parents as Teachers National Center* (10176 Corporate Square Drive, Suite 230, St Louis, MO 63132, Etats-Unis), et *Zero to Three : National Center for Infants, Todlers and Families* (734 15th Street, NW, Suite 1000, Washington, D.C. 20005, Etats-Unis).

279-281. Conséquence des bouleversements sociétaux sur la manière d'élever les enfants : Skolnick et Skolnick, 1992 ; Hernandez et Myers, 1993 ; Scarr, 1998.

287. Les bébés ressentent-ils la douleur ? : Barr, 1992, 1994 ; Wellington et Rieder, 1993.

288. « Un temps où champs… » : Wordsworth, 1997 ; « un monde dans un grain de sable … » : Blake, 1977.

Bibliographie

[Nous n'avons retenu dans la bibliographie de l'édition française que les ouvrages traduits en français, mais nous avons gardé l'ensemble des références concernant les auteurs.]

Ariès, P., *L'Enfant et la vie familiale sous l'Ancien Régime*, Plon, Paris, 1960.

Aristote, *Traité de l'âme*, Gallimard, Paris, 1994.

Astington, J. W., *Comment les enfants découvrent la pensée*, Retz, Paris, 1999.

Baron-Cohen, S., *La Cécité mentale : un essai sur l'autisme et la théorie de l'esprit*, traduction de Jacqueline Nadel et François Lefèbvre, Presses universitaires de Grenoble, Grenoble, 1998.

Berkeley, G., *Essai pour une nouvelle théorie de la vision* (Dublin, 1709), in *Œuvres choisies*, traduction d'André Leroy, Aubier, Paris, 1969.

Blake, W., « Augures d'Innocence » (circa 1803), dans *Œuvres II*, traduction Pierre Leyris, Aubier Flammarion, Paris, 1977.

Bower, T. G. R., *Le Développement psychologique de la première enfance*, Pierre Mardaga, Bruxelles, 1978.

Brentano, F., *Psychologie, du point de vue empirique* (1874), Aubier, Paris, 1944.

Chomsky, N., *Structures syntaxiques*, éd. du Seuil, Paris, 1959.

– *Aspects de la théorie syntaxique*, éd. du Seuil, Paris, 1971.

– *Règles et représentations*, Flammarion, Paris, 1980.
Churchland, P. M., « Matter and consciousness : a contemporary introduction to the philosophy of mind », *Rev. Ed. Cambridge : MIT Press*, 1988 ; *Matière et conscience*, traduction Gérard Chazal, Éditions Champ Vallon, 1999.
Churchland, P. S., *Neurophilosophie*, PUF, Paris, 1999.
Davidson, D., *Action et événement*, PUF, Paris, 1993.
Dennett, D. C., *La Conscience expliquée*, O. Jacob, Paris, 1993.
Descartes, R., *Œuvres complètes*, 11 vol., Vrin, Paris, 1996.
Edelman, G. M., *Bright air, brilliant fire : on the matter of mind*, Basic Books, 1992 – *Biologie de la conscience*, O. Jacob, Paris, 1992.
Evans-Pritchard, E. E., *Sorcellerie, oracle et magie chez les Azandé*, Gallimard, Paris, 1972.
Feyerabend, P. K., *Contre la méthode*, éd. du Seuil, Paris, 1979.
Freud, S., *Trois essais sur la théorie de la sexualité* (1905), Gallimard, Paris, 1991.
Gardner, H., *Penser le développement de l'esprit, l'intelligence et l'école*, traduction de l'américain de Nathalie Weinwulzel, Retz, Paris, 1996.
Gopnik, A., « Words and plans : early langage and the development of intelligent action », *Journal of Child Language* 9, 1982, 303-18.
– « The Acquisition of *gone* and the development of the object concept », *Journal of Child Language* 11, 1984, 273-92.

– « Conceptual and semantic development as theory change : the case of object permanence », *Mind and Language*, 3, 1988a, 197-216.
– « Three types of early words : the emergence of social words, names and cognitive-relational words in the one-word stage and their relation to cognitive development », *First Language*, 8, 1988b, 49-69.
– « How we know our minds : the illusion of first-person knowledge of intentionality », *Behavioral and Brain Sciences*, 16, 1993, 1-14.
– « The post-Piaget era », *Psychological Science*, 7, 1996a, 221-25.
– « The Scientist as a child », *Philosophy of Science*, 63, 1996b, 485-514.
– « Explanation as orgasm », *Minds and Machines*, 8, 1998, 101-18.
Gopnik, A., et Astington, J. W., « Children's understanding of representational change and its relation to the understanding of false belief and appearance-reality distinction », *Child Development*, 59, 1988, 26-37.
Gopnik, A. et Choi, S., « Do linguistic differences lead to cognitive differences ? : a cross-linguistic study of semantic and cognitive development », *First language*, 10, 1990, 199-215.
Gopnik, A., Choi, S. et Baumberger, T., « Cross-linguistic differences in early semantic and cognitive development », *Cognitive Development*, 11, 1996, 197-227.
Gopnik, A., Esterly, J. et Meltzoff, A. N., « Very young children's understanding of visual perspective taking », *First annual west coast conference on theory of mind*, 3-4 Février 1995, Eugene, Oregon.

Gopnik, A. et Graf, P., « Knowing how you know : young children's ability to identify and remember the sources of their beliefs », *Child Development*, 59, 1988, 1366-71.

Gopnik, A., et Meltzoff, A. N., « Semantic and cognitive development in 15- to 21-month-old children », *Journal of Child Language*, 11, 1984, 495-513.

– « Relations between semantic and cognitive de velopment in the one-word stage : the specificity hypothesis », *Child Development*, 57, 1986, 1040-53.

– « The Development of categorization in the second year and its relation to other cognitive and linguistic development », *Child Development*, 58, 1987, 1523-31.

– « Categorization and naming : basic-level sorting in eighteen-month-olds and its relation to language », *Child Development*, 63, 1992, 1091-1103.

– « Minds, bodies and persons : young children's understanding of the self and others as reflected in imitation and theory of mind research », in Parker, S. T., Mitchell, R. W. and Boccia, M. L (ed.)., *Self-awareness in animals and humans : developmental perspectives*, Cambridge University Press, New York, 1994, 166-86.

– *Words, thoughts, and theories*, MIT Press, Cambridge, 1997.

Gopnik, A. and Slaughter V., « Young children's understanding of changes in their mental states », *Child Development*, 62, 1991, 98-110.

Gopnik, A., Slaughter, V. et Meltzoff, A. N., « Changing your views : how understanding visual perception can lead to a new theory of the mind », in Lewis, C. et Mitchell, P. (ed.), *Children's early understanding of mind : origins and development*, Erlbaum, Hillsdale (N. K.), 1994, 157-81.

Gopnik, A. et Sobel, D., « Detecting blickets ». *Poster presented at the meeting of the Society for Research in Child Dvelopment*, 3-7 avril 1997, Washington.

Gopnik, A. et Wellman, H. M., « The Theory theory », in Hirschfeld, L. A., et Gelman, S. A. (ed.), *Mapping the mind : domain specificity in cognition and culture*, Cambridge University Press, New York, 1994, 257-93.

Grandin, T., *Penser en images*, O. Jacob, Paris, 1996.

Haugeland J., *L'Esprit dans la machine : fondements de l'intelligence artificielle*, traduction de Jacqueline Henry, O. Jacob, Paris, 1989.

Hempel, C. G., *Aspects d'épistémologie*, traduction de Bertrand Saint-Sernin, 2e édition, A. Colin, Paris, 2002.

Hobbes, T., *Léviathan ou La matière, la forme et la puissance d'un état ecclésiastique et civil*, M. Giard, Paris, 1921.

Hume, D., *Traité de la nature humaine* (1739-1740), traduction de A. Leroy, Aubier-Montaigne, Paris, 1973.

Kagan, J., *Des Idées reçues en psychologie*, traduction de Thierry Loisel, O. Jacob, Paris, 2000.

Kuhl, P. K., « Categorization of speech by infants », in Mehler, J. et Fox, R., *Neonate cognition : beyond the blooming buzzing confusion*, Hillsdale, Erlbaum (N. J.), 1985a, 213-62.

– « Methods in the study of infant speech perception » in Gottlieb G. et Krasnegor, N. (ed.), *Measurements of audition and vision in the first year of postnatal life : a methodological overview*, Norwood, Ablex (N.J.), 1985b, 223-51.
– « Perception of speech and sound in early infancy », in Salapatek, P. et Cohen, L., *Handbook of infant perception*, vol. 2, (*From perception to cognition*), Academic Press, New York, 1987, 275-382.
– « Auditory perception ad the evolution of speech », *Human Evolution*, 3, 1988, 19-43.
– « On babies, birds, modules and mechanisms : a comparative approach to the acquisition of vocal communication », in Dooling, R. J. et Hulse, S. H., *The comparative psychology of audition : perceiving complex sounds*, Hillsdale, Erlbaum (N. J.), 1989, 379-419.
– « Human adults and human infants show a "perceptual magnet effect" for the prototypes of speech catagories, monkeys do not », *Perception and Psychophysics*, 50, 1991, 93-107.
– « Speech perception », in Minifie, F. D., *Introduction to communication sciences and disorders*, Singular, San Diego, 1994a, 77-148.
– « Learning and representation in speech and language », *Current Opinion in Neurobiology*, 4, 1994b, 812-22.
– The Development of speech and language in Carew, T. J., Menzel, R. et Shatz, C. J., *Mechanistic relationships between development and learning*, Wiley, New York, 1998, 53-73.
Kuhl, P. K., Andruski, J. E., Chistovitch, I. A., Chistovitch L. A., Kozhevnikova, E. V., Ryskina

V. L., Stolyarova, E. I., Sundberg, U. et Lacerda, F., « Cross-language analysis of phonetic units in language adressed to infants », *Science* 277, 1997, 684-86.

Kuhl, P. K. et Iverson, P., « Linguistic experience and the "perception magnet effect" », in Strange, W. (ed.), *Speech perception and linguistic experience : issues in cross-language research*, Timonium, York Press (Md), 1995, 121-54.

Kuhl, P. K. et Meltzoff, A. N., « The bimodal perception of speech in infancy », *Science* 218, 1982, 1138-41.

– « The intermodal representation of speech by infants », *Infant Behavior and Development*, 7, 1984, 361-81.

– « Infant vocalizations in response to speech : vocal imitation and developmental change », *Journal of Acoustical Society of America*, 100, 1996, 2425-38.

Kuhl, P. K., Williams, K. A., Lacerda, F., Stevens, K. N.et Lindblom, B., « Linguistic experience alters phonetic perception in infants by 6 months of age », *Science*, 255, 1992, 606-8.

Kuhn, T. S., *La Structure des révolutions scientifiques*, traduction de Laure Meyer, Flammarion, Paris, 1972.

Locke, J., *Essai philosophique concernant l'entendement humain*, Amsterdam et Leipzig, J. Schreuder et P. Mortier (1755), réédité chez Vrin, Paris, 1972.

Meltzoff, A. N., « Infant imitation after a 1 week delay : long-term memory for novel acts and multiple stimuli », *Developmental Psychology*, 24, 1988a, 470-76.

– « Infant imitation and memory : nine-months-olds in immediate and deferred tests », *Child Development*,

59, 1988b, 217-25.
– « Imitation of televised models by infants », *Child Development*, 59, 1988c, 1221-29.
– « Imitation, objects, tools, and the rudiments of language in human ontogeny », *Human Evolution*, 3, 1988d, 45-64.
– « Foundations for developing a concept of self : the role of imitation in relating self to other and the value of social mirroring, social modeling, and self pratcice in infancy », in Cicchetti, D. et Beeghly, M. (ed.), *The Self in transition : infancy to childhood*, University Press of Chicago Press, Chicago, 1990a, 139-64.
– « Towards a developmental cognitive science : the implications of cross-modal matching and imitation for the development of representation and memory in infancy », in Diamond, A. (ed.), *Annals of the New York Academy of Sciences : the development and neural bases of higher cognitive functions*, Annals of the New York Academy of Sciences, vol. 608, 1990b, 1-31.
– « Understanding the intentions of others : re-enactement of intended acts by 18-month-old children », *Developmental Psychology*, 31, 1995a, 838-50.
– « What Infant memory tells us about infantile amnesia : long-term recall and deferred imitation », *Journal of Experimental Child Psychology*, 59, 1995b, 497-515.
Meltzoff, A. N. et Borton, R. W., « Intermodal matching by human neonates », *Nature*, 282, 1979, 403-4.
Meltzoff, A. N. et Gopnik, A., « The role of imitation in understanding oersons and developing a theory of

mind », in Baron-Cohen, S., TagerFlusberg, H. et Cohen, D. J., *Understanding other minds : perspectives from autism*, Oxford University Press, New York, 1993, 335-66.

Meltzoff, A. N., Gopnik, A. et Repacholi, B. M., « Toddler's understanding of intentions, desires and emotions : explorations of the dark ages », in Zelazo, P. D., Astington, J. W. et Olson, D. R., *Development of intention and intentional understanding in infancy and early childhood*, Mhawah, Erlbaum (N.J.), 1999, 17-41.

Meltzoff, A. N. et Moore, M. K., « Imitation of facial and manual gestures by human neonates », *Science*, 198, 1977, 75-78.

– « Newborn infants imitate adult facial gestures », *Child Development*, 54, 1983, 702-9.

– « Early imitation within a functional framework : the importance of person identity, movement and development », *Infant Behavior and Development*, 15, 1992, 479-505.

– « Imitation, memory and the representation of persons », *Infant Behavior and Development*, 17, 1994, 83-99.

– « Infants' understanding of people and things : from body imitation to folk psychology », in Bermúdez, J., Marcel, A. J. et Eilan (ed.), N., *Body and the Self*, MIT Press, Cambridge, 1995, 43-69.

– « Explaining facial imitation : a theoretical model », *Early Development and Parenting*, 6, 1997, 179-92.

– « Object representation, identity and the paradox of early permanence : steps toward a new framework », *Infant Behavior and Development*, 21, 1998, 201-35.

– « Persons and representation : why infant imitation is important for theories of human development », in Nadel, J. et Butterworth, G., *Imitation in infancy*, Cambridge University Press, Cambridge, 1999a, 9-35.

– « A new foundation for cognitive development in infancy : the birth of the representational infant », in Scholnick, E., Nelson, K., Miller, P. et Gelman, S. (ed.), *Conceptual development : Piaget's legacy*, Mahwah, Erlbaum (N. J.), 1999b, 53-78.

Piaget, J., « Autobiographie », *Revue européenne des sciences sociales (Cahiers Vilfredo Pareto) 14* (1976), 1952, 1-43.

– *La Naissance de l'intelligence chez l'enfant*, Delachaux et Niestlé, 1936.

– *La Construction du réel chez l'enfant*, Delachaux et Niestlé, 1937.

– *La Formation du symbole chez l'enfant*, Delachaux et Niestlé, 1945.

Pinker, S., *L'Instinct du langage*, O. Jacob, Paris, 1999.

– *Comment fonctionne l'esprit*, traduit de l'américain par Marie-France Desjeux, O. Jacob, Paris, 2000.

Platon, *Ménon*, traduction, introduction, notes et commentaires de Jacques Cazeaux, Le Livre de poche, Paris, 1999.

– « Phédon » in *Œuvres complètes* 1, traduction et notes de Léon Robin, Gallimard, Paris, 2003a.

– « Banquet » in *Œuvres complètes* 1, *op. cit.*, 2003b.

Popper, K., *Conjectures et réfutations*, Payot, Paris, 1985.

Posner, M. I. et Raichle, M. E., *L'Esprit en image*, De Boeck Université, Paris, 1998.

Quine, W. V. O., *Le Mot et la Chose*, Flammarion, Paris, 1999.

Rousseau, J. J., *Emile ou De l'éducation* (1762), Garnier, Paris, 1961.

Ryle, G., *Le Concept d'esprit*, Payot, Paris, 1978.

Sachs, O., *Un Anthropologue sur Mars : sept histoires paradoxales*, traduction de Christian Cler, éd. du Seuil, 1996.

saint Augustin, *Les Confessions*, *Œuvres vol. 1*, Gallimard, Paris, 1998.

Searle, J. R., *Du Cerveau au savoir*, Hermann, Paris, 1985.

Sigman, M. et Capps, L., *L'Enfant autiste et son développement,* trad. Isabelle Soares-Boucaud, Retz, Paris, 2001.

Skinner, B. F., *Par delà la liberté et la dignité*, Robert Laffont, Paris, 1992.

Sperber, D., *La Contagion des idées*, O. Jacob, Paris, 1996.

Stern, D., *Le Monde interpersonnel du nourrisson,* PUF, Paris, 1989.

Sulloway, F. J., *Les Enfants rebelles*, traduction Anne Michel, O. Jacob, Paris, 1999.

Vygotski, L., *Pensée et langage*, La Dispute, Paris, 1997.

Winnicott, D. W., *Jeu et réalité. L'espace potentiel*, Gallimard, Paris, 1975.

Wittgenstein, L., *Investigations philosophiques*, traduction de Pierre Klossowski, Gallimard, Paris, 1961.

Wordsworth, W., « Ode : pressentiments d'immortalité venant des souvenirs de la petite enfance », *Ballades lyriques*, traduction de Sophie Vige et Dominique Peyrache-Leborgne, José Corti, 1997.

Achevé d'imprimer sur rotative
par l'imprimerie Darantiere à Dijon-Quetigny
en juillet 2007

N° d'éditeur : 0340-01/1
N° d'impression : 27-1148
Dépôt légal : août 2007
Imprimé en France